复旦哲学·中国哲学丛书

江南儒学研究论集

第二辑

流变中的江南儒学

何俊 主编

青浦－复旦江南文化研究院资助成果

上海彦序服饰有限公司
“复旦大学哲学学院江南儒学研究基金”资助成果

上海易顺公益基金会
“复旦大学哲学学院源恺优秀著作奖”资助成果

目　录

上篇　江南儒学的视角

下篇　散焦的江南儒学

上篇　江南儒学的视角

浙学的内涵、时代价值及普及对策

王锟（浙江师范大学浙学研究院）

在异彩纷呈的地域文化研究中，浙学在地域文化研究中独树一帜。山东的齐鲁文化、河南的中原文化、湖南的湖湘文化、陕西的三秦文化、安徽的徽文化、四川的巴蜀文化多侧重“文化”的展示，而浙江更关注“浙学”思想的发掘。其他省份多是宣传展示广义的地域文化特色，而浙江更多关注学术思想史意义上的地域学术思想传统，更强调浙江学术思想的一脉相承及独特性。

“浙学”是指浙江地区所蕴育传承的学术思想，既包括金丽衢、宁绍、温台地区的浙东之学，又包括杭嘉湖地区的浙西之学。浙学有狭义与广义之分。狭义的浙学，是指宋元明清时期盛行于浙江的儒家学术思想传统。广义的浙学，仍然以儒家学术思想传统为核心，只是在时间上上溯于汉唐甚至吴越，下及晚清民国学术思想人物，即把王充、龚自珍、孙诒让父子、宋恕、章太炎、蔡元培、马一浮、鲁迅等人纳入浙学阵营，甚者还旁及与儒家关系密切的佛、道人物。

浙学与湘学、关学、闽学、江西之学同属于多元一体的儒学大家庭。在宋元时期，与湘学、闽学、江西之学一样，浙学是宋元儒学的有机组成部分和分支，并不是“歧出”或“异类”。如在宋末元初，金华学派与江西、闽学及北方儒学共存。在明代中后期，阳明及浙中王学与中原、关中、徽州、江苏、广东的儒学并存；在清代，浙东史学与扬州、徽州、中原、湖湘、关中之学同列；晚清永嘉学派与湖湘、岭南、关学对照。在与其他地域儒学的对照中更能看出浙学的普遍性与特殊性。

本人拙作《二十世纪浙东学派研究平议》（中国社会科学出版社，2018 年），在细致梳理和评介 20 世纪学人浙学研究成果的基础上，提炼概括浙学的内涵、学术脉络、精神价值及时代影响，并就浙学当今研究普及提出对策思考。

一、浙学内涵丰富、学脉悠长

从浙学建构的历史阶段及学术谱系来看，浙学滥觞于北宋“明州杨杜五子”、“皇祐三先生”与“永嘉九先生”，形成于南宋的吕学、永嘉、永康、北山及四明诸学派，大成于明代的阳明学及蕺山学派，在清代以黄宗羲、万斯同、全祖望、章学诚为代表的浙东史学时达到全盛。从地理空间上看，浙学包括以唐仲友、吕祖谦为代表的婺州学派；以薛季宣、陈傅良、叶适为代表的永嘉学派；以陈亮为代表的永康之学；以何基、王柏、金履祥、许谦为代表的金华北山学派；以黄震为代表的东发学派；以王应麟为代表的深宁学派；以杨简、舒璘、沈焕、袁燮为代表的四明学派；还有阳明学及以王畿、钱德洪为代表的浙中王学；以刘宗周为代表的戢山学派；以黄宗羲、万斯同、全祖望、章学诚、邵晋涵为代表的浙东史学派等。另外，浙学还应包括杭嘉湖地区的浙西之学，如桐乡张履祥，平湖陆陇其，嘉兴朱彝尊等学者。20世纪以来，研究者、传承者推崇浙学，并把吕祖谦、王阳明、黄宗羲作为三大高峰，出现了金华、绍兴、宁波的对峙，俨然形成南宋事功学、明代心学及清代史学特色差异。[1]

总之，浙学渊源于古越汉唐，兴盛于宋元明清而绵延于现代，形成蔚为大观、历史悠长的学术思想，涌现出一大批代表人物，从王充到范浚、吕祖谦、陈傅良、叶适、陈亮、杨简、黄震、王应麟、何基、王柏、金履祥、许谦、王阳明、王畿、刘宗周、张履祥、吕留良、黄宗羲、万斯大、万斯同、全祖望、章学诚等人，甚至下至龚自珍、章太炎、蔡元培、马一浮、金岳霖等近现代学术思想大家。

二、浙学研究深度影响20世纪中国社会历史进程

民国学人研究浙学，起初大都发掘其所蕴藏的民族主义、事功进取精神和政治思想。在研究对象上，基本扎堆于陈亮、王阳明、刘宗周、黄宗羲、全祖望、孙诒让、宋恕等人，对其他思想家关注较少。而在这些人物谱中，黄宗羲成为关注最多、成果最丰硕的人物。

建国后运用辩证唯物主义和历史唯物主义原理、方法分析研究学术思想成为学界的主流。流风所及，唯物与唯心的派性划分、阶级属性的归属以及投降与爱国、进步与保守的争论成为浙东学派研

1　具体讨论，参见王锟《整体主义视域中的浙学》，《光明日报》2018年6月30日。

究的主旋律。基于“唯物与唯心二分”的哲学史研究，大陆学者注意到宋明理学内部有心本论（主观唯心主义）、理本论（客观唯心主义）、气本论（唯物主义）的斗争，因此特别突出张载、王夫之的气论，叶适、陈亮的事功说，李贽、何心隐等反传统的思想。在此态度的影响下，陆王心学、程朱理学被当作唯心论的代表加以批判。而叶适、陈亮则被塑造成反理学的代表加以褒扬。

1980 年代以来，随着改革开放和市场经济的发展，功利主义和经济思想日成主流，从功利和商品经济的角度研究浙东学派成为热点。首先是陈亮、叶适等人的事功精神得到全面的关注。在九十年代财税改革的推动下，关于周行己、叶适、黄宗羲等经济财税思想的研究，成为浙东学派研究的新趋向。

进入 21 世纪，随着地方经济的蓬勃发展，财富积累愈加丰厚，人们越来越关注文化精神，加之浙江省政府适时启动“文化工程建设”，这都促进了浙东学派研究的繁荣。与此前相比，新的变化主要表现在文学、艺术等角度的开掘和地方文献的整理，一大批从事文学、艺术、文献等专业的学者加入了研究队伍，钩沉了浙东学派的文艺面向。其中，对浙东学派文献资料的整理成为最大亮点。

总之，百年的浙东学派研究史，受 20 世纪中国历史社会的影响无疑是深刻而巨大的。也可以说，浙东学派的研究，深度参与了百年来的中国历史和思想。

三、浙学的特色和价值

按照杨国荣教授的观点，浙学是以学术支流挑战学术主流的过程中形成的，具有自己鲜明的思维特色：即浙学具有批判意识，重视理论思维，重视现实关切和历史意识等特点[2]，并逐渐积淀为实事求是、批判求新、经世实学、崇义谋利、工商为本、良知心性、知行合一等价值，在这方面，以吴光[3]等为代表的一辈学者对之进行了很好的概括。

“实事求是”的价值。从王充提出的“实事疾妄”，到吕祖谦倡导的“讲实理、求实用、育实材”[4]最能体现浙学求实疾虚和实事求是的精神。

“批判求新”的价值。实事求是必然蕴含着怀疑批判，怀疑批判必然蕴含着求新。从王充批判天人感应论到王阳明批朱子而倡心学，体现了浙学浓厚的批判求新色彩。

“经世实学”的价值。要实用、要求新必然蕴含着经世实学的精神。吕祖谦、陈亮、叶适、黄宗羲均倡导实学。吕祖谦主张“求实用”；黄宗羲主张“经世应务”。“经世实学”思想注重实干，注重穷究史籍、以史为鉴来解决现实问题。

“崇义谋利”与“工商为本”的价值。经世致用必然要重视事功利益。叶适讲义利兼行，主张“崇义谋利”，认为“既无功利，则道义者乃无用之虚语尔”。“崇义谋利”体现于经济活动便是重视工商，黄宗羲提出了“工商为本”口号，以批判“重农抑商”观念，为明代后期浙地活跃的商业经济正名。

“良知心性”的价值。浙学重视事功利益，重视工商活动，但

---

2 杨国荣：《略说浙学》，《光明日报》2019 年 7 月 27 日。

3 吴光：《浙学的时代价值》，《浙江日报》2017 年 2 月 13 日。

4 吕祖谦：《大学策问》，《吕东莱文集》卷二，中华书局，1985 年，第 21 页。

又不溺于功利经济，强调良知心性对人的提升作用，注重修身养性。故浙学主张心性与事功合一、义理与利益统一。

“知行合一”的价值。良知心性的养成路径关键在于知行合一。王阳明以“知行合一”为立言宗旨，认为“知者行之始，行者知之成。……知行不可分作两事”，并强调“真知即所以为行，不行不足谓之知”，得出“知行合一重在行”的论述，强调在“做中学，行中养”，即知即行，即行即知。

总之，浙学“实事求是、批判求新、经世实学、崇义谋利、工商为本、良知心性、知行合一”诸多价值相互关联，相互解释，共同构成前后一致的价值体系。此价值体系可概括为心性与事功两方面，并与儒家“内圣外王”精神一脉相承。在浙学中，心性与事功表面上是对立的，但实质却是统一的，只是在不同时期不同学者身上，呈现某种不同倾向而已。不能割裂浙学的心性与事功，因为浙学谈心性者必言事功，言事功者必说心性，其言虽有轻重缓急、先后次序之分，然合心性与事功为一的宗旨是一样的。考察浙学人物的具体行述就会发现，不管是倾向事功实学的吕祖谦、陈傅良、叶适、陈亮，还是倾向于朱子理学的黄震、王应麟、何基、王柏、金履祥、许谦，还是倾向于心学的杨简、王阳明、王畿、刘宗周、黄宗羲等人，他们所讲、所行不外乎正君心、论国是、上策论、辨王霸、讲义利、分夷夏、明出处、治州县（具体包括治盗、练兵、税、钱、粮、河道、水利、社仓等），以实行经济事功；不外乎办学校、兴教化，即通过书院讲学、讲会、科举、家规、乡约、社仓、义学、社学、家礼等方式推进儒家思想的社会化，使儒家思想上升至国家的主导思想，下流为日常的社会观念，并内化为每个人的良知心性。

四、浙学在现代浙江的创造性转化和创新性发展

对传统文化的创造性转化和创新性发展，是当今对待中国传统文化的基本纲领。习近平说："传统文化在其形成和发展过程中，不可避免会受到当时人们的认识水平、时代条件、社会制度的局限性的制约和影响，因而也不可避免会存在陈旧过时或已成为糟粕性的东西。这就要求人们在学习、研究、应用传统文化时坚持古为今用、推陈出新，结合新的实践和时代要求进行正确取舍，而不能一股脑儿都拿到今天来照套照用。要坚持古为今用、以古鉴今，坚持有鉴别的对待、有扬弃的继承，而不能搞厚古薄今、以古非今，努力实现传统文化的创造性转化、创新性发展，使之与现实文化相融相通，共同服务以文化人的时代任务。"[5] 其实，20 世纪以来，浙学也进行着批判性继承及创造性转化。

众所周知，五四新文化运动对儒学进行了批判，浙籍知识分子是这次批判运动的生力军。他们对传统文化尤其对儒家礼教的等级性、压抑性、不平等性进行激烈地批判和扬弃，并在吸收西方思想基础上，蕴育创造出浙江近现代革命文化、社会主义先进文化。如辛亥革命思想、红船精神、浙商文化以及由此结晶而来的宁波商帮、温州模式、义乌模式、安吉生态、枫桥经验、乡村文化礼堂、新农村建设等实践，这些新时代的实践与浙学精神一脉相承。一定

5 习近平：《在纪念孔子诞辰 2565 周年国际学术研讨会暨国际儒学联合会第五届会员大会开幕会上的讲话》，《人民日报》2014 年 9 月 25 日。

程度上，浙江大地兴起的革命文化、社会主义文化是浙学的创造性继承和发展，是浙学精神的延续和体现，二者不矛盾。没有浙学，革命文化和社会主义先进文化是无源之水、无本之木，不可能蓬勃发生；相反，若没有革命文化、社会主义先进文化，就没有浙学在新时代的体现。

进入新世纪，浙学价值和精神与时代观念更加契合。如浙学“求实疾虚”精神与党的实事求是思想路线相契合。而“批判求新”精神可为当代科学技术发展和创新社会建设提供助力。“经世实学”精神与当代“干在实处，走在前列”口号相吻合。“崇义谋利”“工商为本”精神成为当代浙江经济发展重要的精神动力。尤其“良知心性”“知行合一”精神与社会主义核心价值观相吻合，并对正在开展的全民道德教育、干部廉政教育和“三严三实”教育具有借鉴意义。值得一说的是，习近平总书记多次强调和阐发王阳明“知行合一”“良知心性”的深刻理解，为浙学的创造性转化和创新性发展有示范意义。

五、浙学在当今研究、普及的对策思考

浙江要建设文化强省，需要对浙学——这种独特历史文化战略资源优势充分利用，推动浙学的创造性转化和创新性发展，使之成为促进地方经济社会发展的巨大优势。不可否认，现代浙江人对这种文化资源了解和学习不够，与之还存在一定的隔膜。可见，浙学在当今社会的研究、普及和推广，都迫在眉睫。具体对策如下：

其一，整合各地浙学研究力量，加强浙学研究。浙学的研究

力量长期形成杭州、宁波、金华等几个研究中心，集中在浙江大学、浙江省社科院、浙江师范大学、宁波大学等几个高校和科研机构，力量相对分散，彼此合作不够，影响了浙学研究。为改善这种局面，应该以浙江省社科联为领导，依托浙江省历史文化类型的重点研究基地，加强协同，分工合作，集体攻关，深度推进浙学文献的保护、挖掘整理和研究普及工作，力争产生一批浙学研究学术精品。

其二，走学科化之路，推动浙学的创造性转化和创新性发展。浙学的创造性转化和创新性发展，其抓手在学科化。浙学学科化不仅有利于浙学的传承、创造性转化和发展，而且可助推浙江高校一流学科建设和中国特色哲学社会科学的构建。与国学学科化一样，建构浙学的学术体系、话语体系、课程体系，可依托浙江大学、浙江师范大学等有关高校，使之成为浙学学科化的试验田。

其三，推进浙学的大众化，加大传播普及力度。关于浙学的大众化，重在大众中普及推广。即通过精心选择，把浙学的主要知识、内涵及精神，用老百姓喜闻乐见的形式，用听得懂的语言表达出来，如用讲座、培训、通俗读物以及视频、微博、微信的形式，结合政府机关和事业单位培训，依托家训家风、农村文化礼堂，使浙学进政府、进社区、进企业、进家庭，最大限度推动浙学大众化。浙江省儒学学会和《儒学天地》做了很好探索。

其四，让优秀的浙学进教材、进课堂。浙学的学科化和专业化，重在大学中推动浙学传播和教育，培养浙学的爱好者、实践者和教育者，前提是浙学进教材、进课堂。具体可编一套《浙江文史读本》，计划每个县编一本，如《兰溪文史读本》《浦江文史读本》

《义乌文史读本》等，将每个县最优秀的诗文、家训、名人等汇为一编。《读本》可以有小学版、中学版、成人版，让小学生、中学生从小就开始读这些书，特别是公务员，他们更需要熟悉本县的历史文化。每个县编好后，每个地区再编一本，然后在全省编多卷本的《浙江文史读本》，这是真正让老百姓看的。

其五，加强浙学与湘学、闽学、关学等地域文化的互动，宣传浙学在全国的影响。浙江人不能关起门来搞浙学，自说自话、自娱自乐，这容易形成夜郎自大的心理，既不利于浙学的研究，又不利于浙学的宣传。因此，应该加强浙学与湘学、闽学、关学等地域文化的互动交流、互动评鉴非常迫切。浙江师范大学浙学研究院创建的全国“东南三贤”学术研讨会固定交流机制，以朱熹、吕祖谦、张栻研究为抓手，推动浙学与湘学、闽学、江西之学的交流互动，开了好头。

总之，浙学是展现我省独特文化风貌的重要基础，是文化浙江建设的主体内容，是推动浙江各项经济文化工作的全面发展，把浙江建设成为长三角经济文化一体化的强大一翼。

（文章部分观点受到陈来、杨国荣、吴光、何俊、吴震、梁枢、黄灵庚、李圣华等先生的指导和启发，在此表示感谢。）

江南儒学的世俗性转化

——从民间儒学泰州学派的角度看

吴震（复旦大学哲学学院）

近年来，由“江南儒学”概念的提出，已形成一个独立的研究领域，正引起学界关注。江南的地域划界，随着历史的演变而不断移动，故对其界定仍有模糊性，但就当代的视角以反观江南，则以江浙沪为中心的“长江三角洲”可视作一个可取的江南界域。在中晚明时代，江南儒学的发展可以阳明学的思想运动为主要标识，尽管其影响在当时已几乎遍及全国，因而有全域性特征，但其思想活动有丰富的江南色彩，表明中国传统文化具有内在多元性特质。阳明后学中衍化出各种民间儒学，泰州学派是其重要一支，其思想主要在民间兴起而构成了中晚明江南儒学的一道亮丽风景。从阳明学的“四民异业而同道”到王艮的“道即事”“百姓日用即道”等观念的提出，助推了儒家精英知识向基层社会、乡村社区的迅速渗透，由此加速了儒学世俗化的转向，值得我们加以适当的理论关注。

引言

何谓“江南”，在史学意义上对此的定义性描述历来并不十分清晰和确定。本文从当代的视角来反观江南，取一个宽泛性的“定义”：江南主要是指以江浙沪为中心的接近于“长江三角洲”这一区域性概念。[1] 从历史上看，至少在南北朝、唐代中叶以及南宋的历史时期，相继发生了经济中心和政治中心的南移现象，带动了江南地域政治、经济及文化等多样化的深层发展。由于明代一直存在以北京（时称京师）为主、以南京（时称留都）为次的两大政治中心这一特殊现象，于是，以南京次中心为辐射圈，江南地域的经济文化发展出现了前所未有的繁荣景象。这一现象大致始于 16 世纪明代中叶，直至整个清代仍有不断持续的发展，即便在乾嘉考据学风盛行的时期，以苏州、常州、扬州以及安徽等地为中心的吴派、皖派以及后起的常州学派等学术圈几乎都集中在江南地域，形成了独特而又色彩斑斓的江南文化现象。

近代以来直至当代，江南地域的经济文化发展在某些特定的历史时段，起到了助推甚至引领中国“现代化”转型的作用。故近年来，学术界开始提出“江南儒学”这一概念，并将之引入儒学研究领域，为儒学的整体性研究注入地方性色彩，同时也由区域性儒学

---

1 著名历史地理学专家葛剑雄曾对“江南”概念进行了专业性考察，指出江南地域的历史沿革形成了广义和狭义两方面的涵义，狭义的“江南”是指：江苏、浙江（含上海地区）；广义的“江南”是指：江苏、浙江以外，还包括安徽长江以南以及江西长江南面的部分县区。参见葛剑雄：《上海一直是江南的上海》，载《解放日报》2019 年 6 月 12 日“解放周末”（网络版：https：//www.sohu.com/a/320277190_701640）。

研究以充实中国传统文化研究的内在多元性格局。[2] 所以，江南儒学研究领域已渐成雏形，这一当今学术现象很值得关注。[3]

本文聚焦于明代江南儒学，特指以江南地域为核心所形成的儒家文化现象。我们将考察的历史时间段限定在明代中晚期，即 16 世纪初至 17 世纪中叶明代灭亡为止。在这一历史时期，江南儒学主要出现了一股以阳明学为主的心学思潮，形成了整个中晚明时期的思想现象，这是大家耳熟能详的史实。当我们将阳明学思想运动置于中晚明江南地域的背景中来考察的时候，会发现历来由上层社会的儒家精英所主导的思想运动往往会向基层社会下渗的现象，加速了儒学的世俗性转化。这一现象的形成或有一个较漫长的过程，其中也有各种特殊而又丰富的表现。作为民间儒学的阳明后学之一支的泰州学派，在其思想推演过程中儒学世俗化的表现显得尤为突出，因而具有一定的典型意义。

一、儒学传统历来就有“世俗性”特质

从儒学发生的历史渊源看，在上古中国“轴心突破”的时代，孔子开创的儒学就已实现了人文主义转向，由夏商时代的“尊神”“尚鬼”的宗教意识，转向以“仁义”“道德”（荀子语）为主要关怀的人文意识的觉醒和张扬。经汉唐经学时代，及至 11 世纪宋

2　内在多元性相对于外在多元性而言，在宋明时代，朱子学和阳明学为代表的新儒学的文献和知识已向周边东亚地域扩散，形成了朝鲜儒学或江户儒学等区域性儒学，相应地，也就形成了东亚地域儒家文化的外在多元性格局，成为当今跨文化东亚儒学研究的一项课题，这里不论。参见吴震：《东亚儒学问题新探》，北京大学出版社，2018 年。

3　参见何俊：《江南儒学的提出、指义与分段》，《复旦学报》2019 年第 4 期。

代新儒学运动的推展，一直到16世纪阳明心学的出现，儒学人文主义精神得到了全方位多层次的开拓，不仅经典知识的版图得以改写，而且哲学思辨的义理建构得到了强化；与此同时，在中晚明的心学时代也出现了一些微妙而重大的变化：即以经典知识为象征的儒学精神性传统，由精英社会向世俗社会发生转移，注重良知实践的心学思想在强调成圣成贤的理想境界之同时，将这一思想精神往下层社会渗透，与当时中晚明社会的商业文化、通俗文化（包括各种稗官小说、宗教劝善书、家庭日用类书等）的发展相融和，表现出儒学的精神性与世俗性的汇通。[4] 这一通道的打开，或可从社会经济史的角度来获得一定的理解，但若从思想文化史的角度以观，则可说与阳明学高调宣扬的“良知既是个体性存在，又是社会性存在”这一思想特质有重要关联，也与阳明学及其后学所大力提倡的“四民异业而同道”[5]“四民异业而同学”[6] 的思想开放性不无关系。正是这一思想表述，预示着明代中期以降特别是明清之际，不同社会阶层之间的转移、互动开始变得十分频繁，由此带来的一个现象是：“菁英文化和通俗文化之间的界限也不断游移且变得相当

4　参见吴震：《明末清初劝善运动思想研究》，上海人民出版社，2016年修订版；王正华：《生活、知识与文化商品：晚明福建版“日用类书”与其书画门》，《“中央研究院”近代史研究所集刊》第41期，2003年。

5　《王阳明全集》卷二十五《节庵方公墓表·乙酉》，上海古籍出版社，1992年，第941页。余英时认为阳明的这个思想肯定了“商人的社会价值”，可谓是“新儒学伦理史上的一件大事”（《士与中国文化》，上海人民出版社，1987年，第527页）。这个论断值得重视。

6　阳明弟子邹守益在回应“商可学乎”的提问时，引用了阳明“异业而同道”的观点，并提出四民“异业而同学”的主张，见《邹守益集》卷十五《示诸生九条》，董平编校整理，凤凰出版社，2007年，第728页。

模糊”。[7]

历史表明，阳明心学在晚明社会已成为一场思想运动，继阳明之后的泰州学派对于这场运动的发展起到了推波助澜的作用。泰州学派开创者王艮提出的“道即事”这一观点，认为“天道”就存在于人事行为的世界当中。这就与宋代道学历来强调的“天即理也”（二程语）的抽象规定略显不同，更强调天道就在人事层面得以展现其自身的价值。这一思想诉求显然更容易在民间社会得到推广，由此迎来了近世中国第二次儒家文化发展的高潮。其最鲜明的特质在于儒学加速了世俗化的深刻转变。这就涉及儒学的世俗性等问题，那么，何谓儒学世俗化?

概言之，西方文化史上的所谓“世俗”，原本是相对于“神圣”而言的一个概念。在18世纪欧洲启蒙运动以及宗教改革运动出现了宗教“祛魅化”之后，宗教信仰变得越来越私人化，随之引发了人文主义世俗化的转向，由此带来的后果是西方“现代性”问题的出现，其影响所及至今仍在全球蔓延。[8]然而就中国传统文化的语境看，“世俗”一词早在先秦时代已大量出现，[9]相当于今天所说的“社会”，而并不是与“精神”或“神圣”相对而言的概念。毋宁说，儒家的“世俗”性概念可以容纳精神人文主义。[10]其实，儒学自诞生之初起，

---

7 白谦慎:《傅山的世界：十七世纪中国书法的嬗变》，生活·读书·新知三联书店，2006年，第11页。

8 参见［美］詹姆斯·施密特编:《启蒙运动与现代性：18世纪与20世纪的对话》，徐向东、卢华萍译，上海人民出版社，2005年。

9 如《孟子》出现过2次，《荀子》至少出现过16次。

10 近年来，杜维明关注西方现代性的世俗人文主义问题，汲取儒家传统文化的资源，提出了“精神人文主义”的问题和建构，值得关注。参见陈来主编:《儒学第三期的人文精神：杜维明先生八十寿庆文集》，人民出版社，2019年。

世俗性便与之相伴而生，因为儒学在根本上就不是制度性宗教的精神体系，而是强调成己成物的人文教化的精神体系，因而具有贴近日常人伦生活的基本特质；儒学的修身养性学说在强调转化自我的同时，更强调这种转化必须紧扣人生的日常实践，并进而从个人、家庭扩展至社会乃至天下国家，从家庭人伦的“亲亲”之爱，经由社会治理的“仁民”实践，最后实现以天下为关怀的“爱物”——以物世界为对象的博爱精神。同样，个体性的“存心”“养性”最终达至“事天”（孟子语）的实践过程，预设了儒家人文主义精神的归趣在于：在实现“个体转化”的同时，向“他者”推广扩充，终以实现“社会转化”为理想目标。儒学的这一思想归趣表明，个体精神性必落实在世俗社会始能得以全面实现其自身的价值。

从一个狭义的儒家心性论的角度看，从孟子向王阳明的思想过渡或可说有其思想逻辑发展的必然性。因为在孟子提出“不学不虑”的良知学说以及“人人皆可为尧舜”作为精神性的思想主导之后，到了阳明心学那里有了更深一层的理论推进，从“人人胸中有仲尼”到“不离日用常行内”（阳明语）等观点作为一种思想口号，表明作为精神性的良知本体本应是一种社会性的普遍存在。根据心学这一基本思想，儒学在本质上就是一种不离人伦日用的生活方式。当然，这并不意味着宋明时代的理学或心学根本缺乏宇宙论、人性论等哲学性思维的趣向，而是说儒学传统更关注的是人伦世界以及生活世界，同时也表明儒家哲学从来不是高悬于社会伦常日用之外的抽象言说。它是一种注重人之德性以及社会教化的文化形态，其本身便具有贴近人伦生活之基本特征，讲求在伦常日用中践形仁义、彰显德性乃至化民成俗。

二、作为民间儒学的泰州学派更关注“化民成俗”

儒学的世俗性并不意味儒学的非精神性，因为精神性与世俗性的二元对立并不适合对儒家文化以及阳明心学的客观认知。从学术史的角度看，不必讳言，汉唐儒学的经学化和知识化所带来的后果是儒学精英化或小众化，儒学被奉为一种专深的经典知识而在文字训诂领域受到极大的关注，对于中国传统的知识体系起到了型塑的作用；另一方面，隋唐之后以及崇尚汉学的清代儒学，经典知识被视作应对科举考试的进阶之梯的现象也非常突出，随之带来的一个后果，便是儒学被当作一种客观知识，而渐渐与身心实践发生了脱节的现象。比较而言，宋明时代的新儒学则展现出不同的样态，面对魏晋玄学、隋唐佛学的理论冲击，儒学如何对此作出回应和调适，才是宋代新儒学兴起之初不得不面临的一场思想突破。

作为宋代新儒学运动的结晶，形成了史称“宋明理学”这一特殊理论形态。这一思想运动自发轫开始，儒学便与玄学和佛学形成了某种意义上的“理论竞争”，特别是表现为儒佛两教之争的思想现象。关于这场思想之争，直到 16 世纪仍然没有偃旗息鼓的迹象。在阳明门下就有学者认为佛老擅长“上一截”（指形上学）而儒家却甘愿“下一截”的学问，对于这个说法，王阳明断然指出：“若论圣人大中至正之道，彻上彻下，只是一贯，更有甚上一截、下一截？”[11] 他的意思很明显，儒学自有儒学的“形上学”，绝非佛老所能独揽。这说明，注重向社会下层推动儒学运动的心学家仍然十分

---

11 吴震解读：《中华传统文化百部经典·传习录》卷上，第 49 条，国家图书馆出版社，2018 年。

重视儒学的思想性、精神性这一面。所谓形上学，这是宋明新儒学时代流行的思想术语，主要指贯通“性与天道”、实现“道德性命”的根本学问，而此学问的趣向正表明宋明新儒学并不缺乏哲学性、精神性等思想追求，并构成了精神儒学或学术儒学的基本趣向，而作为地方性知识的江南儒学无疑也共享着这一儒学精神性的资源。

然而在心学理论强调良知本体为人心本有而现成的同时，也十分关注个体良知如何外化为社会实践的问题，即如何在世俗社会推动“致良知”的思想运动，这是阳明心学面临的时代课题。在阳明后学当中，王艮开创的泰州学派呈现出儒学世俗性的浓厚色彩。这个学派的人员构成和讲学风格显得与精英儒家很不一样，在中晚明时代有突出的异样表现，按清代汉学家焦循的说法，明代讲学的主要对象是“盐丁、樵夫、窑匠、卖油佣、网巾匠、戍卒、农夫、商贾、胥吏”等等，这批人全部是“一介细民，不读书者也”；但就是这样一群社会底层的人，掀起了一股讲学风潮，而且竟然“以师道自居”，难以想象的是，“当时贵官大吏，均俯首事之”，结果是“天下汹汹，举国若狂”。[12] 当焦循这样说的时候，在他头脑里浮现的大概是泰州学派成员在民间社会大力推动讲学的形象。[13] 不管怎么说，焦循的上述批判性说法充分反映了明代讲学的社会现象，可谓儒学史上从来未曾有的，从一个侧面反映了以王艮为首的泰州学派思想具有贴近底层社会的平民化色彩。与此同时，将目光聚焦基

12 焦循：《易馀籥录》卷十二，《焦循诗文集》，刘建臻点校，广陵书社，2009 年，第 821—822 页。

13 这一形象大致与黄宗羲在《明儒学案·泰州学案》中的描述是吻合的。参见黄宗羲：《明儒学案》卷三十二至卷三十六，沈芝盈点校，中华书局，1985 年。

层社会的讲学教化，对于志在社会治理的士大夫而言也有一定的吸引力，因为尽管晚明已然是一个“多元”的时代，[14]但是在社会上真正有能力鼓动讲学的其实主要仍是一批身居官位的儒家士大夫。

不过，王艮虽是一介布衣，而且据说年轻时“目不识丁”，但他通过奋发努力的自学，特别是在由于机缘巧合得以拜阳明为师之后，便抱有一种成圣成贤的理想。关于儒家思想形成了自己的一套独特想法，在继承阳明心学的良知理论的同时，更关注如何将这套良知学说向乡村社区进行推广。在他看来，儒家经典所揭示的圣人之道就存在于日常人伦生活当中，作为儒家士大夫也理应在自己的政治生活以及日常生活中，将儒学的思想精神贯彻到底，故他甚至提出了“出，则必为帝者师；处，则必为天下万世师”[15]这一在时人眼里显得很奇特的观点，但这无疑是宋代以来新儒学历史上首次对儒家“出处”问题的一个大胆主张。表明“出”就要有一种成为“帝者师”的政治担当，“处”则要有一种成为“万世师”的社会担当。就王艮自身而言，作为一介布衣，所谓“出”未必有望，这只能是对儒家士人的一种期待，所谓“处”则应该是人人有望成就的目标。由此可见，以王艮为首的泰州学派的思想体现出一种强烈的社会担当意识，在他们对儒学的认知中，儒学必须适应社会政治的全面发展，不但要改变自己，也要改善社会，同样，阳明学的良知理论也有必要化作整个社群的行为动力。

---

14 白谦慎通过对前沿研究已有成果的考察和归纳，得出“晚明：一个多元的时代”这一结论，是有相当说服力的一个说法，参见其著《傅山的世界：十七世纪中国书法的嬗变》，生活·读书·新知三联书店，2006年，第8—13页。

15 王艮：《王心斋先生遗集》卷一《答问补遗》，民国元年刊袁承业编校本，第19页。

如果我们将泰州学派视作阳明后学中的一支，而且其成员大多来自社会底层，其讲学活动也大多在乡村社区，那么可以说，泰州学派在所有阳明后学的流派当中，应当是最为鲜明地表现出儒学世俗化、日常化、平民化之特色的一个学派，从其思想形态而言，无疑属于民间儒学的形态，这与其思想追求更注重“化民成俗”有着密不可分的关联。

三、泰州学派思想中的精神性和世俗性特质

归结而言，如下数端最能体现泰州学派的思想性以及世俗性特征：

第一，良知现成说。在王艮看来，阳明学所说的良知作为人之所以为人的心性本体原是“人人具足”“不假外求”“不须防检”的，而且具有“见见成成，自自在在”[16]的自足圆满性。这一良知为心体本有的“现成说”固然与阳明学的良知“当下”性、“见在”性的理论建构有内在关联。然而，从语义学上讲，由于“现成”一词含有时态上已然完成而不必诉诸工夫实践这一含义，故现成良知说就会被解读成：人人都已充分具备圆满自足的良知本体。于是，致良知等一切工夫实践也就可以抛诸脑后、一切放下。在阳明后学的思想发展过程中之所以演变出种种激烈争辩，现成良知说便是焦点之一。

第二，日用即道说。根据阳明心学理论，良知不仅是人心本有

16　王艮：《王心斋先生遗集》卷一《答问补遗》，民国元年刊袁承业编校本，第 19 页。

的现成存在，具有对是非善恶的道德判断力，而且它本身就像“天理”一般，普遍存在于人的日常行为过程中。王艮受其影响，进一步推演出“百姓日用即道”的观点，突出了良知存在具有不离日用的世俗性特征，发展了阳明的良知“不离日用常行”的思想。相应地，在伦理实践上，致良知无非就是在“人伦日用之间举而措之”（王艮语）的事情；反之，若将良知视作玄妙高深的抽象理论，津津乐道于对良知的概念论证，则反而有悖于阳明良知学的根本旨趣。王艮的再传弟子罗汝芳是一位官员士大夫，他在一次社会讲学上，公然提出“捧茶童子却是道也”[17]的观点，引起了热烈的议论，这也说明阳明学主张的良知当下存在、王艮所说的百姓日用即道的这种通俗化的讲法在晚明时代引发了广泛的思想效应，很容易在庶民社会得以推广普及。儒学的世俗性转化也正由此不断向前推进。

第三，满街圣人说。在王艮与王阳明的一场对话中，王艮提出了“满街人都是圣人”的观点，王阳明对此提出了委婉的批评：你见满街人是圣人，满街人到看你是圣人。[18]显示出阳明对满街圣人说有理论上的担忧：人人皆可为尧舜的这一孟子观点不能与人人都是现成圣人画上等号。然而实际上，从阳明晚年屡次强调“心之良知是谓圣”[19]等心学观点来看，“满街圣人”说应是阳明心学的题中应有之义。只是经王艮的传播，“满街圣人”说成了泰州学派的一个思想标识。也正由此，泰州学派乃至阳明学本身在晚明招致了批

17 罗汝芳：《明道录》卷三，京都：中文出版社“和刻近世汉籍丛刊”（无出版年），第108页。

18 吴震解读：《中华传统文化百部经典·传习录》卷下，第313条。

19 《王阳明全集》卷六《答季明德（丙戌）》，第213页；同上书卷八《书魏师孟卷（乙酉）》，第280页。

判性反弹，认为这一思想意味着将人人本具成圣的可能性被解读成每个人都已充分展现出圣人的现实性，如此，则可能导致“诬圣”（聂豹语）的严重后果。事实上，从孟子的“圣人与我同类”经宋代理学所宣扬的“圣人可学而至”（程颐语），再到阳明学的“心之良知是谓圣”，其中贯穿着儒学所主张的“即凡而圣”的一条内在理路，只是经由阳明学的思想渲染，儒学的这一思想传统得到了极大的张扬，由“满街圣人”说，进而推导出“圣凡一律”“圣凡平等”[20]等观念主张，于是圣凡之间的知识落差变得不再重要，重要的是“成圣”的信念是否坚定。所以，“满街圣人”与其说是对满街人都是“现成圣人”[21]的直接肯定，还不如说满街人都有成圣的潜在可能性。成就圣人作为儒家预设的理想人格的境界目标，固然需要一套严密的工夫实践才有可能，但其前提却是能否坚信“圣人”如同“良知”一般，是在任何人的内心中作为本质而存在的这一信念，依照阳明心学的理路，这才是实现圣人之理想境界的本体论预设。

第四，格物安身说。王艮的“淮南格物”说，是以安身立本来诠释“格物”，提出了不尽同于阳明以“正心”为要旨的格物说，成为王艮思想的一大亮点。其核心观点是：根据《大学》“物有本

20　阳明弟子王畿指出：“善与人同，是圣凡皆是平等。”（引自《念庵罗先生文集》卷五《冬游记》，雍正元年刻本）另参吴震：《阳明后学研究》“序章：现成良知——阳明学及其后学的思想展开”，上海人民出版社，2016年增订本，第27页。

21　东林党人顾宪成弟子史孟麟指出：“人心有见成的良知，天下无见成的圣人。”（顾宪成：《顾端文公遗书》所收《当下绎·过去未来》，清康熙年刊本）晚明儒学殿军刘宗周也有类似观点，指出：“自古无现成的圣人。”（《刘子全书》卷一《人谱·证人要旨》，清道光年间刊本）

末”的基本观点，结合《大学》的“自天子以至于庶人，壹是皆以修身为本”的经典表述，因此，格物工夫必须“以身为本，家国天下为末”，由安身以立本，进而实现家齐、国治、天下平，其中的关键就在于“立本安身”或“尊身立本”，通过安身保身，最终能使人人都成为“天地万物主”（王艮语）。王艮的以“修身”为本的格物说在后世竟得到了较积极的回应，儒家精英刘宗周甚至认定唯有“淮南格物”说对格物的解释最为妥切，当代新儒家唐君毅对此也有基本的认同。[22]

第五，乐学乐道说。孔子有“乐以忘忧”、孟子有“反身而诚，乐莫大焉”之说，主张人生应追求精神上的愉悦，这种精神愉悦也就是世俗幸福。进言之，幸福意味着带有莫大愉悦感的精神境界，反映了儒学入世主义的终极关怀。阳明非常欣赏孔子的“吾与点也”以及颜子“居陋巷而不改其乐”的快乐精神，提出了“乐是心之本体”的命题，认为精神愉悦就是人心本体，并且强调致良知就能实现最大的“快乐”，揭示了“为善最乐”[23]的命题，这一思想反映了儒学积极乐观的人生态度，认为通过德性实践就可获得人生幸福。这是对中国思想史上有关“德福一致”问题的理论回应，先秦典籍《国语》中的“德为福基”的德福观至此获得了一项心学解

---

22 刘宗周断言：“后儒格物之说，当以淮南为正。”（《刘子全书》卷十二《学言下》）清儒全祖望也指出：王艮“其言格物，则最不可易。蕺山先生（刘宗周）亦主之”。（《经史问答》卷七，《全祖望集汇校集注》，朱铸禹汇校集注，上海古籍出版社，2000 年，第 1962 页）唐君毅谓：王艮的格物说“的然而无疑，同于吾人之说，以异于朱子、阳明之以物为事者也”。（《中国哲学原论・导论篇》，中国社会科学出版社，2005 年，第 198 页）

23 《王阳明全集》卷二十五《为善最乐文（丁亥）》，第 925 页。

答。与此相应，王艮在一篇著名的文章《乐学歌》中，提出"乐即学，学即乐"之说，其子王襞由此发展出"乐即道也，乐即心也"的命题，[24] 构成了泰州学派的一贯家风。这一积极的人生观甚至对二十世纪初的梁漱溟产生了巨大影响，成为其由佛归儒的一大思想契机，他认为这是中国文化的根本特质，与强调超脱痛苦的西方宗教及印度思想形成了鲜明对照，而他后来致力于乡村社会改造，也与他从泰州学派的思想行动中获得的灵感有关。[25]

四、对民间儒学的文化现象须注入必要的理论关切

明代讲学在江南地域的发展及其儒学世俗化在当代有何启示意义，需要透过历史的纵深考察才能得以显现。

须指出，明代尤其是晚明的讲学活动固然是推动儒学世俗化的动因之一，但"讲学"本身却是儒学的一大传统，只是到了中晚明时代，这一传统在很大程度上得以被重新激活。事实上，中晚明时代的讲学活动得以蓬勃发展的重要思想依据就在于孔子曾表达的"四大忧"中的一条"学之不讲，是吾忧也"。[26] 甚至对阳明后学推动的讲学风气不无批评的东林党等一批学者，也注意到"讲学"是历来的儒学传统，对此不得不表示认同，所以他们自己也纷纷在北

---

24 王襞：《东厓王先生遗集》卷上《诗引》，《四库全书存目丛书》集部第 146 册，第 674—675 页。

25 梁漱溟：《东西文化及其哲学》，《梁漱溟全集》第一卷，山东人民出版社，1989 年，第 465 页。

26 孔子"四大忧"的完整表述是："德之不修，学之不讲，闻义不能徙，不善不能改，是吾忧也。"(《论语·学而》)

京建首善书院或在无锡建东林书院，大力举行讲学活动，甚至出现了一股“居官讲学”的风潮。[27] 尽管这股风潮与心学讲学在讲学内容上并不一致，但同样助长了晚明社会的讲学之风。

然而，关于阳明学在社会上大力推动讲学活动以及泰州学派的民间讲学究竟应作如何评估，特别是有关泰州学派的思想定位等问题，自晚明时代起，就存在各种不同的说法。大致而言，晚明以来对心学讲学以及泰州学派的负面评价几乎成为主流意见，入清之后以黄宗羲等人的思想史观为代表，泰州学派被视作儒家正统的叛逆，甚至明亡的原因也应当归咎于晚明的社会讲学。[28] 近代以来，对泰州学派的历史评价则发生了翻转，首先是吴虞、刘师培、梁漱溟等人对泰州学派有积极肯定，稍后，嵇文甫、侯外庐等思想史家对泰州学派则有更高的赞赏，认为泰州学之思想具有近代启蒙的意义。

在我们看来，明清之际的儒学家在痛自反省明亡教训之时，对泰州学派乃至晚明心学思潮的激烈批判其实是源自儒家精英主义的立场，反映了正统士大夫对平民化、世俗化儒学的一种反感情

---

27 例如阳明后学周汝登就主张应当在“朝署之间”推行讲学（《东越证学录》卷七《天真讲学图序赠紫亭甘公》，台北：文海出版社，1970 年影印万历三十三年刻本，第 535 页）。东林党人冯从吾更是竭力主张：“讲学正所以修职业也。精言之，必讲学提醒其忠君爱国之本心，然后肯修。”（《冯少墟续集》卷二《都门稿语录》，清康熙十四年重刻本）另参吴震：《明代知识界讲学活动系年：1522—1602》，学林出版社，2003 年；［日］小野和子：《明季党社考》，李庆、张荣湄译，上海古籍出版社，2006 年。

28 例如在顾炎武看来，明亡之因正在于晚明讲学，故他反其道而行之，竭力主张“今日只当著书，不当讲学”。对此，康有为有激烈批评：“故国朝读书之博，风俗之坏，亭林为功之首，亦罪之魁也。”康有为认为当今之时，正应“昌言追孔子讲学之旧”，大力鼓动讲学之风。参见《康有为学术著作选》所收《长兴学记》，中华书局，1988 年，第 5—6 页。

绪，清代之后的学术主流逐渐转向文史考据，上面提到的清代中期考据学家焦循对泰州学派以及明代学术的批评则更是表现出一种“知识傲慢”，认为明代学术在整体上打断了古代以来的儒学传统，导致了两大严重后果：学术亡与国家亡。[29]但是，若按阳明学对所谓“正统”与“异端”的区分，应当以“与愚夫愚妇同的是为同德，与愚夫愚妇异的是为异端”（《传习录》下卷）这一观点为判准，则泰州学派便不能定位为所谓的儒学“异端”。对思想人物及其学术观点的不同评判不仅涉及观点立场或学术取向的问题，更关涉到对儒家文化的思想实质及其历史发展如何认知的问题。由此以观，乾嘉时期汉学家对明代思想学术的全然否定，其实正表明晚明以来儒学世俗化的历史发展已呈彻底扭转之势，民间儒学又一次被重新扭转至精英儒学的轨道，儒学世俗化也被儒学经典化、知识化所取代。

平实而论，从现代的角度出发，可以说泰州王学作为民间儒学的一种形态，对于展现儒学的教化精神的确发挥了重要作用，然而若将其与西方近代启蒙思想进行比附，由此断定其思想对儒学价值观产生了颠覆性的作用，这种说法只是基于后设的思想立场所作的评价，并不完全符合思想史实。的确，儒学平民化、世俗化作为儒学深入民间社会的一种特殊表现形态，具有不同于以经典注疏为主要形态的学术儒学的思想特色，然而以泰州学为代表的民间儒学在重建儒学的人伦价值及社会秩序等根本问题上，其实并没有逸出儒

29 例如焦循断言宋明以来的学术导致了“古学几亡”的结局（《雕菰集》卷十三《与孙渊如观察论考据著作书》，《焦循诗文集》，第246页），同时也是“国遂以亡”（《易馀籥录》卷十一，《焦循诗文集》，第803页）的主要原因。

家文化传统之范围，无论是阳明心学还是泰州王学，他们力图打破精英知识阶层对经典的诠释学垄断，更注重人心良知对自己的行为规范，在道德观念上反而加强了严肃主义的诉求，[30]这就说明泰州学派通过民间讲学所推动的儒学世俗性转化，其根本旨趣并不在于松动乃至颠覆儒学价值观，相反，他们的思想诉求正在于用儒家文化来重整社会秩序、改善民风习俗。

总之，由阳明学演化而出的泰州学派的草根化运动推动了明代思想的多元性、开放性的发展趋向。这一趋向发端于16世纪初的江南地区，但却逐渐呈现出向其他地域蔓延的态势，从而助推了阳明学的全国性影响；[31]而且随着以民间讲学为特色的心学思潮的掀起，儒学思想发生了化理论为常识、化思想为行动的深刻转化，对于儒学世俗化的推进具有突出的典型意义。在弘扬传统文化的当下，我们在重视精英儒学或学术儒学之研究的同时，也应将目光投向区域社会、民间儒学，对历史上江南儒学这一思想文化现象有必要在学术上加以适当的理论关切。

---

30 参见王汎森:《晚明清初的一种道德严格主义》，见其著《晚明清初思想十论》，复旦大学出版社，2004年。

31 向来被认为是泰州学派传人的李贽就说过“当时阳明先生门徒遍天下”(《焚书》卷二《为黄安二上人三首》，中华书局，1975年，第80页)。这个说法后来被清修《明史》的“儒林传”所接受，称阳明学在晚明时代出现了“门徒遍天下，流行逾百年”的奇特现象。

龚自珍与晚清江南儒学*

曾亦（同济大学哲学系）

龚自珍之学术思想，兼善乾嘉考据之学，然以治《春秋》为主，乃晚清江南儒学的重要人物。盖自六朝以来，中国学术重心南移，尤其江南一带形成儒学发展的重要区域。唐中叶以后，随着北方经济的残破，南方逐渐成为全国的经济、文化中心。尤其到了清代，形成了苏州、徽州、扬州与常州四大全国性学术重镇，皆集中于江南地区。可以说，江南经济的繁荣，造就了有清一代学术与思想的鼎盛。自珍乃江南杭州人，学于常州刘逢禄，乃常州学派的主要学者，其于晚清学术与思想的转向可谓开一代风气的重要人物。

上海地处江南，自晚清以降，其经济得到迅速发展，尤其随着中国的改革开放，上海不仅成为中国的经济中心，又是全国重要高校的荟萃之地，对于上海城市品格的形成，奠定了雄厚的物质和文化基础。然而，对于上海城市的发展来说，应该有学术与思想层面的更高追求，其关键在于接续晚清以来的学术和思想传统，形成具有引领地位的江南乃至中国学派。

---

* 本文为国家社科基金重大项目“中国经典诠释学基本文献整理与基本问题研究”（项目号为 21&ZD055）阶段性成果。

一、学术渊源

据《龚自珍年谱》，龚自珍之外祖段玉裁，乃乾嘉汉学之代表人物。父丽正，段氏入室弟子，“能传其学”，著有《国语注补》《礼图考》《两汉书质疑》《楚辞名物考》等。自珍自幼受家学之濡染，12岁从外祖习《说文解字》，14岁究心古今官制，16岁读《四库全书提要》，17岁治金石古文，21岁以副榜贡生充武英殿校录，遂为校雠掌故之学。嘉庆十七年（1812），其父外放徽州知府，自珍随侍南行，得见段氏。段氏虽爱自珍之词，然犹诫其自爱，欲勉以经史也。[1]次年，又专致一札，勉其“锐意读古书”，“博闻强记，多识蓄德，努力为名儒，为名臣，勿愿为名士”。[2]然自珍终不为名臣，亦不为名儒，“但开风气不为师”，且颇有名士之习也。

自珍学术本出自乾嘉考据之学，其晚年《己亥杂诗》自谓“斯文吾述段金沙”，盖言其学出于外祖段氏也。自珍有诗勉其子曰：

俭腹高谈我用忧，肯肩朴学胜封侯。
五经烂熟家常饭，莫似而翁啜九流。

1 自珍之文字颇显于世，然太炎颇讥之，云：“若其文辞侧媚，自以取法晚周诸子，然佻达无骨体，视晚唐皮、陆且弗逮，以校近世，犹不如唐甄《潜书》近实。后生信其诳耀，以为巨子。诚以舒纵易效，又多淫丽之辞，中其所嗜，故少年靡然乡风。自自珍之文贵，则文学涂地垂尽，将汉种灭亡之妖耶？”（《说林下》，《章太炎全集》第四册，上海人民出版社，2014年，第121页）

2 段玉裁：《经韵楼集》卷九《与外孙龚自珍札》，上海古籍出版社，2007年。

图籍移从肺腑家，而翁本学段金沙。
丹黄字字皆珍重，为裹青毡载一车。

自珍盖以考据之学期其子也。足见自珍对乾嘉汉学之认同，不过，其本人却少有相关成就也。

自珍学术尚另有一渊源，即为常州今文学也。嘉庆二十四年（1819），定庵年二十八，应恩科会试，不第，留居京师，始从刘逢禄习《公羊春秋》。不过，自珍此前对《公羊》已颇有所知矣。嘉庆二十、二十一年间，自珍撰《乙丙之际著议第九》，其中即言及《公羊》三世说："吾闻深于《春秋》者，其论史也，曰：书契以降，世有三等，三等之世，皆观其才。才之差，治世为一等，乱世为一等，衰世别为一等。衰世者，文类治世，名类治世，声音笑貌类治世。"并且，嘉庆二十三年，庄绶甲应聘教授于龚氏家馆，为言其祖庄存与事行之美。正因如此，自珍初识逢禄，遂从问学矣。

自珍初见逢禄，即有诗自抒其对逢禄崇敬之情。诗云：

昨日相逢刘礼部，高言大句快无加。
从君烧尽虫鱼学，甘作东京卖饼家。[3]

道光十九年，自珍又有诗追忆逢禄，云：

3　龚自珍：《杂诗·己卯自春徂夏在京师作，得十有四首》，《龚定庵全集类编》卷十七，中国书店，1991年。

端门受命有云初，一脉微言我敬承。
宿草敢祧刘礼部，东南绝学在毗陵。[4]

可见自珍对逢禄服膺之深也。

自珍问学于逢禄之时，又与宋翔凤相识。三年后，自珍尝有《投宋于庭》一诗，诗云："万人丛中一握手，使我衣袖三年香。"晚年《己亥杂诗》亦有诗记其与翔凤之交往："玉立长身宋广文，长洲重到忽思君。遥怜屈贾英灵地，朴学奇才张一军。"自注云："奉怀宋于庭文作。于庭投老得楚南一令。'奇才朴学'，二十年前目君语，今无以易也。"又见自珍对翔凤之倾慕也。故程秉钊曰："先生之学，在于由东京之训诂，以求西汉之微言。"[5]观自珍对刘、宋之态度，可知其早年虽习染于段氏之学，然其大端则在常州今文学也。

自珍卒后，魏源应其子龚橙所请，编成《定庵文录》十二卷。其叙云：

（自珍）于经通《公羊春秋》，于史长西北舆地。其文以六书小学为入门，以周秦诸子、吉金乐石为崖郭，以朝章国故、世情民隐为质干。晚犹好西方之书，自谓造深微云。

于此可见自珍学术之大概也。然其学术之根本，实在《春秋》也。道光十三年（1833），撰《左氏春秋服杜补义》《左氏决疣》《西汉君

4　龚自珍：《己亥杂诗》，《龚定庵全集类编》卷十六。
5　孙文光、王世芸编：《龚自珍研究资料集》，黄山书社，1984年，第97页。

臣称春秋之义考》各一卷，并佚。[6]十八年，撰《春秋决事比》六卷。此书引经传百二十事，盖承董仲舒《春秋决狱》及刘逢禄《春秋赏罚格》《议礼决狱》而作，大旨欲"以《春秋》之律救正当世之律"，然已佚，仅存自序一篇。又有《春秋决事比答问》五篇，乃自珍就《春秋决事比》相关篇目所拟之问答。此外，定庵尚有贯通今学要义的经史杂著，如《五经大义终始论》《答问》《泰誓答问》《六经正名论》等。

自珍之经学撰述不多，且多佚，不过，其长处却在政论文字，"往往引《公羊》义讥切时政，诋排专制"。[7]对此，钱穆曰：

> 常州学之精神，则必以龚氏为眉目焉。何者？常州言学，既主微言大义，而通于天道、人事，则其归必转而趋于论政，否则，何治乎《春秋》？何贵乎《公羊》？亦何异于章句训诂之考索？故以言夫常州学之精神，其极必趋于轻古经而重时政，则定庵其眉目也。[8]

盖自钱氏视之，不独自珍也，乃至整个常州学派，皆以论政为归趣

6　自珍《己亥杂诗》第五十七首云："姬周史统太消沉，况复炎刘古学瘖。崛起有人扶《左氏》，千秋功罪总刘歆。"龚氏自注云："癸巳岁（1833），成《左氏春秋服杜补义》一卷；其刘歆窜益《左氏》显然有迹者，为《左氏决疣》一卷。"故钱玄同以为"《左氏决疣》一书，当系继续《左氏春秋考证》而作"。（钱玄同：《左氏春秋考证书后》，《古史辨》第五册，上海古籍出版社，1982年，第6页）

7　梁启超：《清代学术概论》二十二，载朱维铮校注：《梁启超论清学史二种》，复旦大学出版社，1985年，第61页。

8　钱穆：《中国近三百年学术史》下册，商务印书馆，2011年，第590、591页。

也，“故后之治今文学者，喜以经术作政论，则龚、魏之遗风也”。[9]

自珍又有《说中古文》一篇，举十二事以证中古文之伪，云：

成帝命刘向领校中五经秘书，但中古文之说，余所不信。秦烧天下儒书，汉因秦宫室，不应宫中独藏《尚书》，一也。萧何收秦图籍，乃地图之属，不闻收《易》与《书》，二也。假使中秘有《尚书》，何必遣晁错往伏生所受二十九篇？三也。假使中秘有《尚书》，不应安国献孔壁书，始知增多十六篇，四也。假使中秘有《尚书》，以武、宣之为君，诸大儒之为臣，百余年间，无言之者，不应刘向始知校《召诰》、《酒诰》，始知与博士本异文七百，五也。此中秘书既是古文，外廷所献古文，遭巫蛊不立，古文亦不亡，假使有之，则是烧书者，更始之火，赤眉之火，而非秦火矣，六也。中秘既是古文，外廷自博士以汔民间，应奉为定本，斠若画一，不应听其古文家、今文家，纷纷异家法，七也。中秘有书，应是孔门百篇全经，不但《舜典》、《九共》之文，终西汉世具在，而且孔安国之所无者，亦在其中。孔壁之文，又何足贵？今试考其情事，然耶？不耶？八也。秦火后，千古儒者，独刘向、歆父子见全经，而平生不曾于二十九篇外，引用一句，表章一事，九也。亦不传受一人，斯谓空前，斯谓绝后，此古文者，迹过如扫矣，异哉！异至于此，十也。假使中秘书并无百篇，则向作《七略》，当载明是何等篇，其不存者亡于何时，其存者又何所受也，而皆无原委，千古但闻有中古文之名，十一也。中秘既有五经，独《易》、《书》著，其三经何以

9 梁启超：《清代学术概论》二十二，载朱维铮校注：《梁启超论清学史二种》，第63页。

> 蒐闻？十二也。当帝之时，以中书校百两篇，非是。予谓此中古文，亦张霸百两之流亚，成帝不知而误收之，或即刘歆所自序之言如此，托于其父，并无此事。古文《书》如此，古文《易》可知，宜其独与绝无师承之费直《易》相同，而不与施、孟、梁丘同也。《汉书》刘向一传，本非班作，歆也博而诈，固也侗而愿。

自珍不信中古文，遂疑古文《书》《易》之伪。自珍又有《六经正名》一文，则攻《周官》之伪。盖逢禄不过谓刘歆为《左氏》增设书法条例而已，因此，自逢禄视之，古文经学之不成立，只在《左氏》之伪耳。至于自珍，则进而攻击整个古文经之伪，且将其伪由刘歆溯源于王莽。

梁启超甚推崇自珍之功，以为“今文学派之开拓，实自龚氏”。[10] 此种开拓在于，“找到了今文学理论得以成立的关键点，确立了今文学的框架”。[11] 自珍在《左氏决疣》中追随逢禄，攻击刘歆之窜益《左氏》；又在《说中古文》中，进一步否定中古文之存在，以为亦出于刘歆之伪，此说“在今文学理论的建立上向前迈进一大步，不可谓非由龚氏此文所启发”。[12] 不过，自珍于公羊学之取舍与运用，却与申受、默深颇异，“自珍之于公羊，不仅未凿凿

10 梁启超:《清代学术概论》二十二，载朱维铮校注:《梁启超论清学史二种》，第 61 页。不过，梁氏于定庵之学术，则颇不谓然，“综自珍之学，病在不深入，所有思想，仅引其绪而止，又为瑰丽之辞所掩，意不豁达”。（同上，第 61 页）

11 蔡长林:《论崔适与晚清今文学》，台北万卷楼出版公司，2001 年，第 81 页。

12 蔡长林:《论崔适与晚清今文学》，第 83 页。

于条例之辨，甚至认为《春秋》是史，三传皆传《春秋》”，[13]就此而言，同时的默深更代表了清代公羊学之主流。

二、六经正名

道光十三年（1833），自珍撰《六经正名》及《答问》五篇。自珍对“六经”范围重新进行了界定，不过，其立场似乎更多倾向古文家的观点。

两汉以降，随着博士学之兴盛，以及随之而来的今古相争，儒家经典的范围不断扩展，而旧有的“六经”或“六艺”渐成一笼统之称呼，不再指孔子时代的六种经典，而是指两汉师法、家法笼罩下的经典诠释著作。自珍认为，“孔子之未生，天下有六经久矣”，其后对六经的解释，则有传、记、群书之别，然皆非经也。然而，后世所谓“六经”之名，却常常将经、传、记、群书、子混合起来，遂有七经、九经、十经、十二经、十三经、十四经之说。因此，自珍主张把将“以传为经”者（如《公羊》《穀梁》与《左氏》三传）、“以记为经”者（如大、小戴《礼记》）、“以群书为经”者（如《周官》《论语》《孝经》）、“以子为经”者（如《孟子》）剔除出去，从而恢复“六经”之本来面目。

如此，“以经还经，以记还记，以传还传，以群书还群书，以

13 张寿安：《龚自珍学术思想研究》，文史哲出版社，1997 年，第 79 页。张氏又曰：“刘氏之治《公羊》，循条例以明大义，又罢黜《左氏》，强调经史之异。魏源‘上复西汉今文’的主张，更显示了今、古文经的壁垒渐立。然自珍之治《公羊》，不仅摒弃经、史之争，亦刊落条例，而径杂微言大义的实际运用于时政，亦即是‘援经议政’。”（同上，第 90 页）

子还子”，重新建立“六经”之原始面貌，以及与其他书籍之关系：

（一）《尚书》：配以《周书》十八篇、《穆天子传》六篇、《书序》百篇、三代宗彝之铭十九篇、《秦阴》一篇、桑钦《水经》一篇。

（二）《春秋》：配以《左氏春秋》、《春秋公羊传》、《郑语》一篇、《史记》。[14]

（三）《礼古经》：配以《大戴记》、《小戴记》、《周髀算经》、《九章算经》、《考工记》、《弟子职》、《汉官旧仪》。

（四）《诗》：配以屈原赋二十五篇、汉《房中歌》、《郊祀歌》、《铙歌》。

（五）小学：配以许慎《说文》。

关于自珍对“六经”之正名，颇有几点值得注意：

其一，不以《穀梁》配《春秋》。自珍云：“夫穀梁氏不受《春秋》制作大义，不得为《春秋》配也。”这种态度与逢禄大不同。盖整个晚清今文学皆强调《公》《穀》之“道一风同”，而着力攻击《左氏》也。

其二，强调“六经”正名乃回到孔子以前之“六经”，颇有泯灭两汉以降今古之争的意味。

其三，以孔子不作“六经”，至谓孔子不作《春秋》，“孔子所谓《春秋》，周室所百二十国宝书是也”，[15] 此说无疑颠覆了今文家

14　龚氏以《左氏》得配《春秋》，不过，须剔去刘歆所窜益部分。

15　龚自珍：《六经正名》，《龚定庵全集类编》。

尊孔子的立场，反而倾向于古文家的说法。无怪乎皮鹿门讥自珍“犹惑于刘歆、杜预之说，不知孔子以前不得有经之义也”，[16] 盖自珍治经，不纯用今学家言，而时杂以古学义也。

然清吴昌绥《定庵先生年谱》定《六经正名》及《答问》撰于道光十三年，似与自珍此时学术倾向不甚相合。

自珍否定孔子作六经，甚至有“六经皆史”之说。其曰：

> 六经者，周史之宗子也。《易》也者，卜筮之史也；《书》也者，记言之史也；《春秋》也者，记动之史也；《风》也者，史所采于民，而编之竹帛，付之司乐者也；《雅》、《颂》也者，史所采于士大夫也；《礼》也者，一代之律令，史职藏之故府，而时以诏王者者也；小学也者，外史达之四方，瞽史谕之宾客之所为也。……故曰：五经者，周史之大宗也。[17]

自唐、宋以来，学者多视《春秋》为经，而《左氏》则为史也，至于逢禄为代表的常州学派，更执此说。今自珍不独视《春秋》为史，至于夷六经尽为史，如此，则六经非出于孔子矣。自珍为六经正名，其关键正在于此。故自珍曰：

> 仲尼未生，先有六经；仲尼既生，自明不作。仲尼曷尝率弟子合笔其言以自制一经哉？[18]

16　皮锡瑞：《经学历史》，中华书局，2008 年，第 17 页。

17　龚自珍：《古史钩沈论二》，《龚定庵全集类编》。

18　龚自珍：《六经正名》，《龚定庵全集类编》。

此说否定孔子作六经，与后来廖平、康有为对待六经之态度大不同。自珍因而肯定孔子之功在“述”不在“作”，即“存史”也。其曰：

> 夫功罪之际，存亡之会也，绝续之交也。天生孔子不后周，不先周也，存亡续绝，俾枢纽也。史有其官而亡其人，有其籍而亡其统，史统替夷，孔统修也。史无孔，虽美何待？孔无史，虽圣曷庸？[19]

可见，孔子之功在“存史”，而非“作经”也。至于《春秋》，其中固有微言大义，然自珍以为，不出于孔子，而出于史官也。其尝有诗曰：

> 欲从太史窥《春秋》，勿向有字句处求。抱微言者太史氏，大义显显则予休。[20]

诸如此说，皆非清代今文学主流，大致本于章学诚之说也。自珍又以周末诸子，亦出于史，不过“周史之小宗”。其曰：

> 孔子殁，七十子不见用，衰世著书之徒，蜂出泉流，汉氏校录，撮为诸子，诸子也者，周史之小宗也。故夫道家者流，言称辛甲、老聃；墨家者流，言称尹佚。辛甲、尹佚官皆史，聃实为

19 龚自珍：《古史钩沈论二》，《龚定庵全集类编》。
20 龚自珍：《己亥杂诗》，《龚定庵全集类编》。

> 柱下史。若道家，若农家，若杂家，若阴阳家，若兵，若术数，若方技，其言皆称神农、黄帝。神农、黄帝之书，又周史所职藏，所谓三皇、五帝之书者是也。……故曰：诸子也者，周史之支孽小宗也。[21]

则六经、诸子俱出于史，不过大宗、小宗之别耳，是以后世之尊儒，不过因儒家长于六经，存亡而继绝，为中国文明之嫡派大宗故也。诚若此说，中国轴心时代之学术与思想，实尽出于上古文明之阙遗，非若南海所谓“茫昧无稽”也。

三、“宾师”与《公羊》三科之旨

道光三年（1823），自珍撰成《五经大义终始论》及《答问》九篇。刘逢禄、宋翔凤始以《公羊》义释《论语》，至龚自珍，则据以遍释五经，且尤重“张三世”之说。盖就何休“三科九旨”而言，以“通三统”最为重要，至刘逢禄，虽有突出“张三世”之倾向，然大略言之，犹三科并重也。若自珍释五经，乃专明三世之旨，其“自改革”主张，实据此旨发挥而来。

自珍以《公羊》三世说释《尚书·洪范》。案，《洪范》九畴乃古天子治世之大法，其三曰“八政”，即指食、货、祀、司空、司徒、司寇、宾、师八事。然自珍以八政配三世，又以八政各有三世。《五经大义终始答问一》云：

21　龚自珍：《古史钩沈论二》，《龚定庵全集类编》。

问："三世之法，谁法也？"答："三世，非徒《春秋》法也。《洪范》八政配三世，八政又各有三世。""愿问八政配三世？"曰："食、货者，据乱而作。祀也，司徒、司寇、司空也，治升平之事。宾、师，乃文致太平之事。孔子之法，箕子之法也。"

此以八政配三世也。《答问二》云：

问："八政事事各有三世，愿问祀之三世。"答："在《礼运》，始言土鼓蒉桴，中言宗庙祝嘏之事，卒言太一，祀三世不同名矣。《礼运》者，孔子本感蜡祭而言，故胪祭也详。若夫征之《诗》，后稷舂揄肇祀，据乱者也；公刘筵几而立宗，升平也；《周颂》有《般》，有《我将》，《般》主封禅，《我将》言宗祀，太平也。"

《答问三》云：

"愿问司寇之三世。"答："周法，刑新邦用轻典，据乱故。《春秋》于所见世法为太平矣。世子有进药于君君死者，书曰'弑其君'，盖施教也久，用心也精，责忠孝也密。假如在所传闻世，人伦未明，刑不若是重。在所闻世，人伦甫明，刑亦不若是重。"

此举八政中祀、司寇二事，其中亦有三世之不同也。《答问五》云：

问："《洛诰》属何世？"答："有升平，有太平。曰'予齐百工，伻从王于周'，是八政司徒、司寇、司空之事。曰'肇称殷礼，咸秩无文'，是八政之祀事，皆言升平也。曰'我惟无斁其康事'，当是时，周公诞保文、武受命，成太平之业，故求明农去位。若仅致升平，公岂宜去位之年哉？《公刘》之首章曰'匪居匪康'，据乱故也。《洛诰》曰'无斁其康事'，太平故也。"

此又谓《尚书·洛诰》有三世之义也。《答问四》云：

问："《公刘》之诗，于三世何属也？"答："有据乱，有升平。始国于豳，'乃积乃仓'，当《洪范》之食；'俾筵俾几'，当《洪范》之祀。五章、六章，是司徒、司空之事。'其军三单'，是司寇之事。司徒、司寇、司空，皆治升平之事。古人统兵于刑，班固尚知之，固也志刑不志兵。"

此又据三世以释《诗》也。

自珍又将《春秋》三世说与《礼运》结合起来。《答问八》云：

问："《礼运》之文，以上古为据乱而作，以中古为升平，若《春秋》之当兴王，首尾才二百四十年，何以具三世？"答："通古今可以为三世，《春秋》首尾，亦为三世。大挠作甲子，一日亦用之，一岁亦用之，一章一蔀亦用之。"

盖《春秋》三世本施于二百四十二年间而已，而自珍乃推以纵观人类之全部历史。其后，康有为据《礼运》之小康、大同以张三世之说，始则出于自珍也。

又，《答问九》云：

> 问："孰为纯太平之书？"答："《礼古经》之于节文也详，尤详于宾。夫宾、师，八政之最后者也。《士礼》十七篇，纯太平之言也。"

盖《尚书》《礼运》《诗》等，皆具《春秋》三世之义，若《仪礼》，则纯为太平之制也。

自珍又由《洪范》之宾、师以明《春秋》太平之说。案，郑玄注云："宾，礼宾客，无不敬。师，简师所任必良，士卒必练。"孔颖达疏云："宾，教民以礼待宾客，相往来也。师，立师防寇贼，以安保民也。"又云："民不往来，则无相亲之好，故宾为七也。寇贼为害，则民不安居，故师为八也。"又云："宾掌诸侯朝觐之官，《周礼》大行人是也。师掌军旅之官，若司马也。"可见，宾乃教民相往来，师则掌军旅而防寇贼，皆有司之事也。

《五经大义终始论》云：

> 圣者至高严，曷为习揖让之容，虚宾师之馆，北面清酒，推天下之福禄与偕，使吾世世雄子孙，必变化恭敬温文，以大宠之，岂惧其武勇之足以夺吾祭哉？诚欲以一天下之语言也。……古者明天子之在位也，必遍知天下良士之数；既知其数，又知其名；既知其名，又知其所在。……谨又求之《洪范》八政，七曰宾，

> 八曰师。宾师得而彝伦序也。何以曰序也？古之宾师，必有山川之容；有其容矣，又有其润；有其润矣，又有其材。王者之与宾师处，闻牛马之音，犹听金玉也；亲尘土之臭，犹茹椒兰也。

观自珍之说，盖以贤人、名士为宾师，而为王者政教之所依也。

又，“隐三年，春，王二月”，何注云：“王者存二王之后，使统其正朔，服其服色，行其礼乐，所以尊先圣，通三统。师法之义，恭让之礼，于是可得而观之。”盖二王后俱祖圣人也，王者恭而有礼，客之而不朝，乃宾之也；行其礼乐，以备后王取法，则师之矣。其义一也。据此，自珍说宾、师之义，殆从“通三统”说转出也。

易姓更王，其所先务为急者，则在通三统也。自珍讥“嬴、刘之主骄于三代”，[22] 则不独暴秦不能宾师先朝遗献，至炎刘亦然。自珍又谓宾师乃“文致太平之事”，[23] 此说与何休颇不同，盖以孔子《春秋》期宾师也。故自珍云：

> 求之《春秋》，则是存三统、内夷狄、讥二名之世欤？三统

22　龚自珍：《古史钩沉论四》，《龚定庵全集类编》。

23　龚自珍：《五经大义终始答问一》，《龚定庵全集类编》。案，定六年，夏，季孙斯、仲孙何忌如晋。何注云：“《春秋》定、哀之间，文致太平，欲见王者治定，无所复为讥，唯有二名，故讥之，此《春秋》之制也。”徐疏云：“云《春秋》定、哀之间，文致太平者，实不太平，但作太平文而已，故曰文致太平也。”据注、疏所言，文与实相对，定、哀之间，实非太平，但在书法上作太平文而已。然自珍所谓“文”，则非指书法文字也，盖有取于《论语·八佾篇》：“夏礼，吾能言之，杞不足徵也；殷礼，吾能言之，宋不足徵也。文献不足故也。足，则吾能徵之矣。”文者，文献也，即“识其大掌故，主其记载”之史材，犹自珍所谓宾师也。故“文致太平”者，思王者亲宾师以进乎太平也。观自珍之论学议政，常出乎古义之外，虽颇具识见，然不免章太炎“稍知书”之讥耳。

> 已存，四夷已进，讥仅二名，大瑞将致，则和乐可兴，而太平之祭作也。[24]

自珍所言“存三统”，乃太平之事，谓王者能宾师先圣遗献也。此说以存三统、内夷狄为太平世之象，实混三科为一，与何休旧说颇不同矣。

又，《古史钩沉论四》云：

> 王者，正朔用三代，乐备六代，礼备四代，书体载籍备百代，夫是以宾宾。宾也者，三代共尊之而不遗也。夫五行不再当令，一姓不再产圣。兴王圣智矣，其开国同姓魁杰寿耇易尽也。宾也者，异姓之圣智魁杰寿耇也。其言曰：臣之籍，外臣也，燕私之游不从，宫库之藏不问，世及之恩不预，同姓之狱不鞫，北面事人主，而不任叱咄奔走，捍难御侮，而不死私雠。是故进中礼，退中道，长子孙中儒，学中史。王者于是芳香其情以下之，玲珑其诰令以求之，虚位以位之。……商法盟先异姓，周法盟先同姓；质家尊贤先异姓，文家亲亲先同姓。古者开国之年，异姓未附，据乱而作，故外臣之未可以共天位也，在人主则不暇，在宾则当避疑忌。是故箕子朝授武王书，而夕投袂于东海之外。易世而升平矣，又易世而太平矣，宾且进而与人主之骨肉齿。然而祖宗之兵谋，有不尽欲宾知者矣；燕私之禄，有不尽欲与宾共者矣；宿卫之武勇，有不欲受宾之节制者矣；一姓之家法，有不欲受宾之论议者矣。四者，三代之异姓所深自审也。……孔

24 龚自珍：《五经大义终始论》，《龚定庵全集类编》。

子曰："非天子不议礼，不制度，不考文。吾从周。"从周，宾法也。又曰："出则事公卿。"事公卿，宾分也。孟轲论卿，贵戚之卿，异异姓之卿。夫异姓之卿，固宾籍也，故谏而不行则去。

此段假经义以论时事，义颇隐晦。盖自珍以"宾"为异姓之圣智魁杰寿耇者，则当有清之世，汉人虽于满洲为异姓，然人材实尽萃聚于斯，自珍乃有"不拘一格降人材"之倡，虽有感于满洲对异姓之疑忌，然犹以箕子自售，期为时王所宾师耶？

自珍又云：

史之材，识其大掌故，主其记载，不吝其情，上不欺其所委贽，下不鄙夷其贵游，不自卑所闻，不自易所守，不自反所学，以荣其国家，以华其祖宗，以教训其王公大人，下亦以崇高其身，真宾之所处也。何也？古之世有抱祭器而降者矣，有抱乐器而降者矣，有抱国之图籍而降者矣，无籍其道以降者，道不可以籍也。……故夫宾也者，生乎本朝，仕乎本朝，上天有不专为其本朝而生是人者在也，是故人主不敢骄。……三代之季，或能宾宾而尊显之，或不能宾宾而穷、而晦、而行遁。职此之由，杞不能征夏，宋不能征殷，孔子于杞、宋思献。……孔子述六经，则本之史。史也，献也，逸民也，皆于周为宾也，异名而同实者也。[25]

25　龚自珍：《古史钩沉论四》，《龚定庵全集类编》。

故宾虽异姓，然实古之遗献也，“恃前古之礼乐道艺在”，不降其志，不辱其身，是则又以师自处，非仕乎本朝，然非人主所得骄焉。至于孔子，本殷人之后，故于周则为宾，其作《春秋》，盖以“异姓之闻人”而修史职也。

自珍又因以发太平大一统之义，讥“宋、明山林偏僻士，多言夷、夏之防，比附《春秋》，不知《春秋》者也”。[26] 盖自珍以满汉大同为太平世之象，王者固当宾师贤士，贤士亦当思进用。其后，康南海倡言维新，抑或有取于自珍“宾师”之论欤？是则章太炎“媚虏”之讥，亦不得谓为厚诬之辞也。

钱穆持论稍中正，亦曰：

> 湘乡曾氏削平大难，欲以忠诚倡一世，而晚境忧讥畏谄，惴惴不可终日。异姓之宾，虽掬忠诚以献其主，其主疑忌弗敢受也。故湘乡之倡忠诚，亦及身而歇，无救于一姓之必覆。自是而《公羊》之学附会于变法，而有南海康氏。然亦空以其徒膏斧钺，身则奔亡海外，仅全腰领，犹且昌言保皇，识出定庵“宾宾”下远甚。而定庵治《春秋》，知有变法，乃不知有夷夏。[27]

钱氏盖讥晚清今文家闇于夷夏之防，徒张“满汉大同”之说，汲汲于臣事异姓之主耳，较自珍“宾宾”之说，又等而下之矣。

26 龚自珍：《五经大义终始答问七》，《龚定庵全集类编》。
27 钱穆：《中国近三百年学术史》下册，第 613、614 页。

四、《春秋》与律法

道光十八年（1838），自珍撰成《春秋决事比》六卷，凡十一篇，引经传凡一百二十事，以“申刘礼部之谊”。原书已佚，其目次如下：《君道篇》第一，引经传十三事；《君守篇》第二，引经传十事；《臣守篇》第三，引经传十事；《不应重律篇》第四，引经传十四事；《不应轻律篇》第五，引经传十四事；《不定律篇》第六，引经传十一事，附答问十事；《不屑教律篇》第七，引经传四事，附答问三事；《律目篇》第八，引经传十一事，附答问十事；《律细目篇》第九，引经传十四事，附答问九事；《人伦之变篇》第十，引经传十九事，附答问八事；《自序篇》第十一。可谓鸿篇巨制也，惜乎不存，今仅有《答问》五篇。

关于此书之作，自珍云：

> 凡建五始，张三世，存三统，异内外，当兴王，及别月日，区名字氏，纯用公羊氏；求事实，间采左氏；求杂论断，间采穀梁氏，下采汉师。（《春秋决事比》自序）

可见，自珍此书不纯用《公羊》义，至有不慊于刘逢禄者。

此书之形式，颇有追述董仲舒《春秋决狱》与何休《汉议》之意，即引证清现行律中诸条文，而一一溯源于《春秋》之义，故自珍《自序》亦谓“独喜效董氏例，张后世事以设问之”。自董仲舒以下，学者颇以《春秋》为礼义之大宗，又为万世之刑书也。故自珍云：

> 刑书者，乃所以为礼义也。出乎礼，入乎刑，不可以中立。抑又闻之，《春秋》之治狱也，趋作法也，罪主人也，南面听百王也，万世之刑书也。（《春秋决事比》自序）

此《春秋决事比》一书之大旨也。

盖自汉以来，《公羊》学者素视《春秋》为经，而《春秋》所以为经者，实以孔子有得国自王之志，故作《春秋》以当“一王之法”而已。后儒深讳斯旨，遂抑孔子为“素王”，以为孔子不过假《春秋》而“为汉制法”而已。尤其自魏晋以后，更以史视《春秋》，则孔子不过明道之圣人耳，而儒家经世致用之精神遂愈加晦暗不明。故自董仲舒《春秋决狱》以降，《公羊》学者多发明斯旨，其后有何休作《春秋汉议》，刘逢禄作《公羊议礼》，至龚自珍作《春秋决事比》，皆发明孔子以《春秋》当“刑书”之旨，其精神则在于据以治国理政，乃至于“为万世制法”也。

综上所述，龚氏学术以治《春秋》为主，延续了儒家一贯的经世致用之风。且自嘉庆、道光以还，以常州学派为代表的今文学兴起，此为经学发展史上的重要转折和创新，而龚自珍对“六经”的理解以及《春秋》学的研究，在此学术转向中起着重要作用。尤其随着道光之后中国内忧外患的加深，龚氏发挥了《公羊》学一贯的改良精神，主张政治上的“自改革”，对于晚清维新变法运动的形成和发展，起着极重要的作用。

从“师道”与“君道”关系看晚明清初社会改革理论与实践的三种路向

——以王艮、管志道、黄宗羲为中心

高海波（清华大学哲学系）

关于中晚明儒学的展开，余英时先生曾经在《宋明理学与政治文化》一书中指出，宋代理学家社会政治实践的指向是“得君行道”，而明代理学家出于严酷的政治现实，不得不放弃这一上行路线，转而走“觉民行道”的下行路线：“换句话说，他（引者按：指阳明）是要重回宋代道学‘为己而成物’的大传统，不过不再走‘得君’的上行路线，而改走‘觉民’的下行路线。”[1]“总之，明代的政治文化不能容许‘得君行道’观念的存在。王阳明在顿悟之后另辟一条‘觉民行道’的新路。这条路虽由王艮和他的传人披荆斩棘，收到一定的成效，但很快便受到皇权方面的疑忌。”[2]余先生认为王艮为代表的泰州后学继承了阳明的这一政治实践的指向，并将其推到了一个高度，因此也受到皇权的“疑忌”。余先生进而将东

1 余英时：《宋明理学与政治文化》，吉林出版集团有限责任公司，2008 年，第 201 页。

2 余英时：《宋明理学与政治文化》，第 209 页。

林学派与黄宗羲的讲学活动与政治思想、政治实践也纳入到这样一条线索中加以考察，指出："但何心隐和李贽则先后死在狱中，这条民间线路终于和'得君行道'一样，也证明是走不通的。晚明士大夫在危机最深重之际，忍耐不住，起而与皇权作正面的对抗，这便是著名的东林运动。"[3] 余先生的这个论断颇具洞见，一度成为学界研究宋明理学政治文化的一个重要范式。毫无疑问，中晚明的阳明学运动整体而言是一个儒学的社会化运动，尤其是阳明后学中的泰州学派，更是将阳明学的"下行路线"推到了一个高峰。王艮对师道的高扬，颜山农、何心隐对儒学所做的一些宗教化、民间化的理论发展与实践活动，都可以说是这一运动的重要内容。不过，如果我们将目光转向同出于泰州学派的管志道（1536—1608，字登之，号东溟），则情况似乎变得更为复杂。管志道对泰州王艮的师道观深恶痛绝，进行了最为严厉的批评，而主张"君师道合"，即将政教之权集合于君主一身。如何评价与定位管志道的这一态度，似乎是一个令人困惑的问题。魏月萍在《君师道合：晚明儒者的三教合一论述》一书中指出："志道、杨起元与周汝登，三人作为维护'体制稳定'与'学说正统'的政府官员，表现出一种既保守又激进的二重个性。他们与民间布衣学者，往往在道统掌握权问题上，呈现隐或显的紧张与冲突关系。"[4] 这就显示了管志道政治思想、政治态度的复杂性。葛兆光在给魏月萍书的评价中也说：

3　余英时：《宋明理学与政治文化》，第 210 页。

4　魏月萍：《君师道合：晚明儒者的三教合一论述》，台北：联经出版事业有限公司，2016 年，第 328 页。

> 过去，余英时先生曾经认为，阳明学说由于对君主政治的失望，改变了宋代士大夫“得君行道”的取向，而转向了“觉民行道”。这当然指出了阳明学的大体的转向，也得到了很多学者的赞同。但是，这一描述对于本论文指出的后期阳明学者“三教合一”口号下的思想新变化，却未能包含。本论文指出，管志道倡“三教合一”的基础和前提在“位”，杨起元倡“三教合一”的基础和前提在“德”，周汝登倡“三教合一”的基础和前提在“心”。虽然互有差异，但是目的都指向了“君道”和“师道”的合一，他们注重“外部制度与秩序的建立”，指向“君师道合”的政治理想，或把“孝悌慈”作为重建国家秩序的基础，要求回到明太祖的《六谕》，称这是“君师的大成”，或仍然强调阳明提倡的“良知”，并把它当作三教的统体。但是，却强调各种身份等级的人“尽分安心不生妄想”，强调帝王之心和帝王之德应“本于心”，仍然关注点在重建政治和社会秩序。因此，这三个人的共同取向，倒是证明了晚明的社会背景下，士大夫尤其是阳明后学中，由于立足于“救弊”立场之外，更向政治力量倾斜的现象。于是又出现了强调“君师道合”，希望重新“得君行道”，即借助皇权即政治权力实现秩序理想的转向。明末泰州这些阳明学者表现了重返政治中心的意味。这显示了论文作者有意识沟通思想史和政治史的努力，也提出了一个有价值的新解释。[5]

葛兆光指出，中晚明的思想社会运动，除了余英时提出的“下行路线”的“大体的转向”以外，也出现了“更向政治力量倾斜”“重

5　魏月萍：《君师道合：晚明儒者的三教合一论述》，第4—5页。

建政治和社会秩序”的取向。即以管东溟、杨复所、周汝登为代表的阳明后学，出于“救弊”的需要，提倡君道与师道的合一，“希望重新‘得君行道’，即借助皇权即政治权力实现秩序理想的转向”。因此，深入考察中晚明乃至清初的社会政治思潮，也许有助于推进对于这一时期社会政治思潮、实践问题的研究。

一、王艮的师道观及其“下行线路”

宋明理学的兴起，隐含着一条师道复兴运动的线索。从韩愈开始，即一方面提倡复兴儒学，另一方面则倡导师道。宋明理学家继承了这一传统。他们的目标是通过对“师道”的推崇，教育培养一批“新儒家”士人，进而以这批士人为中坚，变革社会。这就是他们为什么要在复兴儒学的同时，提倡师道的原因。当这些新儒家学者秉承他们的新儒学理念进入仕途后，有时他们不得不面对以君权为代表的中央集权的官僚体制，于是师道与君道的关系，又是他们不得不面对的问题。

大体而言，宋代士大夫的理想是与君主共治天下。当他们的政治理想与君权发生冲突时，很多士大夫都试图以师道来限制、引导君权，这也是他们在君主制框架下所能做的最大限度的努力。整体而言，因为宋代皇帝不轻易杀士的祖训，以及宰相权力的相对强势，宋代士人的整体生存境况尚好，这也是他们师道意识昂扬的重要原因。不过，宋代之后，经过了元代的异族统治，以及明初残酷的政治现实，士人的师道意识一度陷入低沉。明太祖起于民间，对儒生没有太多好感，甚至稍不如意即辱士、杀士。明代后来的皇帝似乎也继承了这一传统。萧公权说："明太祖用法深刻，惟治贪吏一事为差可。此外如戮功臣，行廷杖，起诏狱诸举均属亡国之苛政。而明代弊政源头之宦官则始自外藩篡位之成祖。故明之亡，亡于恶化之专制。"[6]明代君主对师道，尤其是宋代以来师道对君权的限制也有自觉的意识，明世宗就曾明确地说："孔孟以来，千百年之间道尽归臣下，乃尽出宋儒一时之论，朕所深疑。"[7]所以明代君主有意识地打压士人的师道意识，抬高君权。虽然，明初吴康斋、陈白沙二人决心兴起斯文，以师道自任，但是士人的"师道"意识却并未由此走出低谷，直到王阳明出现。王阳明在《答储柴墟》(1512)中感慨"师友之道久废"，因此，王阳明欲重整师道，唤醒士人求道成圣的自觉，并努力变革现实。"传曰：师严然后道尊，道尊然后民知敬学。……伊尹曰：天之生斯民也，使先知觉后知，使先觉觉后觉，予天民之先觉也，非予觉之而谁也?"[8]《王阳明年谱》也载："十有八年乙丑，先生三十四岁，在京师。……至是专志授徒讲学。然师友之道久废，咸目以为立异好名。"[9]王阳明毅然以师道自任，一生以授徒讲学为性命，甚至军旅政务倥偬也在所不废。

王艮继承了王阳明的师道意识，不仅将阳明学导向了下层社会，而且将王阳明重启的师道运动推向了顶峰。按照《王艮年谱》

6 萧公权：《中国政治思想史》，辽宁教育出版社，1998年，第508页。

7 邓志锋：《王学与晚明的师道复兴运动》，社科文献出版社，2004年，第165页。

8 王守仁著，吴光、钱明、董平、姚延福编校：《王阳明全集》，上海古籍出版社，1992年，第813页。

9 王守仁著，吴光、钱明、董平、姚延福编校：《王阳明全集》，第1226页。

记载，王艮是在55岁时才提出“出为天下师，处为万世师”[10]的师道论。关于这一师道观的特色，王艮用《易经》乾卦九二爻辞中的“见龙”表示，他将其视为圣人出处的最高典范。王艮认为，《周易》乾卦的六爻时位虽然不同，但应以第二爻的“见龙”为根本。即儒家的圣人无论时位如何，其救世之心，永远不变，所以圣人不会有退隐的时候。也就是说，圣人一生都在栖栖遑遑，以身任道，以身行道，不会因为时位的原因，潜隐不见，变成自了汉。“见龙可得而见之谓也，潜龙则不可得而见矣，惟人皆可得而见，故利见大人。”[11]

可以看出，王艮更加在意作为一介乡野“鄙民”，如何去担当社会责任，淑世济民。他经常强调圣人“不袭时位”，即圣人不受时位限制，无论身处何时何位皆可行道。“致中和天地位焉，万物育焉。不论有位无位，孔子学不厌教不倦，便是位育之功”。“六阳从地起，故经世之业莫先于讲学以兴起人才，古人位天地育万物之功，不袭时位者也。”[12]这个说法表明，尽管他也抱着“出则必为帝王师”的抱负，但是就现实关怀而言，他更加关心的是从事民间讲学以兴起人才。他之所以强调“不袭时位”是为了给其“出位之思”寻找藉口，同时证明，天下大事不一定有位者才有资格参与，当政治混乱、社会失序时，匹夫有责，平民与士大夫一样，都可以通过讲学而尊严师道、培养人才，从而改变社会。可以说，王艮

10 王艮:《重镌心斋王先生全集》,《明别集丛刊》第二辑，第17册，黄山书社，2013年，第365页。

11 王艮:《重镌心斋王先生全集》,《明别集丛刊》第二辑，第17册，第381页。

12 王艮:《重镌心斋王先生全集》,《明别集丛刊》第二辑，第17册，第392页。

“不袭时位”的说法，反映了王艮作为一个平民儒者的自觉意识，这与其“尊身”的观念同样具有重要的意义，体现了王艮作为一介平民在道德平等、社会担当等方面的自觉意识，将其解读为平民主体意识的觉醒当不为过。

二、管志道、杨复所等人对王艮师道观的批评及其“上行路线”

泰州王艮张扬的师道担当意识也引起了当时士人的批评。管志道对泰州学派以师道自任的昂扬姿态就持激烈的批判态度，他认为泰州学派高亢的师道意识容易影响君主的权威，有“卑君”之嫌：

> 夫处臣道者，必以事君尽礼为恭，而翌飞龙之统；处师道者，或以重道忘势示范，而冒亢龙之嫌。此非孔子之不幸，乃孟子之不幸也。宋儒当二氏滥觞之后，而汲汲于立师道，其亦此意也欤！[13]

> 古之道权统于天子，自周道衰而春秋之木铎不得不出，故飞龙之禅于见龙，无足疑者。……而姚江、泰州新之，皆本见龙一脉以维持世教。至于泰州末流，而其脉又穷矣，则安得不承之以惕。[14]

---

13 管志道：《管东溟先生文集》，台北“国家图书馆”藏，据日本内阁文库藏明万历刊本影印，第62—63页。

14 管志道：《管东溟先生文集》，台北“国家图书馆”藏，据日本内阁文库藏明万历二十四年序刊本缩印。第57—58页。

管志道认为，孔子在与君主交往时坚持“事君尽礼”，绝无与君权抗衡的意思，而孟子在诸侯王面前经常流露出的以德抗位意识，已经有“亢龙之嫌”，管志道批评这是“孟子之不幸”。他同时批评宋儒的师道意识，认为与孟子一样，宋儒的师道意识也有侵君之嫌。当然，管志道批评的主要对象还是他同时泰州王艮高亢的师道意识。王艮时时以“见龙”自居，高扬师道。管志道认为，这有可能导致将师道凌驾于君道之上，侵犯君主的权威，对君臣之道造成破坏，所以管志道提倡“群龙无首”以及“惕龙”，而不是“见龙”。这是一方面。另一方面，他认为泰州学派起自民间的这种社会担当意识，也属于“出位之思”，会与国家的政教体系形成冲突，威胁既有的政教制度。管志道说：

> 愚所解六龙大义，在群龙无首一句。此为姚江泰州之遗脉，执见龙为家舍，而不知有潜惕二龙者发也。此义不发，小人的然之学日盛，而四民争持木铎以卑国法。[15]

即，宋明儒特别是阳明学泰州一脉的社会讲学和高亢的教化意识，已经威胁到国家的体制，由此导致国家政教体系的权威受到动摇。与此相联系的是，社会的政治伦理秩序有被打破的可能，从而带来社会的混乱。

> 上不能使下，而下不安于事上；前不能先后，而后不乐于

15　管志道：《问辨牍》，四库全书存目丛书子部杂家类第 87 册，第 806 页。

> 从前；左右交之道不守，而侵及于事使、先后之间。何以挽之？必祖《春秋》惧乱贼之法，必严操于事上、从前者，而薄纵于使下、先后者，亦不以左右之交，滥事使、先后之矩。[16]

管志道意识到晚明时期，由于商品经济的发展，社会矛盾的激化，社会存在脱序化的危险。他从维护传统的政教伦理秩序的角度出发，认为应该严格上下的等级秩序，尊上卑下、尊君卑臣、尊长卑幼，无论从政治制度还是礼制上，从国家的层面，均要贯彻从上到下的原则，运用国家现有的政教系统，去强化政教秩序，使社会重回秩序，这可以说是一种寄希望于国家强制力量的“上行路线”，与泰州学派的“下行路线”形成了对立的两极。管志道的理想是“君师之道复合为一”，将政教之权完全收归国家掌握，不允许民间的讲学活动及社会实践侵犯国家的政教之权。

> 盖天子所以理天下，唯治与教。盛王之世，君师道合，而治教之权翼如也。……而君师之道复合为一。君之道，则寄之监司、守令，而部院为之纲。师之道，则属之郡邑校官，而国学为之总。其教民榜文及卧碑、监规，一一出自圣制。[17]

管志道的思想体现了在面对社会秩序及思想动荡时，保守士大夫所表现的秩序意识和威权意识，当然也不乏身份意识。他找不

16　管志道：《从先维俗议》，四库全书存目丛书子部杂家类第 88 册，第 192—193 页。

17　管志道：《惕若斋集》，台北“国家图书馆”藏，据日本内阁文库藏明万历二十四年序刊本缩印，第 45 页。

到社会改革的新方向，只能诉诸君主制的权威，通过国家集权的方式，重建秩序。所以狄百瑞（William Theodore de Bary，1919—2017）评价管志道说：

> 管志道不但没有肯定理学知识分子（相较于当朝统治者）所拥有的较高权威，反而以彻底的整体社会重组为基础，按照他们在一个完整的，且以国家权威为中心的等级秩序中的适当角色来改组。理论上，管志道可能被看作一名专制主义者……[18]

吴孟谦也说：

> 据此观之，管东溟欲将“道统”的持有者由师儒的手中还归帝王，将“道”的内涵由“儒者治学”或“庶人之学”回转为“王官之学”或“天子国学”，将“道统”与“治统”重新结合起来。这一倾向，不啻显现出其浓厚的复古意识，亦即高度重视传统政教体系的运作伦理，而欲导正宋明理学以来心性化的道统思维。正是在这样的心理背景下，管东溟提出了“君师合道”的思想。[19]

以此为理论基础，管志道主张回到明初太祖朱元璋“君师道合”、政教高度统一的时代，他把朱元璋塑造成可以使政教合为一体的圣

18 魏家伦撰，施珊珊编，王硕、王坤利译：《晚明地方社会中的礼法与骚动——管志道〈从先维俗议〉研究》，浙江大学出版社，2016 年，第 V 页。

19 吴孟谦：《融贯与批评——管东溟的思想及其时代》，台北允晨文化实业有限公司，2017 年，第 283 页。

王形象。“愚尝谓上古君师道合，至文王之后而衰，春秋唯仲尼明之。秦汉以来，唯我太祖行之。儒者类知仲尼之为真太极，而不知太祖之为真仲尼也。”[20]

这一点在杨起元（1547—1599，字贞复，号复所）那里表现得更为明确：

> 汉之董生告武帝曰：“春秋大一统者，天地之常经，古今之通义也。今师异道，人异论，百家殊方，指意不同，上无以持一统，下不知所守。臣愚以为，诸不在六艺之科、孔子之术者，皆绝其道，勿使并进，然后统纪可一、法度可明。”洋洋乎董生之对，可谓明于统矣。而世儒相沿之说曰：三代而上，治统、道统合于一；三代以下，治统、道统分于二。夫治与道亦何可分也，而况以匹夫与天子分统乎？自尧舜汤文武，皆圣人而在天子之位，以道治天下，故得以统言。悠悠千余年，而我高皇帝接之。此千余年间，治有隆污，道有离合，然皆以圣人之位存道。而非圣人之德，故不可以与统。虽不可与于统，然群生之治乱系之，亦自有其统也。若我高皇帝则直接夫帝王而上之者也，何可若是班乎？……道在孔子，不能兴周，守之以待高皇。[21]
>
> 高皇功德不在孔子下，至于再辟混沦，肇修人纪，尤当集二五以来君师之大成者也。世儒尝疑自孔子以后何无圣人，而不知高皇已得其统。又尝称三代以后，道统治统分为二，而不知高

20 管志道：《问辨牍》，四库全书存目丛书子部杂家类第 87 册，第 717—718 页。

21 杨起元：《杨复所全集》，“中央研究院”傅斯年图书馆藏，据日本内阁文库藏明刊本影印，第 26 页。

皇已合为一。[22]

杨起元特别援引了董仲舒对汉武帝所提的“罢黜百家，独尊儒术”的建议，以此为中心论述了道统与治统在古今的分合。他认为，道统与治统应该合一于君王，他批评后世儒者以道统自居来对抗限制君权。在这种思想的指导下，杨起元认为明太祖朱元璋就是接续尧舜禹汤文武等圣王之统，“集二五以来君师之大成”，使得三代之后分离的道统与治统合二为一。晚明士人对明太祖朱元璋的推崇和诠释是一个特别值得研究的课题，如果说人人眼中有一个哈姆雷特的话，那么中晚明士人对明太祖朱元璋形象的诠释也表现出多面性。无疑，在管志道、杨起元等人的眼中，朱元璋是一位政教合一的圣人，是国家权威、政教大权的把握者和象征者，他象征一种集权式的政教秩序。他们通过对朱元璋形象的重新塑造，试图站在士大夫官僚的立场上，强化国家的政教体系、政教秩序，压制底层民众对政教之权的参与，使社会政教秩序重回以国家为主导的方向。

某种程度上，管志道与杨起元的政教合一思想与张居正政治改革的理论与实践不谋而合，可以共同代表一种自上而下的社会改革路向。万历年间，张居正禁讲学、毁书院的政治措施，也是出于同一思路。张居正曾经在与屠石平的信中说：

然孔子因材施教，因人立说，未尝入于空虚怪异之谈。究

22　杨起元：《训行录》，日本内阁文库藏明万历二十五年序刊本，第3页。

> 观其经论大略，则惟宪章文武，志服东周，以生今反古为戒，以为下不倍为准。老不行其道，犹取鲁史以存周礼。故曰：吾志在《春秋》。其志，何志也？志在从周而已。《春秋》所载，皆周官之典也。夫孔子殷人也，岂不欲行殷礼哉？周官之法岂尽度越前代而不可易哉？生周之世，为周之臣，不敢倍也。假令孔子生今之世，为国子司成，则必遵奉我圣祖学规以教胄而不敢失坠，为提学宪臣，则必遵奉皇上教谕以造士而不敢失坠。必不舍其本业而别辟一门以自蹈于反古之罪也。[23]

即张居正认为教育应该以培养尊君、服从国家需要的人才为目标，而这些都应该由各级国家所有的学校来承担，士人不应该在此之外聚众讲学，甚至以此来议论或对抗以皇权为代表的国家权力系统。根据这一思想，在万历三年的《请申旧章饬学政以振兴人才疏》中，张居正说："不许别创书院群聚徒党，及号召他方游食无行之徒，空谭废业，因而启奔竞之门，开请托之路。……游士人等许各衙门访拿解发。"[24] 是年张居正下令禁止讲学，毁天下书院。余英时先生说："'天下之是非一出于朝廷'是明代政治文化的最典型特征之一，不但皇帝一向坚持这一点，拥护专制的执政大臣也是一样。"[25] 张居正的思想就体现了明代的这种君主集权的专制思想。他"尊主威"、辟讲学、毁书院的政治理论和实践就是上述思想的集中

23 张居正：《张太岳文集》卷二十九，明万历刻本。

24 张居正：《张太岳文集》卷三十九，明万历刻本。

25 余英时：《宋明理学与政治文化》，第 208 页。

体现。这一路向一方面可以视为对阳明学下行路线的批判[26]，另一方面也可以理解为一种从上到下通过重新君主集权、思想专制的方式重整社会秩序的努力。与下行路线相对，此路向或可称为“上行路线”。

三、东林学派、黄宗羲的师道观及其“中间路线”

东林学派在某种程度上也有很强的道统意识，顾宪成、高攀龙等人一方面为修正阳明学龙溪、泰州一派的流弊，主张性善，复兴朱子学；另一方面，他们也结成了一定的政治团体，在讲学活动中，公开批评朝政，裁量人物，以“清议”的形式表达其政治主张。黄宗羲说：

> （顾宪成）先生论学，与世为体。尝言官辇毂，念头不在君父上；官封疆，念头不在百姓上；至于水间林下，三三两两，相与讲求性命，切磨德义，念头不在世道上，即有他美，君子不齿也。故会中亦多裁量人物，訾议国政，亦冀执政者而药之也。天下君子以清议归于东林，庙堂亦有畏忌。[27]

当然东林学人也有很强烈的师道意识。有人质疑许衡作为汉

---

26 据记载，“万历五年（1577），曾以‘讲会乡约为治’的罗汝芳不听招呼，讲学北京广慧寺，‘朝士多从之者，江陵恶焉’”。（邓洪波：《中国书院史》，东方出版中心，2004年，第370页。）

27 黄宗羲著，沈芝盈点校：《明儒学案》，中华书局，2008年，第1377页。

人不当仕元，高攀龙除了替许衡辩解外，特别表彰了许衡的师道意识：

> 况鲁斋非有意仕元，并无一毫功名富贵之念。每以师道自居，聘为教官，曰此我可为也，聘为祭酒，曰此我可为也，抗宾师之礼于太子，毫不假借，稍有不妥，拂衣而归，其出处进退绰绰然有余裕也。[28]

这也间接表露了高攀龙的师道意识，即师是道的传承者，有传道正君的责任，师严而后道尊，师尊而后道可尊，故儒者出处进退皆当以弘道为目的，不当屈服于君权。高攀龙自觉东林作为一个共同体所赖以成立的核心基础是“道脉”，他认为反对派之所以对东林诸君子百般诽谤迫害，也是要斩断东林的“道脉”。高攀龙在《与黄黄石》中说：“诸人欲斩断东林脉，东林无官脉可断；若道脉，如何断得！”[29]

正是因为有这种强烈的以道自任的意识，所以东林学派与朝廷中代表皇帝利益的官僚集团、宦官展开了毫不妥协的斗争。他们甚至提出了限制君权、与君主分权的初步“民主”要求。东林的得力干将李三才说：“夫天佑下民，作之君，君固民之主也，得乎丘民而为天子，则民有（引者按，即又字）君之主也。”[30] 李三才还以“地方公论”（“细民之口”）来对抗“长安公论”（“缙绅之口”），即

28 高攀龙：《高子遗书》，文渊阁四库全书本，卷五。

29 高攀龙：《高子遗书》，文渊阁四库全书本，卷八。

30 吴应箕撰：《东林本末》，北京古籍出版社，2002 年，卷上。

用地方舆论来限制皇帝官僚集团的权力，为“细民”维权。

> 与其取征于缙绅之口，不若取征于细民之口。与其取征于长安人之口，不若取征于地方之人。吾愿言者，试就淮扬数百里间，一致询焉，……将长安有公论，地方无公论耶？抑缙绅之风闻是实录，细民之口碑是虚饰耶？[31]

这说明，东林作为一个学术团体兼政治团体，一方面继承了宋明理学家的师道意识，以“道脉”自居，故而在现实的政治斗争中能表现出极大的道德勇气，另一方面，东林诸人也在现实的政治斗争中，提出了一些限制君权的政治主张。这些思想对东林后人黄宗羲有深刻的影响。在《明夷待访录》中，黄宗羲曾经说：

> 于是学校变而为书院。有所非也，则朝廷必以为是而容之；有所是也，则朝廷必以为非而辱之。伪学之禁，书院之毁，必欲以朝廷之权与之争胜，……其始也，学校与朝廷无与；其继也，朝廷与学校相反。不特不能养士，且至于害士，犹然循其名而立之何欤？[32]

黄宗羲对学校、书院与国家政权之间关系的观察，即体现了以学校、书院所代表的“师道”与“朝廷之权”的矛盾。黄宗羲对历史

31 转引自小野和子著，李庆、张荣湄译：《明季党社考》，上海古籍出版社，2006 年，第 196 页。

32 黄宗羲著，吴光主编：《黄宗羲全集》，浙江古籍出版社，1985 年，第 11 页。

上朝廷通过政治手段禁伪学、毁书院的举措痛加挞伐，认为这根本违背了朝廷设立学校的根本精神，因此不但不能培养人才，反而戕害人才。黄宗羲的理想是，学校应该是师儒之聚集地，不仅承担着传道的功能，也起到批评监督官僚机构权力运行的作用。在《明夷待访录》中，黄宗羲说：

> 太学祭酒，推择当世大儒，其重与宰相等，或宰相退处而为之。每朔日，天子临幸太学，宰相、六卿、谏议皆从之。祭酒南面讲学，天子亦就弟子之列。政有缺失，祭酒直言无讳。[33]
>
> 郡县学官，毋得出自选除。郡县公议，请名儒主之。自布衣以至宰相谢事者皆可当其任，不拘已仕未仕也。其人稍有干于清议，则诸生得共起而易之，曰："是不可为吾师也。"其下有五经师，兵法、历算、医、射各有师，皆听学官自择……亦置经师……为蒙师。故郡邑无无师之士。[34]
>
> 学官以外，凡在城在野寺观庵堂，大者改为书院，经师领之，小者改为小学，蒙师领之。
>
> 学官讲学，郡县官就弟子列，北面再拜……郡县官政事缺失，小则纠绳，大则伐鼓号于众……若郡县官少年无实学，妄自压老儒而上之者，则士子哗而退之。[35]

---

33 黄宗羲著，吴光主编：《黄宗羲全集》，第 12 页。

34 黄宗羲著，吴光主编：《黄宗羲全集》，第 11—12 页。

35 黄宗羲著，吴光主编：《黄宗羲全集》，第 12 页。

黄宗羲认为，学校是讲学议政的机构，全国各级学校的师都应该通过“公议”推选名儒担任，平时讲学育人，在特定的日子，天子和各级官员还要亲临学校，就弟子之列听讲，师儒可以就其行政得失提出批评。甚至地方官员如果倚势欺凌老儒，学校的士子可以群起而驱逐之。这里都体现了黄宗羲对师道与君道关系的理想设计，其理念即建基于师道要高于君道（即道高于势），因此师道可以对君权进行监督、限制。在谈到君臣关系时，黄宗羲也认为，君与臣是师友关系，而不是主仆（奴）关系，即臣是君的师友，最低限度与君也是平等的关系，而非君的“仆妾”和“奴婢”。

> 嗟乎！后世骄君自恣，不以天下万民为事……不复计其礼之备与不备，跻之仆妾之间而以为当然。万历初，神宗之待张居正，其礼稍优，此于古之师傅未能百一。当时论者骇然，居正之受无人臣之礼。夫居正之罪，正坐不能以师傅自待，听指使于仆妾，而责之反是，何也？[36]

> 出而仕于君也，不以天下为事，则君之仆妾也；以天下为事，则君之师友也。[37]

> 且夫人主之有阉宦，奴婢也；其有廷臣，师友也。所求乎奴婢者使令，所求乎师友者道德。[38]

36　黄宗羲著，吴光主编：《黄宗羲全集》，第 5 页。
37　黄宗羲著，吴光主编：《黄宗羲全集》，第 5 页。
38　黄宗羲著，吴光主编：《黄宗羲全集》，第 5 页。

他批评后世的臣子不以民为主，而以君为主，忘记了他们和君主的真正关系，从君主的师友沦为君主的“仆妾”。他特别以张居正为例，指出明神宗时，神宗稍微对张居正施以礼遇，尚不及古代帝王对待“师傅”礼遇的百分之一，已经有人批评张居正“无人臣之礼”。在黄宗羲看来，张居正的问题恰恰是不能以神宗的“师傅”自处，而甘居“仆妾”的地位，这都是大臣不以师道自重的表现。黄宗羲认为，君臣的师友关系是建立在道德的基础上，而不是私人性的人身依附关系。黄宗羲关于君臣关系是建立在道德基础上的师友关系的看法，继承了先秦儒特别是宋明儒对师道与君道关系的看法，也继承了中国古代源远流长的儒家民本思想。如果联系我们前面对泰州学派师道运动的考察来看，黄宗羲对学校制度的设计，对师道意识的高扬，也与中晚明以来阳明学师道的高涨有着内在的联系。特别值得注意的是，黄宗羲对孟子的政治思想的重新发掘与弘扬，与泰州王艮不谋而合，其间可以隐约地看到晚明孟子政治思想复兴与师道复兴之间的关系。

王艮对《孟子》一书的关注，除了少量与心性相关的内容，更多指向出处、辞受、取与等方面，尤其突出了师道与政治方面的内容，这种对《孟子》思想关注的焦点的转变是特别值得注意的现象。[39]要知道，《孟子》一书因为其中包含以德抗位，以师道自任，以及批判君权的内容，在明初被太祖朱元璋极端厌恶，其中的相关内容也遭到了御敕删节，孟子的牌位也险些被请出孔庙。这一历史

39 这也间接暗示，明代平民的政治社会活动空间也大大拓展了。因此，王艮等人也要面对辞受、取与的问题。

记忆对明代士大夫有深刻的影响，因此，在王艮之前，或许出于忌讳，很少有人去触碰《孟子》书中的这方面内容。而王艮恰恰非常关注这部分内容。由此，晚明孟子学关注焦点的转移，也颇耐人寻味，从此我们也更容易理解黄宗羲《孟子师说》《明夷待访录》中政治思想的来源。邓志峰说："值得注意的是，师道的精神却在廷权与皇权的竞争中，被东林党人默默地继承着。……尽管外廷从未像王学师道派一样打出'复兴师道'的旗帜，甚至相较于前者，犹有更多的与君道合作的意味，但是师道复兴的真意依然在琐碎的政争中流转。这也就是为什么晚明以东林及以东林为偶像的复社为核心的晚明党社运动，可以被视作师道复兴之一部分的根本原因。黄宗羲等清初的士大夫正是以此为接引，写出了《明夷待访录》《潜书》等全面反思君道的巨制宏篇。"[40]

四、晚明清初社会改革运动的三种路向

中晚明阳明学特别是泰州一派的社会改革运动，诚如余英时先生所言，代表了明代社会改革的"下行路线"。阳明的良知学具有简易直截的特点，因此不仅在士大夫阶层受到热烈欢迎，还波及下层民众。阳明活着的时候，其讲学的对象已经不限于士大夫阶层，其对象甚至包括了底层的聋哑人。阳明提出的"四民异业而同道"的思想，以及他坚持成圣的依据在于德性精纯而不在于知识才能的看法，都使得其良知学更容易突破士大夫阶层，而为全社会所广泛

40　邓志峰：《王学与晚明的师道复兴运动》，第440页。

接受。当然阳明学真正实现社会化，功劳首推其泰州弟子王艮。王艮作为出身底层的盐商，决定了其学术性格及讲学活动更加具有草根性，这也整体上决定了泰州学派的学风和行事风格。与其他阳明后学主要针对士大夫阶层进行传播不同，泰州学派的讲学教化对象多为士大夫之外的底层民众。不仅如此，继承了阳明复兴师道的自觉，泰州学派（特别是王艮）具有更为高亢的师道意识。在某种程度上，其师道意识代表了晚明时期随着商品经济的发展，平民阶层政治社会意识的觉醒。不过，泰州学派高亢的师道意识及其冲决名教的行事风格，也对既有的社会政治伦理秩序造成了一定程度的冲击，起码对士大夫在名教方面垄断权形成了一定的威胁。伴随泰州学派的“下行路线”，在士大夫群体中，也出现了部分保守的力量，他们或许代表大地主、大官僚阶层的利益，作为体制内既定秩序的维护者，试图通过国家政教系统的力量来恢复社会政教秩序（当然这种秩序是以他们为主导的），重新统一意识形态，反对底层民众的僭越。相对与泰州学派的儒学民间化运动，我们不妨将这一路向称为“上行线路”，即自上而下的秩序重建。此外，东林学派、黄宗羲则代表了这二者之间的“中间线路”，他们延续了泰州学派高涨的师道意识，试图以师道限制、抗衡君道。他们中的多数人属于士大夫官僚中的开明派，如果对他们进行“阶级分析”的话，不同于“上行路线”派，他们更多代表中等地主、商人和富农阶层的立场。关于这三股势力的社会阶级基础，侯外庐先生曾经说：“也就是说，都市的社会层，被分为豪贵集团、中产阶级的改良主义集团（中等阶级反对派）和平民集团这样三个层次。”他认为“东林党的运动，是其中代表中等阶级反对派要求的，他们的自由讲学和结社，具有近代自由主义先驱的意义。与此相对，抗议宦官侵略和逮捕东林党的都市民变，则带有平民反对派集团斗争的性质”。[41] 侯外庐先生关于晚明社会阶层的划分，也可以为我们关于晚明清初的社会改革三种路向的划分提供支持。这也提醒我们对晚明清初社会改革思潮及其实践的研究应该有更为全面深入细致的考察。

41　转引自小野和子著，李庆、张荣湄译：《明季党社考》，第 2 页。

晚明三教会通视域下的“克己复礼”新释

刘琳娜（苏州大学政治与公共管理学院哲学系）

孔子“克己复礼为仁”之说是儒学史上的重要命题，历代思想家对此的解读，既反映了他们对“礼”之概念的思考，更涉及仁与礼的关系、为仁的工夫论、如何理解己身与规范等问题，具备丰富的哲学义涵。对于“克己复礼”的诠释，宋明理学传统中大致有三种思路：首先最具权威性的应是朱熹（号晦庵，1130—1200）的“以胜训克”。朱子在《论语集注》中注释“克己复礼为仁”一条：“克，胜也。己，谓身之私欲也。复，反也。礼者，天理之节文也。为仁者，所以全其心之德也。”[1]他将“己”视作私欲，克己便意味着“战胜或克制自身私欲”，可以说这代表了宋明时代“克己复礼”说的诠释典范，既与之前北宋二程等思想家的言论形成呼应，在朱子之后更是随着《四书集注》被普遍接受而成为指标性的解读。第二种思路是由心学的路径出发，反对朱注将“己”与“礼”对立的思维，而强调“己”作为道德主体的地位，故“以能训克”。如南宋心学家杨简（号慈湖，1141—1226）认为：“颜渊问仁，子曰：克己复礼为仁。克，能也，能以己复我本有之礼。礼非私意，皆道

1 朱熹：《论语集注》，《四书章句集注》，中华书局，1983年，第131页。

心之变化。"[2] 与朱熹"克去己私复返天理"的思路不同，他不再将"己"释为需要被克制的私欲，而是本来就具备礼的主体，他认为复礼的过程重在发挥自身的主体性，即"能以己复本有之礼"。明代泰州学者罗汝芳（号近溪，1515—1588）拥有类似观点，他将"克己复礼"做"能己复礼"来解，也将"己"视为"为仁主体"，从而解决了"克己复礼"与"为仁由己"的矛盾问题："由己之己，亦克己己字也"[3]"夫己非所谓仁耶"[4]，这种解读使"克己复礼"的重点不再是"制欲"而转向了"体仁"。

以上两种诠释均已有学者进行论述，[5] 但宋明理学脉络中仍存在第三种解读思路，尚极少受到学界关注。晚明泰州王门一脉的论学群体，包括焦竑（号澹园，1540—1620）、耿定向（号天台，1524—1597）、赵贞吉（号大洲，1508—1577）、李贽（号卓吾，1527—1602）、杨起元（号复所，1547—1599）等思想家在内，[6] 在对"克己复礼"的论述上共享着另一种创造性的新观点，其主要特

---

2 杨简：《赠钱诚甫》，《慈湖遗书》卷三，收录于四库全书·集部别集类三。

3 罗汝芳：《盱坛直诠》卷上，台北：中国子学名著集成本，第 62 页。

4 罗汝芳：《盱坛直诠》卷下，第 249 页。

5 林月惠：《阳明后学的"克己复礼"解及其工夫论之意涵》，《法鼓人文学报》2005 年第 2 期。吴震：《罗近溪的经典诠释及其思想史意义——就"克己复礼"的诠释而谈》，《复旦学报》（社会科学版）2006 年第 2 期，第 72—79 页。沟口雄三：《清代前叶における新しい理观の确立　克己复礼解の展开からみて》，载《中国前近代思想の曲折と展开》，东京大学出版会，1980 年，第 283—331 页。陈碧强：《杨慈湖对"克己复礼"的阐释及其理论意义》，《贵阳学院学报》（社会科学版）2015 年第 2 期，第 16—21 页。

6 关于这些学者是否归属于"泰州学派"的问题，历来是学术界争论的公案。本文不局限于从地域或师承关系来规定其归属，而尝试从学术互动和观点互通的角度将他们划归为一个论学圈子。为减小争议性，用"泰州学脉"这一较为松散的概念来概括他们的学术传承，而不涉及硬性的门派概念。

征在于反映了深刻的融通儒释道三教的思维。这些学者彼此间均有学术上直接或间接的互动，如耿定向为焦竑之师，李贽为焦竑的亲密论学友人，赵贞吉与耿定向同属当时在朝王学的推动人物，是焦竑之前辈，而杨起元作为罗汝芳之徒，也曾得到耿定向的高度赞扬。他们关于礼的诠释具有鲜明的共通性，既是不同于以上两种经典论述之外的新说，更能反映其时代的思想特质。通过探讨他们如何理解"礼"、如何诠释"克己复礼"，能够更进一步了解他们学问工夫的特质，以及如何通过经典诠释的方式将三教思想进行贯通。

一、何谓"礼"："礼之为体"的本体诠释

礼，在先秦儒学的脉络中一般被理解为天地之秩序，社会行为之规范。如《乐记》中所言："礼者，天地之序也。"[7] 荀子认为礼是圣王为了约束人的行为、引导人的欲望而建立的，故曰："先王恶其乱也，故制礼义以分之，以养人之欲，给人之求。"[8] 彭林对先秦礼之思想的分析有"礼一名三"之说，他以训诂学为基础，认为先秦典籍中的"礼"可以有三种核心训解：即理也、履也、体也。[9] 其一"礼也者，理也"之意出自《礼记·仲尼燕居》，认为礼使万事合于道理；其二"礼，履也"之意出自《说文》，即以礼为执行、

7 《乐记》，收于孙希旦撰，沈啸寰、王星贤点校：《礼记集解》卷三十七，中华书局，1989 年，第 990 页。

8 《礼论》，收于《礼记集解》卷十三，第 346 页。

9 彭林：《礼一名三训解》，收录于梁秉赋、李晨阳主编：《比较视野下的先秦儒学：国际学术研讨会论文集》，新加坡：南洋理工大学孔子学院，2016 年，第 253—263 页。

践履之义；其三“礼也者，犹体也”出自《礼记·礼器》，指向行礼者个人或政体。以上关于礼的三重含义往往可以相资为用。

将晚明儒者对礼的论述放置在先秦思想脉络中，可以看到他们在继承前人的基础上更有自己的发挥和创见。以焦竑为例，他十分强调礼的重要性，甚至将“明礼知性”作为自己的论学宗旨。[10]其论礼云：

> 仁者，一名孝弟，一名良知，一名礼。礼也者，体也，天则也。是礼也，能视听，能言动，能孝弟，能尊贤，能事君，能交友，可以为尧舜，可以通天地，可以育万物，人人具足，人人浑成，所谓与天地万物为一体者。[11]

此段礼论相较于先秦，更突出了礼的重要地位。他将礼、孝悌和良知均视为仁的别名，源自于孔子仁与礼并重的思想。《论语》云：“礼云礼云，玉帛云乎哉？乐云乐云，钟鼓云乎哉？”[12]又云：“人而不仁，如礼何？人而不仁，如乐何？”[13]强调的是仁与礼不相离的关系。礼以仁为精神内核，仁以礼为表现方式，二者相互依存。而焦竑“仁者，一名礼”的说法，看似与孔子之言相符，实际上已转化了仁与礼的关系。孔子并未明言仁与礼为一，而焦竑则将礼视为与仁等同。仁和礼既然是“同体而异名”的，那么就

---

10 张学智：《明代哲学史》，北京大学出版社，2000 年，第 296—298 页。

11 焦竑：《澹园集》，中华书局，1999 年，第 88 页。

12 《论语·阳货》，见朱熹：《四书章句集注》，第 178 页。

13 《论语·八佾》，见朱熹：《四书章句集注》，第 61 页。

不再认为仁是内在的道德，礼是外在的规范，他不是从“礼者以仁为体”“仁内而礼外”的角度立论，而是直接将礼本身视为本体。这样一来，将礼从具象的礼仪规范层次，提升到了抽象的本体论层次。

“礼也者，体也，天则也”一句，将礼视为天之规则，与前述“礼一名三”之说不相违背，但有其独特性。首先，其说暗含了礼和理相通之意，将礼视为天则，即可与天理相通，此说在宋儒便已有充分展开，如朱熹有言“礼者，天理之节文，人事之仪则也”[14]，即认为礼是因应天地之理而创立，是用来指导人事的准则，因此礼即天理。其次，此礼必须通过人的实行践履加以完成，故焦竑亦必不反对“礼，履也”之训。值得注意的是“礼之为体”之训，焦竑所言之“体”，并非人体、国体、政体等具象的躯干之体，而是形而上意义的本体、道体之体，这就超出了先秦论礼的脉络，而赋予了礼以更丰富的哲学内涵。

焦竑在描述礼时用到“人人具足，个个浑成”“与天地万物为一体”等语言，显然直接传承自王阳明对良知本体的描述。认为礼“可以通天地，可以育万物”，在这个意义上，此礼并非指向个体的具体行为，而是天地万物之共通的本体。换言之，礼是人心本然的条理，是心体，也就是道。这种理解不同于荀子，不是将礼视作圣人为社会而建立的外在秩序和条理。它不是“非礼勿视，非礼勿听，非礼勿动”等行为的集合体，也不仅仅是行为所需依据的规则，而是人之所以能视、听、言、动的主宰所在，如果说视听

14　朱熹:《论语集注》,《四书章句集注》，中华书局，1983 年，第 51 页。

言动等是具体行为（action）的范畴，礼便是主导这些行为的主体（agency），也即是人的存在本质。

焦竑这种对礼的独特论述，并非其一人所独创。他的想法很可能是受到其师耿定向的影响。耿氏在给焦竑的书信中也曾谈论到人只有“知视听言动之礼之为天则”才能算是“知天”[15]，同样透露出以礼为天则的思想。

此外，杨起元也有着相近的论述：“体之为言，礼也。天地万物一体者，天地万物一于礼也。仁者以礼为体，不以形骸为体，故曰‘克己复礼为仁’。”[16] 杨起元认为天地万物所共通的本体，便是礼，且更强调了礼不是落在形骸的层面上言，而应是在本体论和宇宙论的层次上言，这与焦竑的思考不谋而合。

这种新礼论的一大意义在于解释了礼的生成和存在根源。焦竑在教育弟子时曾剖析了“礼之所以生”的问题：

> 今人谓仁义礼皆人力做出。然人人相亲，便是仁；相亲中有一贤者，自能尊之，便是义；亲贤中不知不觉，自有等杀，礼即于此生焉。此等皆莫之为而为，莫之致而致，非天而何？[17]

礼是天则，意味着它是从自然而生，而非人力强行设定的。焦

15 耿定向著，傅秋涛点校：《耿定向集》卷三，华东师范大学出版社，2015年，第103页。

16 杨起元：《太史杨复所先生证学编》卷一，收于四库全书存目丛书子部第90册，齐鲁书社，1995年，第273页。

17 焦竑：《崇正堂答问》，《澹园集》，中华书局，1999年，第716页。

竑从《中庸》“亲亲之杀，尊贤之等，礼所生也”[18]一句引申出礼的来源，认为礼是在亲亲尊贤的过程中自然产生的等差秩序。他用“不知不觉”“莫之为而为”“莫之致而致”等词汇，所欲着力强调的是礼之生成的自发性，不是由人力做出的。换言之，他是以“无为”来理解礼的产生过程。亲亲之仁、尊贤之义与等差之礼，均是在人与人交流接触的过程中，自然而然地生发出的道德感情。仁义礼之德均秉受于天，不假造作。从生成论的角度而言，焦氏的这种论述与荀子“先王制礼乐而分之”之论是完全不同的思路。

更进一步而言，将礼视为天则，也从根源上赋予了礼以存在的合理性。耿定向以此论证礼的存在是必然而且应然的，并以此批判了老子将礼视为“忠信之薄而乱之首”的说法。他认为老子是“觑道之原，而未解道之所以修；惩礼之流，而未察礼之所以生”[19]，老子虽然窥探到了道的源头，但没有了解人应如何去修道，试图戒止礼的末流，但却忽略了礼之所以产生的根源。耿氏并不完全否定老子对于道之本源的体认，但认为老子有重本轻末的问题。对于天道，老子是追溯到混沌未开的天地之始，而耿氏则强调天有寒暑昼夜等“有序有常，不害不悖”的规则秩序，这种天之秩序正是礼之所以产生的依据，因而礼不仅仅是人世间的仪文度数，更是天道规则的呈现，它的存在不仅是实然的，更有其必然性。换言之，耿氏认为礼是即本体即发用的，礼既是天道运行之秩序，也是人在具体生活中对道的实践，礼和道在根源意义上本为一。

18　杀，差等之谓。见朱熹：《中庸章句》，《四书章句集注》，第 28 页。

19　耿定向：《耿定向集》卷三，第 104 页。

二、何谓“克己”：“无己为克”的新思路

虽然耿定向、焦竑等人与罗汝芳保持着良好的学术互动，且同被归入泰州学人一脉，但他们并未接受罗汝芳“以能训克”，将克己复礼释为“能以己身复本有之礼”的思路，而是开展出了不同于朱熹、罗汝芳的第三种见解，即“以无训克”，这种诠释可谓自成一脉。不同的诠释方向意味着对礼的不同理解，也对应着不同的为学工夫路径。

最为直接的表达是赵贞吉在《克己箴》中将“克己”概括为“无己为克”，充分勾画出礼的“无”之特质。其论述“克己”道：

> 古之善克者，视于无形，听于无声，动无轨辙，言非述称，四用反一，一真流行，无体无方，礼嘉而亨。少有意必固我作累，妙用齐滞，具为痿痹，此为不仁，而株橛小己。是故无己为克，真己为大，至大为仁。[20]

赵贞吉在以礼为本体的基础上，彰显其“无体无方”特质。因而他将“克己”直接解释为“无己”，“以其无己也，故能成其己”，这意味着礼并非有一具体规则加以遵守，而是“视于无形，听于无声，动无轨辙，言非述称”，这是说将视、听、言、动的感官活动皆归于无，方是真正“克己”的方式。礼之体也即仁之体，其反面是“意必固我”，也即心灵状态中的固执、偏见和主观臆断。如果

20 赵贞吉：《克己箴》，《赵文肃公文集二十三卷》卷二十三，收录于四库全书存目丛书集部第 100 册，齐鲁书社，1997 年，第 594 页。

人的心灵被束缚于一己私念之中，体会不到真体流行无碍、运转自如的境界，也就陷入了麻木不仁之境，无法体会作为本体的礼的境界。

以“无己”来理解“克己”，强调的是礼作为本体的圆融性和不可执着性，这是一种心学式的诠释思路，在赋予礼以内在性的同时，强调通过摆脱感官的负累、体认无滞无碍的本心作为克己的方式。赵贞吉之诠释并非一家之言，焦竑也表达过相近的理解：

> 夫“不识不知，顺帝之则”。苟率于己，则知识耳矣，意、必、固、我耳矣，何天则之能顺乎？孔子示颜子以“克己”，正于此处一刀两段，当体消融则己克，己克而礼自复矣。盖孔、颜之学，只是礼之为体认得精。认得既精，则真礼在我，一有非礼之体，自无所容留参杂于其间。[21]

此段强调复此本体之礼的“克己之道”关键在于“不识不知，顺帝之则”，亦即不加思虑地顺应本心的自然发挥，只有这样，方能不被私己所牵动，而达到“当体消融”的境界。对焦竑而言，“己”指的是陷入个体的知识闻见之中，产生意见上的偏执，而克己则是针对偏颇状态的修正，消融掉那些让心产生扰动的思虑与成见，回到虚灵空无的超越之境。能够在日常生活中，视听言动自然符合天理，就是复礼，同时也就是体仁。这种“不识不知”状态下的“克己”，其实也可以说是“无己”之意。

21　焦竑：《答友人问》,《澹园集》，第 88 页。

之所以要以“不识不知”“无形无声”来实现克己复礼，其背后的思维实际是基于对礼之本体为“虚无”的认知。耿定向也有“若虚若无，礼之真体”的思想，与前述赵、焦二者是一脉相承的。耿定向曾探讨孔子问礼于老子的典故，他虽然反对老子摒弃礼教的言论，但也吸纳了老子的一部分思想，从老子“良贾深藏若虚，君子盛德容貌若愚”[22]的答语中，他引申出了对礼之真体的理解：

> 盖三千三百者，礼之散见，而若愚若虚者，是礼之真体。彼逐散见之仪文，而不识此真体，亦止是扮演戏剧耳，所谓“人而不仁如礼何”，以此。[23]

耿定向坚持礼是人生于天地之间所必须依循的法则，是“降于天而不容强，生于人心而不容自已者”，故老子辟礼的言论是站不住脚的，但在此基础上，耿定向还是认同礼作为本体的性质是“若愚若虚”的，这就接纳了道家对于大道本源的理解。他认为礼的本质不在于日常生活中具体呈现出来的仪式规则，《礼记》中所谓的“经礼三百，曲礼三千”只是礼之真体的衍生，若世人只追逐于这些仪文的细枝末节而不能体会“若愚若虚”的礼之真体，那就不能称得上知礼。因而他调和老子的思想道：“彼盖惧人逐于仪文度数之末，而未知返其本真云然耳”，这是说老子所批判的只是那些迷惑于仪文度数等细枝末节而忘了反求本真之体的世人，并非反对真正的礼。通过这一诠释，他指出老子之意与孔子“人而不仁如礼

22 司马迁：《史记·老子韩非列传》，中华书局，1959年，第2140页。

23 耿定向：《答友人问》，《耿定向集》，第254页。

何”之意是一致的，对老子和孔子的论礼思想进行了融通。

焦竑亦承袭了耿氏用“若愚若虚”来解释礼之本体的思想，如其言：“老庄盛言虚无之理，非其废世教也，虚无者，世教之所以立也。”[24] 此语也认为老庄虽然推崇虚无，反对礼乐，但其实只是为了补救世弊而故作反语，并非真正主张废除世间教化。他还进一步指出老庄的虚无之理，其实是儒家礼乐教化背后的真实精神所在。可见在对礼的本体论阐述上，耿、焦师徒带有较明显的三教融合色彩，他们都认为儒道在本体层面是相通的，礼作为本体，亦呈现出道体虚无的本质。

焦竑等人这种“以无训克”说既不同于朱熹的“以胜训克”，也与杨简、罗汝芳的“以能训克”说有所差别。一方面，杨、罗的“以能训克”说完全取消了“己”和“礼”的对立关系，通过加上“能”这一个正面性和主动性的词汇，“己”被解释为具有正面意义的复礼之主体；而“以无训克”虽然也彰显礼作为心之本体的绝对地位，但依然将“己”与“礼”对立看待，克的过程是否定性的“无”或者“消融”，意味着需要对“己”加以超越。此说还突出了礼的特质是虚无，明显受到佛道思想的影响，这也是杨、罗之说所未言的。另一方面，“以无训克”与朱子“以胜训克”之说虽然都暗含着对“己”的超越，但前者是基于“礼之本体若虚若无”的前提，因为心体本来虚无，故只要摒弃多余的思虑和意念造作便可以恢复到空无的状态，其过程强调的是自然义和无为义；后者所强调的战胜私欲则是遵从天理规则的一种实现方式，并不预设礼为

24　焦竑：《读庄子七则》，《澹园集》，第 392 页。

心体的自然状态，其克己过程相对凸显的是强制义。而且对于朱子而言，克己是复礼的一个阶段，暗含先后与因果关系，一般而言学者需先“克己”，然后才得以“复礼”。但对焦竑而言，克己本身即是复礼，私己消融的同时便意味着体认得礼之真体。比较之下，可见焦竑等人的礼论确有独树一帜之处。

三、如何“复礼”：礼、己之别

在这种对“克己复礼”的创造性诠释中，焦竑指出求道者复礼工夫的要点在于严守“礼”与“己”的分界，亦即区别“真礼”与“非礼”。他在论述中多次强调要消融私己，那么怎样辨别何谓“礼”，何谓“己”呢？在回答学生提问时，他进行了仔细的区分：

> 程生浑之问：“克己复礼，如何体认？”先生曰：“‘己’与‘礼’难辨，盖我所独者为己，是执己见而不能同人，此非礼之礼也。大氐动以天为礼，生于人为己，由中出者为礼，从外入者为己。果能克己，则言语道断，心行处灭，入于孔子绝四之域也。”[25]

基于礼之存在的先天性以及内在性，他采用了天与人、内与外两条标准对礼和己进行判别：礼是由天而生，由内而出的，故应是自然而然，不思不虑的；而已是生于人，由外入的，故非本然状

25　焦竑：《古城答问》，《澹园集》，第728页。

态，必由人为造作而生。如果“执己见而不能同人”，那就是私己，而若能达到孔子绝四之境界（无意、必、固、我），那就是克己复礼了。就如同赵贞吉“无己为克，真己为大”之言所暗示的，无己，无的是感官声色和泥于个人偏见的小己；成己，成的是流行无碍，万物一体的大己。

非常类似地，李贽也以这样的方式区别礼与非礼：

> 由中而出者，谓之礼，从外而入者，谓之非礼；从天降者，谓之礼，从人得者，谓之非礼。由不学不虑不思不勉不识不知而至者谓之礼，由耳目闻见心思测度前言往行，仿佛比拟而至者，称之非礼。[26]

李贽对礼和非礼的判定更为明晰，他用几个排比句，从内外之别、天人之别将礼和非礼进行了对照，还指出非礼的特质主要在于妄用闻见和过分测度。此段连用六个“不”（不学、不虑、不思、不勉、不识、不知）来说明只有排除了意识造作的影响方能复礼，这同样是由礼的先天性和内在性引申出来的工夫论思维。可以看到，他们对礼与非礼（己）的判别，都不约而同地指向孔子“毋意，毋必，毋固，毋我”的“绝四”精神，也即是说，若人陷溺于主观臆断、绝对肯定、固执己见和妄自尊大之中，就是被私己所遮蔽，而不是流行无碍的心之本体的自然呈现了。耿定向也同样认为克己复礼是在心上用功，若人能展现出自然纯粹的至善心体，没有

26　李贽：《四勿说》，《焚书》卷三，中华书局，1975 年，第 101 页。

掺杂人欲的念头，便是合于天理，“真能好贤乐善，无一毫势分之意夹杂其中，真能与人为善，无一毫躲闪之意夹杂其中，……即克复也”[27]，他所强调的“无势分之意”“无躲闪之意”，也突出了心体本无的特质。所以他们所主张的复礼，是在排除意必固我这些主观意识的干扰后，直接展现出心之本体的先天和内在的仪则，如焦竑所言：“意、必、固、我既无之后，喜怒哀乐未发之前，最当体会”[28]。

可以看到，焦竑、李贽等所讨论的“非礼”，侧重在人的意识层面上说，而并非简单的归结为“欲望”。在他们看来，意念有所偏执，沉溺于耳目闻见，过于耗费心思算计测度，都属于私己的层面。相较于一般意义上的克制吃喝玩乐等感官欲望，这种“克己”要求摒除内心的偏执和成见，在对心灵的探索和审察上更为精微。

更进一步来说，由于受到佛道思想的影响，焦竑等人所诠释的“复礼”工夫的实质，是消融己见而体认心体之空无，这突出了礼之本体“空”的特质。焦竑曾将“克己”与佛教的“心空”进行对举，说道：“盖己克矣，斯视听言动，靡不中礼。心空矣，斯三千威仪，八万细行，靡不具足。”[29]他认为儒家之礼与佛教之戒有共通性，礼教的核心在于无己，戒律的内在精神在于心空，二者都是通过修养己心以直超无思无虑之本体。这种融合佛教“空观”思想对礼进行的诠释，在晚明儒者中并非个例。如杨起元在论礼时，便使

---

27 焦竑：《崇正堂答问》，《澹园集》，第 713 页。

28 焦竑：《古城答问》，《澹园集》，第 735 页。

29 焦竑：《答耿师》，《澹园集》，第 85 页。

用了独特的语言形式：

> 非礼勿视，无其目也；非礼勿听，无其耳也；非礼勿言，无其口也；非礼勿动，无其身也。无目则亦无色，无耳则亦无声，无口则亦无物，无身则亦无事。我既不立，物亦不对，而一归之礼焉。礼安在哉？天理而已。天理又安在哉？有在即非天理也。噫！此颜子之所以屡空也。[30]

《论语》中，颜回是孔子讲授“克己复礼”之仁说的对象，孔子对其又有“回也其庶乎，屡空”的描述。“屡空”在一般意义上为生活穷困之意，但杨起元显然不满足于此种解释。他将“空”之一字诠释为精神境界的“空无”，由此，可以将“屡空”与他所强调的“礼”之精神贯通起来：颜回作为复礼的典范，其复礼的境界正体现在“屡空”上，“空”即是礼之内核。他认为颜子所遵循的“勿视，勿听，勿言，勿动”，并非仅指行为上的克制，而本质上是把目、耳、口、身的感官消解为空无，因而作为感觉之集合的“我”也是空无的。感官的空无方能使礼的本体，亦即天理，得以呈露出来。这并不是说天理与感官之我是两种对立的存在，天理恰恰只是在取消我与物的对立时的状态，如果认为别有一个独立存在的天理，那便不是天理了。

结合佛教的“空”观，较易理解杨起元的思想之源头：龙树在《中论》中反对有自性的感官主体的存在：“离见不离见，见者不可

---

30 杨起元：《太史杨复所先生证学编》卷一，收于四库全书存目丛书子部第90册，第272页。

得。以无见者故，何有见可见？”[31]以眼根为例，眼睛作为“见者”，并非独立实有的存在。如果离开了看见的行为，便没有作为见者的主体，而如果说见者的主体离不开看见的行为，那么见者与看见相互依存，故也不是有独立自性的，而同样的，既然见者没有独立的自性，那么看见这一行为又怎么能有独立自性呢？因而大乘佛教反对离开作用而谈孤立的本体。杨起元等人便是以此逻辑来理解礼之本体，在“勿视，勿听，勿言，勿动”之下，目、耳、口、身等感官也没有独立的存在，因此它们是自性空的，而进一步推之，由目、耳、口、身的感官所展开的色、声、物、事等种种世间万相也是自性空的。空并不代表不存在，而只是反映了我和物之间相即不离，相缘而起的关系。因其空，故无意、必、固、我可执着，无可执着，便是复礼。

大乘佛教所讲的空，还强调“不落两边”的特质，明儒对礼的论述中亦表现了此一特点。如万表也从颜子克己复礼之说展开，指出复礼工夫并非单方面的自我约束：

> 夫视听言动而溺焉，己也；视听言动而止焉，己也；视听言动而不溺不止焉，亦己也。礼者，中也，即吾之性也，仁之体也。不可丝毫容意于其间也。是故无私无为，感而遂通，不识不知，顺帝之则，克之至也。[32]

---

31 龙树著，青目释：《观六情品》，《中论》，中国传统文化研究所，1995年，第42—45页。

32 转引自焦竑：《鹿园万公墓志铭》，《澹园集》，第426页。

“非礼勿视，非礼勿听，非礼勿动”这些条目，从字面意义来看，似乎仅仅指行为上的约束和克制。但若仅此，不但缺乏哲学上的深度，也有引人走向拘谨固执的弊端。在万表的诠释中，“复礼”不仅是对自我的约束，而同时还要超越这种约束。他认为，沉溺在视听言动的感觉认知中（“溺”），是私己，但刻意地禁绝感官活动（“止”），也是私己，更进一步，说既不沉溺也不停止（“不溺不止”）也还不够圆满。这种语言逻辑本身便是大乘佛教“空”的思维之应用：他首先否定了“溺”，接着否定了“溺”的反面“止”，最后连二者的反面“不溺不止”也被否定。这种层层否定的思维，亦即佛教的“遮诠”法，要义在于破除对某种固有方法的执着。具体而言，若人将视听言动视为实有而陷溺，固然不可取，反之，将其视为弊病而刻意消除，也是不对的，更进一步说，如果在礼之本体外别求一个不溺不止的视听言动，也是执取的表现。礼作为本体，应是在“非有非无”的范畴中，前一节所言的“无己”，并非仅指否定，更恰当的表达应该是“空”，是不落有无的“否定之否定”。通过这样佛教化的表达，万表强调“克己复礼”需要无私无为地随顺着礼之本体自然的流行而运用，不加一毫的刻意。

不论是焦竑将“己克”与“心空”对举，杨起元以龙树“中观”思维彰显礼体之空，还是万表强调视听言动“不落二边”方能复礼，均是圆熟地应用佛教的语言逻辑阐述礼的深刻内涵。他们的诠释重在强调“礼之真体”不由闻见而知，不由思虑而得，“复礼”工夫只在于自然无为，顺应天则。

结语

焦竑、耿定向、李贽、赵贞吉等人对“克己复礼”的论述，是在晚明三教会通思潮影响下的产物，既不同于朱熹，也有别于同时代的罗汝芳。他们在认为礼之本体为虚无的基础上提出“以无训克”的诠释路径，以“无己”作为复礼的工夫论，不仅是对儒家礼教的维护，更透露出较鲜明的佛道思想色彩。他们借用老子的“虚”来描述礼之本体，用佛教“空”的语言逻辑来诠释克己的内涵，将三教会通的思潮推进到更深的义理层次。通过将礼视为自然天则，他们重在挖掘自发自觉、不假外求的礼之精神，经此诠释，礼从需要人刻意去约束的外在规范，转变为内在的律令。

值得指出的是，这些思想家虽然反复申说礼为“空无”的特质，但并非以此瓦解礼的存在价值，也绝非否定礼作为规范制度的意义。实际上，他们将礼提升到与“仁”等同的地位，赋予其以本体论的意涵，正是意在强调礼的重要地位。如焦竑虽然反复以儒、佛相参照来谈，促进儒佛境界论和工夫论的合一，但一直非常强调儒家之礼与佛教戒律作为行为规范的重要性。他认为儒门要立仁义之教，必先有礼，佛门要立定慧之教，必先持戒：“仁、义以礼而立，无礼则仁、义坏，定、慧以律而持，无律则定、慧丧。是故戒生定，定生慧，慧生八万四千法门。”[33] 他严厉批评那些时时打着“无碍”的旗号，灭弃礼法和戒律的放肆之徒。他认为这类人大部分都是“以多欲之心，假道于无碍之语”[34]，只不过是以“无碍”作

33　焦竑：《赠愚庵上人说戒慈慧寺序》,《澹园集》，第 197 页。

34　焦竑：《赠愚庵上人说戒慈慧寺序》,《澹园集》，第 197 页。

为他们放纵私欲的借口罢了。治礼和求道二者不能偏废，若只拘泥于名物器度的细节，只是俗儒而已；而若隐居山林而追求至道，固然可能达到超越的精神境界，但终究不能治世。从这个意义上看，焦竑论礼的核心思想依然在于对规范性的强调。心性的境界虽高妙，但如果没有生活中的踏实修行，不在事事物物上磨练克己，那么修心修性也只能沦为空谈而已。从直超上乘处谈，克己本身即等同于本体完满的境界，而从实践工夫处谈，守礼就是求道的根基与法门。晚明儒者对礼的新释，其意义也就在于赋予礼以超越义的同时，坚持其规范义。由此彻上彻下，不离工夫而达本体，才是其所推崇的礼之真义。

下篇　散焦的江南儒学

家法家规对基层政权稳定的意义

——以江州义门陈氏为例

王祥　张天杰（杭州师范大学）

古代中国由于自然因素以及其他客观条件的限制，中央在基层上的控制能力极为有限。家族作为中国古代宗法血缘组织的基本单元，其治理原则与国家制定的法规基本一致。从宋朝开始，大规模的宗族组织在基层社会普遍建立，并以习惯和伦理为准则，在国家控制和地方治理中扮演着无可替代的作用。本文以陈崇《义门家法》为例，来探讨家法以及家规如何从婚姻制度、家族教育、家族管理等方面，维系家族乃至基层政权的稳定。

陈崇作为晚唐时期江州义门陈氏的家长，其制定的《义门家法》对于这一家族的稳定和长久发展，乃至地方基层政权的稳定都具有重要意义。关于《义门家法》对义门陈氏的重要性，学界已有较多论述。李明明曾在《江州义门陈氏宗族裂变考辨》中指出陈崇将孝义理念注入家法家规，以此来调和宗族内部的各种关系。[1] 陈世林也有《家国情怀与江州义门陈氏之聚散》一文，并且把家国情

1　李明明：《江州义门陈氏宗族裂变考辨》，《史林》，2020 年第 1 期。

怀作为义门陈氏家族能够延续300年的重要原因，此外他还有《陈崇的治家理念及其影响》一文，谈到了家法对于对义门陈氏持续义居所产生重大影响。[2]学界的这些研究，大多是围绕《义门家法》对于这一家族稳定和延续的重要意义，但是其对于社会基层的稳定意义，则鲜有提及。故本文以陈崇《义门家法》为例，来探究家法家规对于基层政权稳定的意义。

针对中国的传统政治结构，费孝通先生曾提出“双轨政治”的概念，在其《乡土中国》等著作中，他把中国传统政治结构分为中央集权和地方自治这样两层，这两层分别形成了自上而下和自下而上的政治轨道，因此也被称为“双规政治”。前者是中国传统的政治模式，即自上而下的通过行政命令实现其治理，而后者是由于种种现实原因，政治命令的实现在受到疆域、交通、机构等多种不利条件限制的情况下，中央命令难以直接下达，地方就形成了一种自治模式。在过去的中国，由于自然因素以及其他客观条件的限制，中央的控制能力极为有限，皇权统治下的权力往往只到郡县，中央的政令难以直接到达地方，因此地方上就有了足够的自主选择权，对中央的命令有选择的执行。在中国乡土社会当中，有一部分相比一般民众更为先进的知识分子，他们在地方上通常担任一官半职，因此对外部世界有着更加清晰的了解和认知，这使得他们更为容易获得权威与认同，在处理乡村事务中也更有威望。因此他们成为乡村社会的实际统治阶层，这部分人被称为“绅士”，“绅士”一词早

---

2 陈世林：《家国情怀与江州义门陈氏之聚散》，《江汉论坛》2017年第9期；《陈崇的治家理念及其影响》，《九江学院学报》（社会科学版），2018年第4期。

在宋代即已出现，“中国的绅士阶层实质就是‘一个以非正规权利方式控制地方事务的权力层’即地方精英”。[3]宋朝初年，统治者努力推行右文抑武政策，优遇文臣，大阐文治，到了宋朝末年，已经确立了宋代的文官统治。因此一些有地位和声望的士绅逐渐在正统的话语体系中有了一定的发言权，郝若贝（Robert M. Hartwell）在其著作《750—1550 年期间中国的人口、政治和社会变迁》一书中曾经指出：“地方士绅在北宋末期基本取代了门阀士族，成为国家机器的主要齿轮，标志着‘宗族’由传统的中央‘家族’重构为乡贤士绅为主的地方宗族，其与通过科举渠道上升的政治精英共同组成了宋代‘国家’的统治骨干。”[4]这些统治骨干也就是“绅士”，他们在国家控制和地方治理等方面扮演着十分重要的角色，是连接政权与乡民的桥梁，由于其特殊的身份使其发展成为同时肩负治化与教化的双重角色。绅士维系着基层政权的稳定，宗族等地方自治团体是他们进行乡村治理的组织基础，而家法、家规在其中起着重要作用。

义门陈氏家族从其始祖陈旺定居江州，一直到陈崇成为其家族的家长，陈氏家族经过近 200 年的发展，在经济上已颇具实力。在陈崇于唐大顺年间制定的《义门家法》中，我们可以看出，这一时期的陈氏家族已拥有多个道院、庄田、蚕院等较为庞大的家族资产。而在陈崇之前陈氏家族，其家族资产大多数是一代代勤劳的族

3　徐茂明：《明清以来乡绅、绅士与士绅诸概念辨析》，《苏州大学学报》，2003 年第 1 期，第 98—101 页。

4　转引自朱小略、侯芳君：《略论宗法结构对家族（间）行为与乡里自治的同构性影响》，《政治学研究》，2017 年第 5 期，第 121 页。

人辛勤经营土地而获得的，陈氏的宗谱上并未记载过功名重要的人物，更没有其家族成员实际官职任用情况。陈崇之前的家族实际管理者，其身份类似唐宋时期的“富民”阶层。[5] 而陈崇可能是陈氏家族自始祖陈旺以来首位获得重要官职的“富民”，即绅士阶层。他曾被唐中央政府授予银青光禄大夫、检校右散骑兼御史大夫，享有赐紫金鱼袋的待遇，且担任江州长史一职，官阶为从三品。[6] 陈崇通过制定《义门家法》规划了家族的婚姻、教育、家族管理等一系列问题，为陈氏家族的稳定及长远发展奠定了基础，具有一定的借鉴意义。笔者认为，家法家规对基层政权稳定的意义主要体现在以下几个方面：

一、以合理的婚姻制度维持家族稳定

在《生育制度》当中，费孝通先生以一种平实的语言和形象的实例，从中国本土的角度出发，为我们解释了中国人之婚姻制度与生育制度。费孝通认为生育制度是指“男女们互相结合成夫妇，生出孩子来，共同把孩子抚育成人的这一套活动”。[7] 并且指出，“生育制度是人类种族延续的人为保障，为了维持种族延续和社会结构的完整性，人们结成婚姻关系来确保双系抚育的形成”。[8] 他在《生育制度》中把丈夫、妻子、子女比作具有稳定结构的三角形的三个

5　达布春等：《九江府志》卷二十二，清同治十三年（1874）刊本。

6 《义门陈氏宗谱》第二册，民国四年（1915）重德堂重修本，第 17 页。

7　费孝通：《生育制度》，生活 · 读书 · 新知三联书店，2014 年，第 1 页。

8　费孝通：《生育制度》，第 26 页。

顶点，认为："婚姻的意义就在建立这社会结构中的基本三角，夫妇之间不仅有男女间的两性关系，而且有向儿女负责的合作关系一夫妇和亲子，这两种关系是不能分别独立，夫妇关系以亲子关系为前提，亲子关系也是夫妇关系为必要条件。这是三角形不能短缺的。"[9] 而陈崇《义门陈氏家法三十三条》中正体现了费孝通的这一观点。

家法第五条："男年十八以上则与占勘新妇，稍有吉宜付主事依则施行求问，至二十以上成纳，皆一室不得置畜仆隶。女则候他家求问亦属勘司酌当。"[10] 这意味着一夫一妻制。相对于中国古代社会常见的一夫多妻制，这一规定对家族稳定而言意义重大。甚至就连婚姻所用的各种东西也由家族统一分配，家法第二十条指出："男女婚嫁之礼聘，凡仪用钗子一对，绯绿彩二段，响仪钱五贯，色绢五匹，彩绢一束，酒肉临时酌当。迎娶者花粉匣、鞋履、箱笼各一付，巾带钱一贯五，并出管事纽配，女则银十两，取意打造物件，市买三贯，出库司分派诸庄供应。"[11] 家法第十三条还规定："厨内令新妇八人，掌庖炊之事，二人修羹菜，四人炊饭，二人支汤水及排布堂内诸事，此不限日月，迎娶新妇，则以次替之。"[12] 也就是说新进门的媳妇都需要下厨锻炼数月，为了以后能够更好的服务家族。第十九条中也指出："新妇归宁者三年之内春秋两度发遣，限一十五日回，三年外者则一岁一遣，限二十日回，在掌事者指

9 费孝通：《生育制度》，第 90 页。

10 陈月海主编：《义门陈文史考》，江西人民出版社，2015 年，第 11 页。

11 陈月海主编：《义门陈文史考》，第 12 页。

12 陈月海主编：《义门陈文史考》，第 12 页。

挥，馈送之礼临时酌当。”[13]除此之外，《义门家范十二则》第五条中还定义了夫妻之道：“人伦伊始，兆自闺门。阴阳之义，亘古常尊。好合可乐，狎昵宜悛。正位内外，各以其分。鸡鸣致警，戒旦时闻。以乐鼓钟，以友瑟琴。梁妻举案，冀妇如宾。惟鸿与缺，道行于身。不知其然，地亵而亲。脱辐至矣，则又何云。”[14]其中种种关于婚姻制度的规定，使得父亲，母亲和子女构筑了家庭中的基本铁三角，这个基本铁三角决定了家庭的基本结构，有效地维系了家族的稳定。

二、重视教育以促进家族长远发展

“政教合一”制度作为我国古代的一项基本政治和教育制度，曾对中央集权的稳定统治起到过重要作用。[15]所谓“政教合一”，指的是政治和教育紧密相连的现象，即政治和教育在古代社会中的一致性，这种一致性要求教育作为一种政治工具，为政治服务。而陈崇作为家族中较早获取高级官职的绅士来说，他很清楚“中国绅士的地位不是来自地产，而出自对教育的垄断。由功名作为凭证的教育使绅士有资格向国家和社会提供重要的服务”。[16]这实际上是通过教育实现精英身份的代际传递，柏文莉（Beverly Bossler）在《权力关系：宋代中国的家族、地位与国家》中将这一过程描述

13 陈月海主编：《义门陈文史考》，第 12 页。

14 陈月海主编：《义门陈文史考》，第 14 页。

15 陈适宜、王顺达：《政教合一制度的源流》，《重庆师范大学学报》（哲学社会科学版），2003 年第 4 期，第 13—17 页。

16 张仲礼：《中国绅士研究》，上海人民出版社，2019 年，第 371 页。

为："以宰相出身，靠后人维系，与科举结合，形成士绅与地域性精英。"[17] 通常来说，"一个宗族的实力常常取决于做官族人的人数和他们官职的重要性"。[18] 因此，重视教育对家族的稳定及长远发展具有重要意义。

陈氏家族曾按照周礼创建了"东佳书院"。[19] 朱熹在《大学章句序》说："人生八岁，则自王公以下，至于庶人之子弟，皆入小学……""及其十有五年……皆入大学，而教之以穷理、正心、修己、治人之道。"家法第八、九条指出："立书堂一所于东佳庄，弟侄子孙有赋性聪敏者令修学。"[20] "立书屋一所于住宅之西，训教童蒙……童子年七岁令入学，至十五岁出学，有能者令入东佳。"[21]《推广家法十五条》中也指出："子孙于蒙养时，先当择师，稍长，令从名师习圣贤书，教循礼仪，不可读杂字，及学刁滑词讼之事，以乖行谊心术，亦不可学诬罔谣邪之说。如果资性刚敏明物清醇者，严教举业，期达道以取青紫。若中人以下，亦教之知礼明义，使去其凶狠矫惰之习以承家教。又当教之忠厚而简朴，因之庶免习为轻浮以入败类。"[22] 可见家族内部有两种教育机构，一是书屋，二是书堂，书屋在住宅之西，就近学习，书堂在东佳村集中学习。有

---

17 （美）柏文莉著，刘云军译：《权力关系：宋代中国的家族、地位与国家》，江苏人民出版社，2015 年，第 67—68 页。

18 张仲礼：《中国绅士研究》，上海人民出版社，2019 年，第 288 页。

19 关于东佳书院对义门陈氏家族的重要，以及东佳书院建立的必然性，可以参考张劲松：《陈崇与东佳书堂——一种社会文化史的分析》，《湖南大学学报》（社会科学版），2008 年第 5 期。

20 陈月海主编：《义门陈文史考》，第 11 页。

21 陈月海主编：《义门陈文史考》，第 11 页。

22 陈月海主编：《义门陈文史考》，第 20 页。

关东佳书堂，《陈氏书堂记》中曾有记载："遂于居之左二十里曰东佳，因胜据奇，是卜是筑，为书楼堂庑数十间，聚书数千卷，田二十顷，以为游学之资。子弟之秀者弱冠以上皆就学焉。自龙纪以降，崇之子蜕、从子渤、族子乘，登进士第。近有蔚文尤出表焉，曰逊、曰范，皆随计矣。四方游学者自是宦成名立者盖有之。"[23]这是我国历史最早的私办学府，有宏大的书堂，上千卷图书，供应笔墨纸砚以保证学习用品以及钻研之需。义门陈氏家族中举人数曾有数十人之多，这不仅与家族重视、普及基础教育有关，更与奖励"严教举业"有关。义门陈氏累世之所以能长治久安、和谐稳定，其族人重视教育的因素不可忽视。

三、规范家族管理以维系族内自治

古代家族，尤其是望族的族权扩张，似乎不直接指向"权力"，而是更多关注于社会资源的掌控。[24]这种对于社会资源的争夺，势必会导致同乡大族之间的冲突，譬如宋淳熙年间婺源朱氏追索祖坟，朱氏与同乡大宗就因此发生了火爆冲突，朱熹曾寄书劝导，从朱熹的家书中我们可以看到：械斗冲突与乡里诉讼在宗族之间是广泛存在的。不仅如此，宗族内部也会因为争夺资源而发生冲突。为了平衡各宗族间利益以及维持基层宗族的内部自治，势必要产生超越血缘伦理而渗透了律法功能的"规范"，因此设立严格的家族管

23　陈谷嘉、邓洪波主编：《中国书院史资料》上，浙江教育出版社，1998 年，第 20 页。

24　朱小略、侯芳君：《略论宗法结构对家族（间）行为与乡里自治的同构性影响》，《政治学研究》，2017 年第 5 期。

理制度以及赏罚严明的家规是必不可少的。

陈崇在《义门陈氏家法三十三条》中设立了许许多多的职务，用以家族各项事务的管理，这对于义门陈氏家族的良性发展起到了至关重要的作用。家法第一条“立主事一人，副二人，掌家内外诸事，内则敦睦九族，协和上下，束辖弟侄。日出从事，必令各司其职，毋相夺论……”。[25] 这里即确立了家族的最高权力领导人，其职能是“敦睦九族，协和上下”。在家法第二、第三条中“立库司二人作一家之纲领，为众人之表率”[26]；“诸庄各立一人为首，一人为副，量其用地广狭以次安排”[27]，此即设立了财产和田产的负责人，田产是家族最重要的经济基础，由家长指派，接受家长和库司的监督。家法第四条：“差弟侄十人名曰宅库人，付掌事手下同共勾当”。[28] 即选取数十人管理仓库、农庄、牧场等各项杂物。第五条：“立勘司一人，掌卜勘男女婚姻之事。”[29] 用来掌管男女婚姻之事，要求“须择谙阴阳术数者用之”[30]。除此之外，家法还“命二人学医，以备老少疾病”[31]，“立书屋一所于住宅之西，训教童蒙”[32]，“立都蚕院一所，每年春首每庄抽后生丈夫一人归事桑柘，中择长者一人为首，管辖修理蚕事等事”[33]，“每年织造帛绢，仰库司分派

25　陈月海主编：《义门陈文史考》，第 10 页。
26　陈月海主编：《义门陈文史考》，第 10 页。
27　陈月海主编：《义门陈文史考》，第 10 页。
28　陈月海主编：《义门陈文史考》，第 11 页。
29　陈月海主编：《义门陈文史考》，第 11 页。
30　陈月海主编：《义门陈文史考》，第 11 页。
31　陈月海主编：《义门陈文史考》，第 12 页。
32　陈月海主编：《义门陈文史考》，第 11 页。
33　陈月海主编：《义门陈文史考》，第 12 页。

诸庄丝绵归与妇女织造”[34]。其中设立了各种各样的职位及公共设施，几乎等同于一个封闭的乌托邦，能够自给自足而不需要外界来往。家族中各职位分工合作，各行其是，有效地保证了家族管理的权威性和稳定性。正如《义门记》中所描述：“立主事以专家政，置库司以掌家财，立庄长以督赋租，堪司以序男女，东皋书堂以教童稚，道院以业焚修，巫室以备祈祷，医司以供药石，东佳书院以待学者，德安廨宇以奉公门。”[35]对比另一家族浙江浦江郑氏，其家规《郑氏规范》同样详细制订了组织化管理制度。第二十二条：“每岁掌事子弟交代，先须谒祠堂，书祝致告，次拜家长，然后领事。”[36]第二十三条：“设典事二人，以助家长行事。”[37]第二十四条：“每夜会聚之际，典事对众商榷，何日可行某事，书之于籍。”[38]第二十五条：“择端严公明、可以服众者一人，监视诸事。”[39]第二十七条：“监视纠正一家之是非，所以为齐家之则，而家之盛衰系焉，不可顾忌不言。”[40]第三十条：“设主记一人，以会货泉谷粟出纳之数。凡谷匣收满，主记封记，不许擅开，违者量轻重议罚。”[41]第三十一条：“选老成有知虑者通掌门户之事”[42]第三十三条：“增拓产业，长上必须与掌门户者详其物与价等，然后

34　陈月海主编：《义门陈文史考》，第 13 页。
35　陈月海主编：《义门陈文史考》，第 22 页。
36　曹溶辑：《学海类编》第 3 册，广陵书社，2007 年，第 1645 页。
37　曹溶辑：《学海类编》第 3 册，第 1645 页。
38　曹溶辑：《学海类编》第 3 册，第 1645 页。
39　曹溶辑：《学海类编》第 3 册，第 1646 页。
40　曹溶辑：《学海类编》第 3 册，第 1646 页。
41　曹溶辑：《学海类编》第 3 册，第 1646 页。
42　曹溶辑：《学海类编》第 3 册，第 1646 页。

行之。”[43] 四三十四条：“凡置产业，即时书于《受产簿》中，不许过于次日，仍用招人佃种。”[44] 第三十六条：“每年之中，命二人掌管新事，所掌收放钱粟之类；又命二人掌管旧事，所掌冠婚丧祭及饮食之类。”[45] 第三十七条：“新旧管轮当，须视为切己之事。”[46] 第三十八条：“新旧管皆置《日簿》，每日计其所入几何，所出几何，总结于后，十日一呈监视。”[47] 第三十九条：“新管置一《总租簿》，明写一年逐色谷若干石，总计若干石，又新置田若干石。”[48] 第四十条：“新管所收谷麦，每匣收讫，即结总数报于主记。”[49] 第四十二条：“佃人用钱货折租者，新管当逐项收贮，别附于簿，每日纳诸家长。”[50] 第四十三至四十五条：“田地有荒芜者，新管逐年招佃。”“田租既有定额，子孙不得别增数目。所有逋租亦不可起息，以重困里党之人。”“佃家劳苦不可备陈，试与会计之，所获何尝补其所费。”[51] 第四十六条：“邻族分岁之饮，旧管于冬至后排日为之。”[52] 第四十七条：“男女六十者，礼宜异膳。”[53] 第四十八条：“新管簿书不分明者，不许交代。”[54] 第四十九条：“所用监视及新旧管，

43　曹溶辑：《学海类编》第 3 册，第 1646 页。
44　曹溶辑：《学海类编》第 3 册，第 1646 页。
45　曹溶辑：《学海类编》第 3 册，第 1647 页。
46　曹溶辑：《学海类编》第 3 册，第 1647 页。
47　曹溶辑：《学海类编》第 3 册，第 1647 页。
48　曹溶辑：《学海类编》第 3 册，第 1647 页。
49　曹溶辑：《学海类编》第 3 册，第 1647 页。
50　曹溶辑：《学海类编》第 3 册，第 1647 页。
51　曹溶辑：《学海类编》第 3 册，第 1647 页。
52　曹溶辑：《学海类编》第 3 册，第 1647 页。
53　曹溶辑：《学海类编》第 3 册，第 1647 页。
54　曹溶辑：《学海类编》第 3 册，第 1648 页。

其有才干优长、不可遽代者，听众人举留。”[55]第五十条：“设羞服长一人，专掌男女衣资事。”[56]第五十一、五十二条：“男子衣资，一年一给。”“妇人衣资，照依前数，两年一给之。”[57]第五十三条：“每岁羞服长除给男女衣资外，更于四时祭后一日，俵散诸妇履材及油泽、脂粉、针花之属。”[58]第五十四、五十五条：“各房染段，羞服长斟酌为之，仍置簿书之，毋使多寡不均。”“当令廉谨有为者以掌羞服之事，务要合宜。”[59]第五十六至第五十九条：“设掌膳二人，以供家众膳食之事。”“择廉谨子弟二人，收掌钱货。”“择廉干子弟二人，以掌营运之事。”“子孙以理财为务者，若沉迷酒色、妄肆费用以致亏陷，家长覆实罪之，与私置私积者同。”[60]第六十至第六十二条：“委人启肆。”“畜牧树艺，当令一人专掌之。”“设知宾二人。”[61]第六十三条至六十五条：“亲宾往来，掌宾客者禀于家长。”“亲朋会聚若至十人，旧管不许于夜中设宴。”“亲姻馈送，一年一度，非常吊庆则不拘。”[62]这些组织化的管理制度是义门郑氏累世同居的基础，也是成功治家的保障，由此可见，规范家族管理对于家族稳定具有重要意义。

国有国法，家有家规，陈崇意识到，在国法之外，在家族内部更需要“因地制宜”，制定一套符合地方实际且赏罚严明的条例

55 曹溶辑：《学海类编》第3册，第1648页。
56 曹溶辑：《学海类编》第3册，第1648页。
57 曹溶辑：《学海类编》第3册，第1648页。
58 曹溶辑：《学海类编》第3册，第1648页。
59 曹溶辑：《学海类编》第3册，第1648页。
60 曹溶辑：《学海类编》第3册，第1648页。
61 曹溶辑：《学海类编》第3册，第1648页。
62 曹溶辑：《学海类编》第3册，第1649页。

法规。家法中有较多条目都指向惩恶扬善、奖罚分明，这对于良好家风的建设，正能量的培养，有非常重要的意义。家规第二条中立库司二人“为众人之表率，握赏罚之二柄”[63]，第三条中家族农产为了规避嫌疑，不得“父子同处”，同样，对于各个职位有一定的考核要求：“执作家役应出入市廛买卖使钱，须具帐目回库司处算明，稍不遵命，责以常刑。其或供应公私之外，田产添修，仓廪充实者，即于庄首副衣妆上次等加赏。其或怠惰，以致败阙者则剥落衣妆重加惩治。应每年收到谷斛至岁晚须具各庄账目归家，以等考课，并出库司检点。”[64]对于不能完成职位职能的，加以处罚，相反，对于有能力者，另加奖励一次来古来多劳多得。对于妇人从事的蚕桑纺织等工作也是如此：“其有得蚕多者，除付给外别赏之。”[65]另外，在对于坏风气的纠正上，家法做出了数十条规定，如：“立刑杖厅一所，凡弟侄有过，必加刑责，等差列后”[66]“持酒干人，及无礼妄触犯人者，各决杖十下”[67]“遵家法，不从家长令妄作是非，逐诸赌博斗争伤损者，各决杖一十五下，剥落衣妆归役一年，改则复之”[68]“妄使庄司钱谷入于市肆，淫于酒色，行止耽滥竽充数勾当败缺者，各决杖二十，剥落衣妆归役一年，改则复之”[69]等。正是这些赏罚条目，才使得义门陈氏家族能够出现“人无间

63 陈月海主编：《义门陈文史考》，第 10 页。
64 陈月海主编：《义门陈文史考》，第 11 页。
65 陈月海主编：《义门陈文史考》，第 12 页。
66 陈月海主编：《义门陈文史考》，第 13 页。
67 陈月海主编：《义门陈文史考》，第 13 页。
68 陈月海主编：《义门陈文史考》，第 13 页。
69 陈月海主编：《义门陈文史考》，第 13 页。

言，争讼稀少”的和谐局面。

四、家法家规的有效实行有利于基层稳定

《义门家法》不仅有效地维系了家族的稳定和长治久安，而且对于基层政权的稳定具有重要意义。对于宗族内部来说，陈崇通过制定合理的婚姻制度、重视教育、规范家族管理及家法和家规等方式，使得义门陈氏家族在不断的发展中逐渐形成了“义门”精神。义门精神在朝廷，体现在能够主动要求“济粮减半”；义门精神在宗族内部，体现在陈兢所主持的“碎鸽和酒”的事迹，即便这一家族后来在宋仁宗的要求下迫不得已而分族，但“义门”精神却流传了下来并广为传颂。对于基层政权的稳定来说，“义门家法”维系下的义门家族作为一种社会基层组织，填补了封建社会在基层权力上的空白，进一步维护了王朝统治，因此统治阶层可以通过推崇义门家法，对整个社会起到教化和表率的作用。总的来说，家法家规可以作为法律的辅助工具来加强中央对地方的有效统治，对于基层政权稳定具有重要意义。

张九成《中庸说》与朱熹批判

申绪璐（杭州师范大学）

北宋宣和七年（1125），34 岁的张九成首次游学京师开封。前一年末，时年 72 岁的杨时被召至京师，张九成借此机会向杨时问学，确立了二程伊洛之学再传的道学身份。杨时被称作程门四大弟子，本人至晚年也热心传道，率先提出北宋末年的危局源于王安石思想。靖康元年（1126），金人初次包围开封，社会动荡不安，杨时、张九成都被围在京师。金人撤兵之后，张九成返回故乡浙江盐官。因罢王安石配享一事，杨时在当年也离开京师，最终返回福建故乡。绍兴二年（1132）南宋的第二次的科举中，41 岁的张九成高中状元，其主张积极抗金的“状元策”轰动社会。远在福建的杨时也致书张九成，称赞“廷对自更科以来未之有，非刚大之气不为，得丧回屈，不能为也”。[1]

张九成被看作二程洛学的重要继承者，当然有其个人对道学思想的认同，但更多由于其得中状元之后的社会影响。两宋之际，宋金战争激烈，张九成问学杨时只有宣和七年不到一年的时间。直至

1　杨时:《答张子韶》,《龟山集》卷二十二，林海权整理，中华书局，2018 年，第 592 页。

41岁得中状元，张九成罕有与其他道学士人交往的记载，张九成的思想源于杨时的指引及其自身的道学思考。另外据佛教文献《续藏经》和《五灯会元》的记载，除早年与一般僧人的交往以外，张九成中举之后与大慧宗杲保持密切关系，甚至由此受到秦桧一党的陷害，二人皆被贬居异地。张九成晚年对其外甥于宪说："佛氏一法，阴有以助吾教甚深，特未可遽薄之。吾与杲和尚游，以其议论超卓可喜故也。"[2] 这体现了张九成对待佛教的基本态度。保持儒家基本立场的同时，张九成绝不排斥佛教思想。

由于张九成的佛学态度，朱熹在《杂学辨》中批评张九成"始学于龟山之门，而逃儒以归于释"，"凡张氏所著，皆阳儒而阴释"。[3] 在朱熹看来，张九成的思想受佛教影响而有失纯正，必须专门予以批判。然而从道学思想的发展来看，由于杨时的指引以及自己的独立思考，张九成的思想与后世的陆王心学有诸多契合之处。张九成特别强调喜怒哀乐未发之前戒慎恐惧的慎独工夫，朱熹指出"张氏戒慎恐惧二句，横贯《中庸》一篇之中，其牵合附会连章累句，已不容一一辨正矣。"[4] 朱熹的批评也反映了张九成对于戒慎恐惧之慎独工夫的重视。本文将首先分析张九成《中庸说》的道学思想，在此基础上讨论朱熹的《杂学辨》批判，最后从二人思想异同的视角分析道学思想的发展。

---

2 张九成著:《心传录》卷中,《张九成集》，李春颖点校，中国社会科学出版社，第937—938页。

3 朱熹:《杂学辨》,《朱文公文集》卷七十二，朱杰人、严佐之、刘永翔主编:《朱子全书》第24册，上海古籍出版社、安徽教育出版社，2010年，第3473页。

4 朱熹:《杂学辨》,《朱文公文集》卷七十二,《朱子全书》第24册，第3491页。

一、《中庸说》的慎独思想

张九成提出“仁者，天理也”[5]，“心有所觉谓之仁”[6]等命题，其思想带有显著的道学特色。道统方面，张九成强调二程以来的洛学定说，认为《中庸》是“子思所闻于曾子，圣道之尤粹者也。学者不可以不思”[7]，“子思传曾子之道，以其所践履而自得者，为天下后世别白而言之，使学者知所适从焉，其有功于名教也大矣”。[8]在张九成的《孟子传》中，这样的道统观念同样被反复提及。

> 夫孟子亲受道于子思，子思受道于曾子，曾子受道于夫子。顾曾子一脉其源甚正，盖有本之学也。[9]

> 孟子亲传圣人之道。[10]

> 孟子受道于子思，子思受道于曾子，曾子受道于孔子，源流甚正，不似子夏之后流入庄周，子张之后流入墨翟之比也。[11]

> 孟子受道于子思，子思受道于曾子，曾子受道于孔子。顾曾子之传，盖正统也。如子夏、子张辈，皆有圣人之一体，而非其全也。唯曾子之传独出乎诸人之上，浑然大成，无有畔岸。[12]

5　张九成：《孟子传》卷二十八，《张九成集》，第 778 页。

6　张九成：《孟子传》卷十四，《张九成集》，第 560 页。

7　张九成：《中庸说》卷一，《张九成集》，第 803 页。

8　张九成：《中庸说》卷一，《张九成集》，第 803 页。

9　张九成：《孟子传》卷一，《张九成集》，第 324—325 页。

10　张九成：《孟子传》卷一，《张九成集》，第 327 页。

11　张九成：《孟子传》卷六，《张九成集》，第 412 页。

12　张九成：《孟子传》卷七，《张九成集》，第 449—450 页。

学先王之道，而直指人心以要路，其唯孟子乎！盖其渊源来自曾子，曾子直指忠恕为夫子之道；曾子传子思，子思直指慎独为天命之性；子思传孟子，孟子直指齐王易牛为王者之心，直指世子性善为尧舜之本。[13]

独曾子指忠恕为夫子之道，传之子思，子思传之孟子。[14]

曾子授道于子思，子思授道于孟子。子思《中庸》极言至诚之说，盖曾子之学也。……唯孟子深造天下之至诚，故见二人之存心。[15]

只有先秦的曾子、子思、孟子一系继承孔子的正统思想，“其源甚正，盖有本也”。相反“子夏之后流入庄周，子张之后流入墨翟”，子夏、子张之学皆没能完整地传承孔子思想。思想特征方面，“曾子直指忠恕为夫子之道”，“子思直指慎独为天命之性”，孟子又提出“不忍之心”和性善说。在继承孔子思想的同时，诸人又彰显并发展孔子思想的不同方面。

在为学之序上，张九成主张学者先读四书，识得义理之后再读五经。从二程至朱熹，这是道学的一贯主张。对于《中庸》一书，张九成提出“和即庸也，变和为庸，以言天下之定理不可易也”。[16]《中庸》就是“中和”，只是为了说明“定理不可易”而更名为“中庸”。其他资料中，张九成提到中和一致。

13 张九成：《孟子传》卷十，《张九成集》，第 492 页。

14 张九成：《孟子传》卷十八，《张九成集》，第 629 页。

15 张九成：《孟子传》卷二十一，《张九成集》，第 674 页。

16 张九成：《中庸说》卷一，《张九成集》，第 803 页。

中即和，作事合理，人情自不乖。[17]

中则和矣。不中则人情必乖异。[18]

心无所倚则中。[19]

在心的作用下，中之理发于外即为和。心有所偏倚，发而不中，导致人情乖异，引起纠纷。心无所偏倚的本然状态就是中，张九成反复告诫学者排除私意杂念，“人心虚静则明”，[20]“念虑皆断，心之本体见矣”。[21]在工夫论上，张九成强调《中庸》所说的慎独工夫，“君子所以慎其独者，则以毫厘之差而邪正如此之相辽也”。[22]如朱熹所说，张九成的《中庸说》中“戒慎恐惧二句，横贯《中庸》一篇”，以下将从六个方面分析张九成如何以戒慎恐惧解释《中庸》全篇。

1. 戒慎恐惧

对于《中庸》开篇“天命之谓性，率性之谓道，修道之谓教”，张九成明确“天命之谓性，此指性之本体而言也”，“第赞性之可贵耳”。[23]人皆禀受天命之理，这是二程以来理学的基本观点，程颢明确提出“道即性也”[24]，张九成在《中庸说》中肯定“性外无

---

17 张九成：《心传录》卷中，《张九成集》，第 895 页

18 张九成：《心传录》卷中，《张九成集》，第 943 页

19 张九成：《横浦日新》上，《张九成集》，第 1005 页。

20 张九成：《心传录》卷上，《张九成集》，第 874 页。

21 张九成：《孟子传》卷二十七，《张九成集》，第 766 页。

22 张九成：《孟子传》卷十九，《张九成集》，第 645 页。

23 张九成：《中庸说》卷一，《张九成集》，第 803 页。

24 程颢、程颐：《程氏遗书》卷一，《二程集》，王孝鱼点校，中华书局，1981 年，第 1 页。

道，道外无性”，“人即为道，不待它求”。[25] 人的本然之性源于天道，无论圣贤还是普通之人没有区别。张九成认为更紧要的就是“率性”与“修道”。“率性之谓道，则人体之为己物而入于仁、义、礼、智中矣”。[26]

> 《中庸》之名，立于此三者矣。天命之谓性，喜怒哀乐未发以前者也，所以谓之中；率性之谓道，此戒慎恐惧于不睹不闻，以养喜怒哀乐未发以前之理，此所以求中也；至于修道之谓教，则以天命之性、率性之道而见于用，发而皆中节矣，所以谓之庸也。子思立此三句，非见入之微，学臻圣地，其能为此言乎？盛矣哉。[27]

人的本性纯于天道，“喜怒哀乐未发以前者”就是中之理。对此天命之性以戒慎恐惧的工夫存养天理，以达到发用之中和。学者应当首先率性以求中，才能最终通过“修道之谓教”而作用于外物。对于求中的工夫，张九成在《中庸说》中几乎每段都要强调“戒慎恐惧于不睹不闻，以养喜怒哀乐未发以前之理”，即朱熹所谓“戒慎恐惧二句，横贯《中庸》一篇之中”。“道也者，不可须臾离也”，张九成指出学者率性求道，不可被人欲私意妨碍。“使其不睹不闻处微有私意间之，则非性之本体，而堕于人欲矣”。[28]

25　张九成：《中庸说》卷二，《张九成集》，第 818 页。
26　张九成：《中庸说》卷一，《张九成集》，第 803 页。
27　张九成：《中庸说》卷一，《张九成集》，第 804 页。
28　张九成：《中庸说》卷一，《张九成集》，第 804 页。

"戒慎乎其所不睹，恐惧乎其所不闻"的"慎独"几乎被张九成看作唯一的求道工夫。

> 唯性不可须臾离，故于不睹不闻处每致意焉。"戒慎乎其所不睹，恐惧乎其所不闻"，况于稠人广众、合堂同席之间，其有不戒慎恐惧者乎？此正合内外之道，不可须臾离之本也。[29]

源于天命的本然之性不可分离，对学者而言无论是不睹不闻的个人独处，还是合堂同席的与人交往，戒慎恐惧地防止私欲干扰都是必不可少的，张九成认为这就是《中庸》要求的"合内外之道"，学者的工夫无间于内外。相较于外在的与人交往，张九成更重视的还是个人独处的慎独工夫。"夫不睹不闻，少致其忽，宜若无害矣。然而怠忽之心已显见于心目之间，昭昭乎不可掩也"。一般学者或者以为独处之时稍有懈怠，似乎亦无厉害。但是张九成指出刹那的"怠忽之心"亦必然显现于外，亦会导致"非意之辱""莫为之祸"，更表明慎独工夫具有优先性，独处之时的戒慎恐惧是真诚地与人交往的前提。张九成提出"唯一意戒慎恐惧，以养喜怒哀乐未发以前之理，此善求中之道也"。[30]

对于"中和"，张九成提出："中，衍天命之义。和，衍修道之义。""中指性言，故为大本；和指教言，故为达道。""未发以前，戒慎恐惧，无一毫私欲；已发之后，人伦之序，无一毫差失，此

29　张九成：《中庸说》卷一，《张九成集》，第 805 页。
30　张九成：《中庸说》卷一，《张九成集》，第 805 页。

天地万物之宗也。”[31]由天命之性发用为外在之达道，关键就在于未发之前的戒慎恐惧，排除私欲，存养本体。张九成提出：“率性之谓道，此所以养中也。”“当喜怒哀乐未发以前，君子戒慎恐惧，此率性也。”“夫方当率性时，戒慎恐惧于不睹不闻处，此学者之事也。”[32]可见与本然之性和外在功用相比，学者率性的工夫修养，即于喜怒哀乐未发之时的戒慎恐惧具有重要意义。“君子中庸，小人反中庸”区别同样在于“喜怒哀乐未发时，君子则恐惧戒慎以率之。小人则何所不至哉，岂知所谓率也”，[33]“率性之谓道，此学者之事也”。[34]未发之时的戒慎恐惧，这是学者工夫的根本。

> 戒慎不睹、恐惧不闻以养其中，则发而中节，必为人伦之序以宣其和，此中庸之本也。……夫戒慎不睹、恐惧不闻，此养中之法也。……君子欲求中庸，要当于戒慎不睹、恐惧不闻中得味，则识中之本矣。若夫不能守此法而用意过当，与夫一出一入而欲求中，是犹终日饮食而不知味也。味乎！味乎！当优游涵泳于不睹不闻时可也。[35]

张九成认为，只要能以“戒慎不睹、恐惧不闻以养其中”，自然能够达到“发而中节”。外在的发用本身并无太多工夫，对于学者而言，所有的工夫最终就是戒慎恐惧以“识中之本”。相反“一

31　张九成:《中庸说》卷一,《张九成集》, 第 805 页。
32　张九成:《中庸说》卷一,《张九成集》, 第 806 页。
33　张九成:《中庸说》卷一,《张九成集》, 第 806 页。
34　张九成:《中庸说》卷一,《张九成集》, 第 807 页。
35　张九成:《中庸说》卷一,《张九成集》, 第 808—809 页。

出一入”在外在事物上用功，始终不能认识把握本然之性，舍本逐末，“是犹终日饮食而不知味也”。张九成提出“优游涵泳”，由内在的戒慎恐惧以识道。如朱熹所言，张九成《中庸说》通篇都在强调戒慎恐惧的慎独工夫，这也是张九成思想中的基本工夫。

2. 舜与颜子

在张九成看来，能够“戒慎不睹、恐惧不闻以养其中”而“识中之本”的理想楷模就是大舜与颜子。儒家崇尚尧舜禹三代的理想政治，而舜的品德格外受到推崇。北宋道学思潮中，二程特别提倡颜子的品德，认为学者“须当学颜子，便入圣人气象”，[36]“人当学颜子之学（一作事）”。[37]道学思想中，大舜与颜子具有格外重要的地位。《中庸》表扬“舜其大知也与”，“回之为人也，择乎中庸，得一善则拳拳服膺而弗失之矣。”张九成认为原因就在于舜与颜子能够做到戒慎恐惧以养其中。

> 舜所以为大知者，以知戒慎不睹、恐惧不闻以养其中，而无过不及也。无戒谨不睹、恐惧不闻，其所以为养中者，用在心术之内也。至于形之于外，则变为好问、好察迩言，隐恶扬善矣。尝试溯好问、好察迩言，隐恶扬善之心而上之，即戒慎不睹、恐惧不闻之心也。戒慎恐惧以养此中，则无过不及之端；“好问而好察迩言，隐恶扬善”，此中则亦无过不及矣。执过、不及之端，而用其中于民，则民皆知戒慎不睹、恐惧不闻，其形之于外，则

36 程颢、程颐：《程氏遗书》卷五，《二程集》，第 76 页。

37 程颢、程颐：《程氏遗书》卷十二，《二程集》，第 136 页。

亦尽人之情也。[38]

舜不仅能够自己“戒慎不睹、恐惧不闻以养其中，而无过不及”，还能够“形之于外”，“好问、好察迩言，隐恶扬善”，“执过、不及之端”，甚至使民众也能够知晓“戒慎不睹、恐惧不闻”，这更体现了舜之品德的最可贵。张九成指出，舜之德行功业的关键则在于“心术之内”，在于“戒慎不睹、恐惧不闻之心”，外在事情不过是其发用而已。张九成强调，“学者欲识中庸，当于舜观之”。[39]

人皆用知于诠品是非，而不知用知于戒慎恐惧；人皆用知于机巧术数，而不知用知于喜怒哀乐未发已发之间。唯不留意于戒慎恐惧，故曰自驱而入于罟擭陷阱、嗜欲贪鄙之中而不自知；唯不留意于喜怒哀乐未发已发之间，故虽中庸之理潜见而不能期月守也。使移诠品是非之心于戒慎恐惧，其知孰大焉？使移机巧术数之心于喜怒哀乐未发已发之间，其知又孰大焉？此篇直指学者用知处，故举舜所以为大知之事在前，而又立此说于后，其左右表里发明中庸之学也切矣。学者当审之。[40]

接着上一段，张九成明确提出内在工夫与外在工夫的不同，戒慎恐惧的内在工夫是根本。与舜之大知不同，一般学者只是外在地“用知于诠品是非”和“机巧术数”，而非内在的戒慎恐惧和喜怒哀

38　张九成:《中庸说》卷一，《张九成集》，第 809 页。
39　张九成:《中庸说》卷一，《张九成集》，第 810 页。
40　张九成:《中庸说》卷一，《张九成集》，第 810 页。

乐未发已发之间，所以才“自驱而入于罟获陷阱、嗜欲贪鄙之中而不自知”，“虽中庸之理潜见而不能期月守”。“学者当审之”，张九成特别要求学者警醒，中庸之学不在于外在的诠品是非和机巧术数，而是内在的戒慎恐惧。

人皆知机巧术数之为知，而不知择乎中庸，守以期月之为知。唯颜子则进乎此，此孔子所以称之于守以期月之后也。夫喜怒哀乐已发未发之间，所谓中庸也，差之毫厘，缪以千里，其可不精择之哉？颜子戒慎恐惧，超然悟未发已发之机。[41]

张九成再次指出，与机巧术数之知不同，“颜子戒慎恐惧，超然悟未发已发之机”，所以孔子称赞“回也，其心三月不违仁”（《论语·雍也》）。颜子能够于喜怒哀乐已发未发之间戒慎恐惧，故“人欲都亡，我心皆丧”，“与天理为一，无一毫私欲横乎其间”，“此中庸之妙也”。[42] 无论是舜的外在功业，还是颜子的内在品德，工夫的关键都是内在的戒慎恐惧。

中庸不在血气中，惟戒慎不睹、恐惧不闻者能得之。[43]

是知均天下国家、辞爵禄、蹈白刃未为壮，而守中庸者之为壮也。且戒慎不睹、恐惧不闻，即“雷在天上，大壮”也，即“非礼勿履”也，即中庸也，即天理也，其可以血气为之乎？唯

41 张九成:《中庸说》卷一,《张九成集》，第 811 页。
42 张九成:《中庸说》卷一,《张九成集》，第 811 页。
43 张九成:《中庸说》卷一,《张九成集》，第 811 页。

> 血气消尽，中庸见矣。君子不可不察也。[44]

外在的机巧术数不是中庸之知，“均天下国家、辞爵禄、蹈白刃”的血气亦非中庸。甚至张九成强调“唯血气消尽，中庸见矣”。学者的真正的工夫就是内在的戒慎恐惧。对于《周易·大壮卦》的象辞“雷在天上，大壮；君子以非礼弗履”，张九成认为只有戒慎不睹、恐惧不闻才能真正地“非礼弗履”。不难发现，张九成所指的即为颜子，《论语·颜渊》中孔子告知颜子要“非礼勿视，非礼勿听，非礼勿言，非礼勿动”。与血气之勇相对的就是颜子戒慎恐惧的内在工夫。

> 盖强当从戒慎不睹、恐惧不闻中来，则此强为中庸之强。若乃山川风气使之如此，而中无所得焉，岂非血气云乎？……曰“和而不流”，此喜怒哀乐之中节也，故其强矫然不挠；“中立而不倚”，此喜怒哀乐未发时也，故其强亦矫然不挠。唯戒慎不睹、恐惧不闻，潜养中和以至如此之强，故其见于用也。……夫中庸一以理为主，非从戒慎恐惧中来，安得如此之妙乎？其与血气之强相远矣。[45]

对于南方之强和北方之强，张九成明确指出不仅“衽金革，死而不厌”的北方之强只是“血气之强”，甚至“宽柔以教，不报无道”的南方之强，亦只是“山川风气使之如此”，而非来是戒慎恐

44　张九成：《中庸说》卷一，《张九成集》，第 812 页。
45　张九成：《中庸说》卷一，《张九成集》，第 813 页。

惧的工夫，同样是“血气之强”。中庸之强从戒慎恐惧的工夫中而来，只有戒慎不睹、恐惧不闻而“潜养中和”“和而不流”“中立而不倚”“矫然不挠”才是真正的中庸之强。只有从戒慎恐惧中潜养中和，识认本然之理，才能无论有道还是无道，都做到矫然不挠，中立不倚。

总之，张九成认为只有从戒慎恐惧的工夫中潜养中和，而非外在的诠品是非、机巧术数或者血气之强，才能真正地做到识认天理。儒家道统中的理想典范大舜与颜子正是由此工夫出发，完成个人的品德，以至成就外在的功业。

3. 中庸无止

张九成认为，戒慎恐惧的工夫无分内外动静，时刻都不可懈怠，因而中庸的慎独工夫亦无止可言，学者应当时时警醒。

> 中庸之为德，不可作也，亦不可止也。戒慎不睹、恐惧不闻，谓之作而非作，谓之止而非止，所以能养中庸也。……欲识中庸要处，请于弗为、弗已而味之。弗为、弗已即戒慎恐惧也。……余尝求圣人而不可得，今乃知止在喜怒哀乐未发处耳，岂不近乎！子思明示天下人以入路，且曰：“戒慎不睹，恐惧不闻。”圣人门庭荡荡，明白如此，吾侪何为而不举鞭乎？学者宜慎思之。[46]

张九成提出孔子“素隐行怪”而弗为，“半途而废”而弗能，

46　张九成：《中庸说》卷一，《张九成集》，第 814 页。

“作而非作”，“止而非止”，原因就在于时刻戒慎不睹、恐惧不闻以养中庸，由此成就中庸之德。张九成明确表示，学问修养的工夫就在于戒慎不睹，恐惧不闻的喜怒哀乐未发处，这是学问关键。

> 君子之道即中庸也。中庸不离喜怒哀乐未发已发之间，此日用所不免者也，岂非费乎？……然而由戒慎不睹、恐惧不闻以养喜怒哀乐，使为中为和，以位天地、育万物。虽圣人犹皇皇汲汲，自谓有所不知、有所不能焉，岂非隐乎？盖自以为知，自以为能，则止矣。止，非中庸也。唯有所不知，有所不能，则戒慎恐惧，其敢一日而已乎？此理微矣，力行者能识之，非口舌所能辨也。[47]

对于《中庸》所说“君子之道费而隐”，张九成认为“费”是指普通之人皆有喜怒哀乐之情，是“日用所不免者”，但是普通人的喜怒哀乐不能做到戒慎恐惧以养中和。这一点不要说普通人，就是圣人亦时时警惕，“皇皇汲汲”，对于戒慎恐惧的工夫不敢丝毫有所疏忽。戒慎恐惧的工夫需要无时不在、无处不在，所以张九成明确提出“止，非中庸也。”君子之戒慎恐惧，丝毫不能有所懈怠。

> 此忠恕之道也。夫自以为能，则止矣，故终身不能。自以谓未能，则皇皇汲汲，其敢已耶？如前言圣人有不知、有不能，而此言未能，此意深矣，学者不可忽也。[48]

这些材料同样表示学者戒慎恐惧的工夫没有终点，无止之时，所以

47　张九成:《中庸说》卷一,《张九成集》,第815页。

48　张九成:《中庸说》卷二,《张九成集》,第820页。

孔子所说“君子之道四，丘未能一焉”，同样表示学者为学当始终警醒，绝不可懈怠。

> 夫中庸之道，赞天地之化育如此，而其要止在喜怒哀乐未发已发之间而已，而其所以入之之路又止在戒慎不睹、恐惧不闻而已。[49]

> 夫君子之道，所以大莫能载，小莫能破，以其戒慎不睹、恐惧不闻，察于微茫之际。戒慎恐惧，则于未形之先、未萌之始，已致其察矣。察之之致，至于鸢飞鱼跃，而察乃在焉。[50]

君子以中庸赞天地之化育，大而“天下莫能载”，小而“天下莫能破”，中庸之道充满天地，无处不在，其关键就在于未发已发之间得其正，实行的工夫就是戒慎恐惧。对于盈满天地的中庸之道，其真正的入手就在于“未形之先、未萌之始”的戒慎恐惧。能够做未发之时的戒慎恐惧，自然能够实现已发之后的中和。

> 非心一形，邪意一作，无不见其所自起，知其所由来，戒慎恐惧而不敢肆焉。……顾唯此察始于戒慎恐惧而已。戒慎恐惧以养中和，而喜怒哀乐已发未发之间乃起而为中和。大含元气，而天下莫能载；小入无间，而天下莫能破。察之之功如此，君子于慎独之学其可忽耶？[51]

---

49 张九成:《中庸说》卷二,《张九成集》，第 816 页。
50 张九成:《中庸说》卷二,《张九成集》，第 817 页。
51 张九成:《中庸说》卷二,《张九成集》，第 817 页。

张九成指出如果能在未发之时存养中和，那么“非心一形，邪意一作”，恶念产生之时，“无不见其所自起，知其所由来”，能够做到不使恶念扩大。这样的观点很容易联想起明代王阳明对良知知是知非的判断，张九成即已经注意到在未发之时存养本性，已发之际完全可以觉察恶念，达到“已发未发之间乃起而为中和”。

不仅个人行为的规范需要戒慎恐惧，对于外在事物以及典章制度等的认识，同样离不开慎独的工夫。

> 人，即性也。君子既率性而得道。天下之人有不由乎道者，以迷其性也。君子则以我之性觉彼之性，其寓之簠簋、俎豆、制度、文章，以至钟鼓、管磬、竽笙、环珮、元酒、大羹、焫萧、鬱鬯之间者，无非觉其性也。[52]

张九成认为不仅学者自己要戒慎恐惧以觉其性，还要以此使他人觉其本性。甚至张九成提出，对于外在的制度文章之类，其关键在于觉察自身的内在本性，这是关键。觉己之性以觉外物之性，这是与后世朱子学冲突的心学基本观点。张九成提出：“既已率性、由道，复有何事哉？”这突出体现了张九成道学思想的特征。

> 人伦之大而致其察，则天下之理无遗余矣。[53]

> 非于不睹不闻处深致其察，又乌能推之人伦若是其微哉？是

52　张九成：《中庸说》卷二，《张九成集》，第818页。
53　张九成：《中庸说》卷二，《张九成集》，第820页。

故君子慎其独也。[54]

戒慎恐惧，则常致其察。……夫中庸之道如此，君子胡不戒慎恐惧，事致其察。[55]

只有从不睹不闻处深致其察，才能尽人伦之微，以致“天下之理无遗余”，这些都离不开慎独的工夫。在张九成看来，外在事物的认知同样要由内在的慎独工夫出发。

君子由戒慎不睹、恐惧不闻深致其察，故其形于外也。如大舜之好问而好察迩言，隐恶而扬善；如颜子之择乎中庸，得一善则拳拳服膺而弗失；如诗人之察鸢飞鱼跃；如君子之察乎天地。故自不睹不闻处察之，以至于世间人情无所不致其察。……而深原其功，乃自于戒慎恐惧以致其察之功也。[56]

外在的认识如“大舜之好问而好察迩言，隐恶而扬善”，“君子之察乎天地”，其关键都是“自不睹不闻处察之”，从而达到“世间人情无所不致其察”。工夫的出发点在于戒慎恐惧。张九成最终提出中庸无止法。

中庸之道无止法也。此又“於穆不已”“纯亦不已”之意，唯

54 张九成:《中庸说》卷二,《张九成集》, 第 820 页。
55 张九成:《中庸说》卷二,《张九成集》, 第 821 页。
56 张九成:《中庸说》卷二,《张九成集》, 第 819—820 页。

力学者能识之。[57]

“中庸之道无止法”，学者应当持续不断地在已发未发之际践行戒慎恐惧的工夫。张九成认为“於穆不已”“纯亦不已”也是对学者持续不断做慎独工夫的描述。中庸无止，不仅是学者个人需要时刻戒慎恐惧以规范自己的行为，同时还要自不睹不处以察人情之微，天下之理，这些实践都时刻离不开慎独工夫。对于儒家学者而言，不仅自己要实行戒慎恐惧的工夫，还要以此教化民众。“尧、舜率天下以仁，则人人如尧、舜，而比屋可封”，[58] 不仅个人品德修养的无止，教化民众更是无止。孔子向子贡感叹“博施于民而能济众”，“尧舜其犹病诸”(《论语·雍也》)。张九成以此提醒学者，戒慎恐惧的为学工夫一刻也不可放松。

4. 忠恕之道

孔子对门人说“吾道一以贯之”，曾子进而解释“夫子之道，忠恕而已矣”(《论语·里仁》)。如前所述，张九成认为忠恕是曾子继承自孔子的思想特征。对于忠恕，张九成提出“忠恕之道其至矣乎！尽其在我，而不责于人”，学者工夫要“涵泳乎忠恕之中”，[59] “一皆以忠恕为乐”，“居忠恕以应天命”。[60]

夫恕由忠而生，忠所以责己也。知己之难克，然后知天下之

57 张九成：《中庸说》卷三，《张九成集》，第 839 页。
58 张九成：《中庸说》卷三，《张九成集》，第 833 页。
59 张九成：《中庸说》卷二，《张九成集》，第 821 页。
60 张九成：《中庸说》卷二，《张九成集》，第 823 页。

未见性者不可深罪也。[61]

先察知一己之难克，而后察见天下皆为可恕之人，不敢妄责备焉。每事先求乎己之所能行者，然后推之以善天下。[62]

对于《中庸》所说“忠恕违道不远”，张九成提出“恕如忠而生”，学者向内的责己工夫是根本，由责己之难而知普通之人“不可深罪”，以恕待人。“先察知一己之难克”，然后不敢轻易责备他人，由己之能行之事而“推之以善天下”。张九成始终提倡由内及外、由己及人的为学工夫。

然吾有忠恕之道，无入而不自得，故尽其在我，不责备于人。是以戒慎恐惧，不敢使一毫私意介乎其心，而宽夷平易，优游怡愉，衎衎如也，融融如也，自得之道既在乎此。呜呼，忠恕其至矣乎！[63]

此言君子自戒慎不睹、恐惧不闻，酝酿成中庸之道。处上下天人之间，无所不用其忠恕也。……君子力行忠恕之道，正己而不求于人。[64]

忠恕之道就是“尽其在我”，从学者自身的修养工夫出发，具体而言就是戒慎恐惧以排除私意，进而“酝酿成中庸之道”，达到

61 张九成:《中庸说》卷二,《张九成集》, 第 819 页。
62 张九成:《中庸说》卷二,《张九成集》, 第 819 页。
63 张九成:《中庸说》卷二,《张九成集》, 第 822 页。
64 张九成:《中庸说》卷二,《张九成集》, 第 822 页。

已发之时的中和。忠恕之道的关键就在于学者正己。

> 若夫小人，则不能安于忠恕，至于丧名失节以求合于上，卒不免于患难，徒使身名两失而已，此行险以徼幸者也。其所以如此者，以其平时不知慎独之学，不留意于戒慎不睹、恐惧不闻以养中庸之道，而察忠恕一贯之理耳。……皆吾戒慎恐惧不至，而中和之理不发见，不足以感发天下之几也。使诚中和，天地且位于此，万物且育于此，况上下天人之间乎！诚知此理，方且戒慎恐惧，正己之不给，又何暇责备于人乎？此所以为中庸也。[65]

与君子由戒慎恐惧而“力行忠恕之道”相对，小人丧名失节，不免患难。张九成认为原因就是小人“不知慎独之学”，不能“戒慎不睹、恐惧不闻以养中庸之道”。戒慎恐惧以力行忠恕，这是君子小人的重要差别。

> 此言推忠恕之效也。夫欲知戒慎不睹、恐惧不闻之效，当于忠恕卜之；欲知忠恕之效，当于父母卜之。使父母顺适，则忠恕之效著矣，故有登高行远之譬。……使其不知戒慎恐惧之理，待己甚轻，责人甚重，则于妻子不合，于兄弟必不和。……不知忠恕之理，以不知戒慎不睹、恐惧不闻之理也。是以君子于慎独之学不可须臾离。[66]

---

65 张九成：《中庸说》卷二，《张九成集》，第 823 页。
66 张九成：《中庸说》卷二，《张九成集》，第 824 页。

能由戒慎恐惧以行忠恕，严于待己，宽以责人，必然能够达到父母顺适、妻子好合、兄弟和睦，这可看作一家之内的忠恕之效。张九成强调，戒慎恐惧的慎独之学对于学者而言是不可或缺的，能做有慎独之工夫必然有忠恕之行，有忠恕之行必然达到家庭和睦。忠恕是学者行为的重要原则，而慎独则是学者为学的根本。

《中庸》中提出“鬼神之为德，其盛矣乎！”张九成明确提出中庸与鬼神是一致的。

> 鬼神在明，则为中庸；中庸在幽，则为鬼神，其实一也。明则有礼乐，幽则有鬼神。夫中庸之要处在戒慎不睹、恐惧不闻，而喜怒哀乐森列于中，不可欺者，此鬼神之德也。[67]

张九成首先强调鬼神与中庸只是幽明的不同称谓，“其实一也”。戒慎不睹、恐惧不闻的幽暗之时亦不可欺，张九成将此称作鬼神之德。

> 唯鬼神之德如此，故足以发天下之敬，使皆戒慎不睹、恐惧不闻，而斋戒以肃其身，明洁以敬其心，盛服以严其貌。洋洋乎！如在其上，在其左右。岂敢有一毫私意哉！此正养中庸之几也。……夫鬼神弗见闻，而使人悚然不敢起非心邪意，俨然如在者，则以中庸之道发于幽者，不得不尔。[68]

67　张九成:《中庸说》卷二,《张九成集》，第 825 页。

68　张九成:《中庸说》卷二,《张九成集》，第 825 页。

张九成所谓的鬼神之德，就是戒慎恐惧以涵养中庸之道，无一毫私意，进而发用以外。外在的礼乐中庸都源于喜怒哀乐未发之时的工夫，“中庸之道发于幽者，不得不尔”，这就是《中庸》称赞的鬼神之盛德。甚至张九成特别强调“不得不尔”，未发之时涵养中庸之德，必然在已发之时呈现中和之用。

《中庸》中的鬼神思想，也被张九成融入戒慎恐惧的工夫论中，鬼神是中庸的幽暗状态，不睹不闻之时的慎独工夫就是涵养中和。与忠恕的理解一致，张九成认为内在的工夫涵养必然会展现为外在的工夫之用，这样的过程是“不得不尔”。

5. 德福一致

《中庸》所说“大德必得其位，必得其禄，必得其名，必得其寿”，“大德必受命”，这是传统思想中德福一致观念的一个重要表述。张九成认为，舜能享位禄名寿，关键就在于其戒慎恐惧的内在工夫。

> 夫戒慎不睹、恐惧不闻，其见于舜也，内则以养中和，外则发之于好问，好察迩言，隐恶而扬善，与夫大孝之德。此所谓诚诸中，形诸外，有不可得而已者。……所以为大孝，皆戒慎恐惧之形见也。……使自戒慎恐惧发而为大孝，以德则为圣人，以尊则为天子，以富则有四海之内，而宗庙享之、子孙保之者，此必至之理也。……天理如此，何足怪哉！[69]

---

69 张九成:《中庸说》卷二,《张九成集》, 第 826 页。

张九成认为，舜德为圣人，尊为天子，富有四海，宗庙享之，正是其戒慎恐惧之工夫发之于外而必然有中和之功效，并带来相应之福。张九成肯定，这些都是“必至之理”，“天理如此”。戒慎不睹、恐惧不闻是基本的为学工夫。

是位禄名寿乃大德之形见也，不如是，是吾德之未至也。故引《嘉乐》之诗为证，而断之曰“大德必受命”。其言判别不疑，以所以勉天下之为德者，当始于戒慎恐惧，而以位禄名寿以卜德之进否也。[70]

张九成肯定“大德必受命”，有德之人必有位禄名寿，否则也是由于品德修养未能完成。然而品德修养的关键在于戒慎恐惧，位禄名寿只是内在品德的外在表征而已。

对于德福一致的问题，有学者提问“孔子大圣人，而名位禄不著；颜子大贤，而寿亦不闻”，孔子在世之时位禄不高，颜子寿命不长，对于德福不一致的问题，张九成提出，

学者读书当识立言之体，方论大德受命之理。此天下之正理也，安得以孔、颜为说？至于孔颜，可谓天理颠倒，事之不幸者也。岂可以为常谈哉？然而孔、颜之位禄名寿亦岂可诬也！虽不得志于当时，而万世之后，天子师事，巍然南面，尊主大国，合天下而拜之，大德者必受命，亦可知矣。君子第当论大孝、大德如何。至于位禄名寿至与不至，盍亦日日新，又日新，以警省

70 张九成：《中庸说》卷二，《张九成集》，第 827 页。

其所未至乎？上以大舜当年为则，下以孔、颜后世为准，岂不韪哉！[71]

张九成直接指出，孔子与颜子在世之时的遭遇“可谓天理颠倒”，并非天理之必然。如果不局限于孔子、颜子在世的遭遇，而是从后世来看的话，帝王亦要师事孔子，享受尊荣，不正是“大德者必受命”的体现吗？对于学者而言，位禄名寿只是内在之德的体现，因而关键是效仿舜与孔子，以戒慎恐惧修养品德。张九成同时也提出，位禄名寿也可看作对个人修养的警省。因为品德修养没有完成，位禄名寿亦会有所不足。

戒慎不睹、恐惧不闻，则无适而不在中和，中和则无忧也必矣。古之人有享斯效者，其唯文王乎！夫中和之中，自当有贤父圣子，文王见之矣。……中和之见于人，当如文王之无忧。至于大舜父子，斯天伦之不幸也。不幸岂可以为常乎？学者当知此意，中和之道无所疑矣。[72]

张九成再次强调，有戒慎恐惧的工夫，发而中和，“中和则无忧也必矣”，“自当有贤父圣子”。对于学者所问舜同样具有中和之德，但“以瞽叟为父，以商均为子”，并非张九成所说的必然有贤父对子。张九成强调，这也天理颠倒，“天伦之不幸”，不能看作必然如此。学者应当关注的还是戒慎恐惧的工夫修养。

71　张九成：《中庸说》卷二，《张九成集》，第 827 页。

72　张九成：《中庸说》卷三，《张九成集》，第 828 页。

对于武王“一戎衣而有天下，身不失天下之显名”，张九成一方面认为“武王一怒而安天下，此怒之中节也，此中和也”，但是“武王之举危道也，圣人之不幸者也”。武王举兵，只是特定形势之下的不得不然，并非天理之常态。武王最终能够“尊为天子，富有四海之内。宗庙享之，子孙保之”，“则以出于中和，故其理当如是也”。[73] 虽然武王举兵为不利己，但是获得德福，也是源于武王戒慎恐惧以养中和之功。

张九成认为，内在戒慎恐惧的工夫修养必然出产生外在的功业，而大舜、孔子、颜子的位禄名寿遭遇只是天理颠倒的个别情况。学者修身必然要从内在的戒慎恐惧出发，外在位禄名寿的不足可以看作对个人品德修养的警省。

6. 诚养中和

道德与知识之间，张九成提出“郊社之礼、宗庙之礼皆自中和中出，岂私知所为哉”，知识根源于内在的道德修养。“夫武王之中和，岂止行之于克殷一事而已哉！又于追王之事见之。夫追王乃中和所当然也”[74]，“追王太王、王季，上祀先公以天子之礼”，“追王太王、王季”等，这些都是武王中庸之德的必然表现。“唯事事隐之于心，如追王，如祭以天子，如达乎诸侯，达乎大夫，达乎天子，无贵贱一也，皆轻重中节，天理自然，无一毫私意偏倚于其间。中和之形见于作用者如此，不可不致精以求之也。”[75] 张九成强调，武王之德无非是“天理自然，无一毫私意偏倚于其间”，外在

73 张九成：《中庸说》卷三，《张九成集》，第 829 页。

74 张九成：《中庸说》卷三，《张九成集》，第 829 页。

75 张九成：《中庸说》卷三，《张九成集》，第 830 页。

的中和需要于喜怒哀乐未发之时“致精以求之”。

另外周朝的祖庙、宗器、行礼、奏乐等等，“虽施设隐显未详，然皆文王中和之所发见，寓于心志、事为之间者如此。此文王之志、文王之事也。继志述事者无他，第于戒慎不睹、恐惧不闻处致其察，以养中和之理，然后深见文王之所为，一一皆天理中发见者”。文王的外在功业皆是“中和之所发见”，武王、周公继志述事，同样是由戒慎恐惧之功以养中和之理，做出外在功业，“则以中庸之德当如是也”。[76] 张九成明确提出：

> 然而礼义径自何而明哉？惟戒慎不睹、恐惧不闻以养中和，则天神、地示、人鬼之心皆见于此矣。[77]

治理天下国家需要“明乎郊社之礼，禘尝之义”，但是这些礼义制度“其数可陈也，其义难知也”。只有学者由戒慎恐惧以养中和，才能明晓“天神、地示、人鬼之心”。戒慎恐惧的慎独仍然是学者的根本工夫。

> 文、武之政，即中和也；布在方策，书此中和也。有中和之君子，则见文武之心，故其政举。[78]

如果不能做到中和，即便“如方策所言一一行之”，也不可能

76 张九成：《中庸说》卷三，《张九成集》，第 831 页。
77 张九成：《中庸说》卷三，《张九成集》，第 832 页。
78 张九成：《中庸说》卷三，《张九成集》，第 832 页。

真正符合道德的要求。张九成以王莽为例，“井田、赋禄之政，无不依三代制作”，但心无中和，导致“一切颠倒，天下大乱”。只有诚得中和之道，才能做出真正的外在功业。张九成强调“有中和之人，则有中和之政”，自身做到中和，才能在身边聚焦中和之人。要自身做到中和，还是需要“戒慎不睹、恐惧不闻以率性可也。率性之谓道，故修身以道，则中和见矣”。[79]

《中庸》所说“思知人，不可以不知天”，张九成提到“何谓天？喜怒哀乐未发以前天也。戒慎不睹、恐惧不闻，于不睹不闻处深致其察，所以知天也”。[80]天即喜怒哀乐未发之前的天理，致察天理以知天，则需要于不睹不闻处做工夫，由此修身以知人、取人，施行文武中和之政。张九成认为，《中庸》首句“天命之谓性”也是告知学者本性即天理，由慎独知性以达天下之政。

《中庸》所说“知、仁、勇三者，天下之达德也，所以行之者一也”，张九成明确指出“所以行知、仁、勇者，在诚。一者，诚也。诚即喜怒哀乐未发以前是也”。[81]诚是知、仁、勇三德的基本，就是喜怒哀乐未发以前之天理。张九成提出“夫好学必有所见而然也，故谓之知；力行必以不能自已而然也，故谓之仁；知耻必断然不为也，故谓之勇”。[82]好学、力行、知耻必然会有道德行为的表现，这三者同样源于戒慎恐惧。

---

79 张九成：《中庸说》卷三，《张九成集》，第 833 页。

80 张九成：《中庸说》卷三，《张九成集》，第 834 页。

81 张九成：《中庸说》卷三，《张九成集》，第 836 页。

82 张九成：《中庸说》卷三，《张九成集》，第 837 页。

夫所谓学，所谓行，所谓耻，何也？即戒慎不睹、恐惧不闻之谓。学者不于此入，则泛然如萍之在水，逢风南北，有何所寄泊乎？此君子所以慎其独也。[83]

只有学者以戒慎恐惧的工夫存养中和，其行为发用才能有所主宰，不被外物干扰。

使一事不备，必知、仁、勇未尽其道也。诚使知、仁、勇皆尽其道，则此九经以次而行，不先不后，不迟不速，皆中其会矣。此天理之自然，非私智所能为也。呜呼！从戒慎不睹、恐惧不闻发为知、仁、勇，其极施于天下国家如此。[84]

《中庸》提出“凡为天下国家有九经”，张九成认为与“天下之达道五”一样，外在的九经亦源于内在的知、仁、勇之德。一事不备即是由于“知、仁、勇未尽其道”，具备知、仁、勇之德则自然“皆中其会”。当然知、仁、勇之德的培养还在于戒慎恐惧的内在修养。

张九成最后以“此君子所以慎其独也”[85]一句结束《中庸说》。张九成以戒慎恐惧的慎独解释《中庸》全篇，不仅舜与颜子的德行、福禄源于慎独的品德修养，甚至外在的认识行为应源于内在的慎独。对于内在工夫的重视是张九成思想的重要特色，这也招来朱熹的批判。

83　张九成:《中庸说》卷三,《张九成集》, 第 837—838 页。
84　张九成:《中庸说》卷三,《张九成集》, 第 838—839 页。
85　张九成:《中庸说》卷三,《张九成集》, 第 840 页。

综上所述，张九成以戒慎恐惧的慎独思想贯穿《中庸》全文，内在的慎独是具有根本性和优先性的工夫。舜与颜子的德业源于慎独，忠恕之道、外在德福基于慎独，学者由慎独工夫出发，存养中和，进而教导民众戒慎恐惧，实现天下大治。以慎独解释《中庸》，这是张九成《中庸说》的最大特色。

二、朱子的《杂学辨》批判

绍兴二十九年（1159）六月，张九成去世。七年之后乾道二年（1166），37 岁的朱熹获得中和之悟，一般称作“中和旧悟”。在此之前，朱熹已经完成批判苏轼、苏辙、张九成以及吕本中思想的《杂学辨》。张九成、吕本中皆以曾经问学杨时而被看作二程再传，同样推崇二程之学的朱熹将批判的矛头指向张九成、吕本中二人。许家星认为乾道二年（1166）完成的《杂学辨》不仅“为朱子与佛老划清界限的标志性事件”，更“预示着朱子思想的新开展”。[86] 从朱熹的批判也不难看出中和旧悟之前，朱熹关于道学思想的部分理解已经确立。

对于著名的《中庸》首三句“天命之谓性，率性之谓道，修道之谓教”，朱熹的理解已经与张九成不同。张九成提出：“天命之谓性，第赞性之可贵耳，未见人收之为己物也。率性之谓道，则人体之为己物，而入于仁义礼智中。”[87] 由前述可知，张九成强调“率

86 许家星：《“洪水猛兽”：朱子对宋代名士“阳儒阴佛”思潮的批判及其意义——以〈杂学辨〉为中心》，《江南大学学报》（人文社会科学版），2021 年第 3 期。

87 张九成：《中庸说》卷一，《张九成集》，第 803 页。

性之谓道”以存养中和，朱熹则批评张九成所说“未见人收之为己物”是表明仁义礼智之性非人所本有。认为张九成提出“人体之为己物”，也是“四者（仁义礼智）逆设于此，而后性来于彼也”，是“不知大本、妄意穿凿之言”。朱熹认为“仁行于父子，义行于君臣，是乃率性之道”，仁、义等本然之性体现于具体的人伦日用，但是张九成认为这是学者率性存养之后，即“修道之谓教”的表现。朱熹又批评张九成“遽以为修道之教，亦失其次序矣”。[88]在人之本性与现实性之间，朱熹还预设有格物致知的工夫，然而张九成虽然也在《大学》八条目的语境中提到格物穷理，但是其工夫根本是“率性之谓道”的慎独。可见写作《杂学辨》之时，朱熹已经初步确立向外穷理的工夫论基调。

对于张九成所说“未发以前，戒慎恐惧，无一毫私欲”，朱熹提出“未发以前天理浑然，戒慎恐惧则既发也”。[89]“未发以前天理浑然”，这显然是自二程以来道学的共同观点，朱熹所说“戒慎恐惧则既发也”，张九成同样提出戒慎恐惧是心之已发，张九成要求学者做慎独的工夫于已发未发之间，并没有完全混淆已发未发概念。二者的根本不同在于“率性之谓道”的理解，张九成认为这是学者涵养中和的重要工夫，但是朱熹指出“各循其性之本然，即所谓道尔，非以此为学者之事，亦未有戒慎恐惧之意也”。张九成将“率性之谓道”看作学者为学的工夫，朱熹认为这只是“言道之所以得名者如此”，表示道在日用常行中的展现，并非工夫方法。张

88　朱熹：《朱文公文集》卷七十二，《朱子全书》第 24 册，第 3474 页。
89　朱熹：《朱文公文集》卷七十二，《朱子全书》第 24 册，第 3475 页。

九成认为“修道之谓教”已经是学者涵养中和之后的外在显现，朱熹认为“通上下而言之，圣人所以立极、贤人所以修身，皆在于此”。[90]“修道之谓教”一方面是圣人本性的外在展现，同时也可看作普通学者的修身涵养的重要方法。张九成却将所有工夫聚焦于“率性之谓道”，而朱熹的工夫论思想则在于“修道之谓教”。

《杂学辨》中朱熹对张九成的批判，主要是思想理解差异、文字表达的疏漏以及理论思考局限三个方面，以下将具体就此三个方面展开论述。

1. 章句理解差异

基本思想的不同导致张九成、朱熹二人对具体文本的解释差异。“率性之谓道”被张九成看作唯一的工夫论方法，然而向外的格物致知才是朱子学的基本方法。张九成认为学者不应执着于外在的诠品是非和机巧术数，而应于内在的戒慎恐惧用功。朱熹由于对格物穷理的重视而认为“诠品是非，乃穷理之事，亦学者之急务也”。显然诠品是非就是朱子学的根本工夫“格物致知”，而这也是理学心学的重要区别所在。朱熹进而指出：“然斯言也，岂释氏所称‘直取无上菩提，一切是非莫管’之遗意耶？呜呼，斯言也，其儒释所以分之始与！”[91]儒释之分的关键不在于知晓形而上之性，而是形而下的戒慎恐惧、格物致知。

《中庸》“君子之道费而隐”章引用《诗经》“鸢飞戾天，鱼跃

---

90 朱熹：《朱文公文集》卷七十二，《朱子全书》第24册，第3475页。按，《杂学辨》中朱熹的引述多有删减，本文的引用采张九成《中庸说》原文，以利于反映张九成的原意。

91 朱熹：《朱文公文集》卷七十二，《朱子全书》第24册，第3476页。

于渊”表示“言其上下察也”，与张九成认为是形容圣人之工夫无穷无间断不同，朱熹指出这是对道之本然状态的描述，并非对形而下的工夫的说明。朱熹提出鸢飞鱼跃“发明道体之无所不在，所谓‘费而隐’也”。[92] 朱熹还指出此章“盖所谓不知不能、莫能载莫能破，皆极言道体之无穷尔，非谓圣人而言，亦无察于微茫之意也”。[93] 可见与张九成将此章看作对圣人慎独工夫的描述不同，朱熹认为是说明道体的发用流行。

对于张九成所说“君子自戒慎不睹、恐惧不闻，酝酿成中庸之道”，朱熹指出“中庸之道天理自然，非如酒醴，必酝酿而成也”。[94] 张九成所说“酝酿成中庸之道”就是培养学者中和，朱熹指出对于本然之道只能认知，绝不是可以培养而成的。在朱熹看来，张九成混淆了知性工夫与尽性工夫的区别。

同样对于张九成所说“戒慎不睹、恐惧不闻，于不睹不闻处深致其察，所以知天也”，朱熹批评说：“戒惧致察，既知天而事天之事也。未能知天，则何所戒惧乎？”[95] 朱熹认为知性知天之后再尽性事天，戒慎恐惧是知性之后的尽性阶段的工夫，而张九成认为戒慎恐惧即可知性，时时警醒而不使私欲干扰，自然能够达到中和。但是朱熹认为，知性与尽性之时，还需要其他的外在工夫，这也是理学与心学工夫论思想的显著差别。

张九成提出“知而未能行，是未能运用此诚也”。对此知行问

---

92 朱熹：《朱文公文集》卷七十二，《朱子全书》第 24 册，第 3478 页。
93 朱熹：《朱文公文集》卷七十二，《朱子全书》第 24 册，第 3477—3478 页。
94 朱熹：《朱文公文集》卷七十二，《朱子全书》第 24 册，第 3480 页。
95 朱熹：《朱文公文集》卷七十二，《朱子全书》第 24 册，第 3482 页。

题，朱熹批评说“知而未能行，乃未能得之于己，岂特未能用而已乎？”[96]朱熹认为“运用此诚”的说法，显然表述不当。“诚则无为而成，初不烦运用矣”，无为而成的观点，张九成亦不会反对。其所说“未能运用此诚”，显然也是要说明学者未能真正地涵养中和。甚至朱熹还在此提出：“然此所谓知者，亦非真知也，真知则未有不能行者。”[97]程颐提出“真知必实行”，这样的说法无法理学、心学都不会反对。但是朱熹认为，知与行不能直接等同，不能用知化解行的工夫。“戒慎恐惧，乃笃行之事，非博学之谓也。”[98]一方面，戒慎恐惧是行之工夫，而非知性的工夫。另一方面，虽然“真知必实行”，但并非可以直接由知跨越到行，其间的工夫仍然必不可少，只是真知之人能够自学地践行必要的工夫。

朱熹反对“此诚既见”即可运用无碍的说法，指出“‘见’字与‘尽’字意义迥别，大率释氏以见性成佛为极，而不知圣人尽性之大，故张氏之言每如此”。[99]张九成认为戒慎恐惧就是知天的工夫，知天自然会有中和之用，不需要再增添其他工夫。朱熹认为取消尽性的行之工夫就是佛教的“见性成佛”，以见性知性而消解尽性的工夫。与此相反，知晓天理之后尽性的存养工夫更加重要，这也是理学与心学工夫论的重要差异。

如上所见，朱熹的工夫论主张与张九成有着根本的指向差异，张九成强调内在的慎独，朱熹主张外在的格物。张九成认为由不间

96 朱熹：《朱文公文集》卷七十二，《朱子全书》第 24 册，第 3483 页。
97 朱熹：《朱文公文集》卷七十二，《朱子全书》第 24 册，第 3483 页。
98 朱熹：《朱文公文集》卷七十二，《朱子全书》第 24 册，第 3487 页。
99 朱熹：《朱文公文集》卷七十二，《朱子全书》第 24 册，第 3488 页。

断地慎独工夫，培养中和，自然有合乎天理的发用。与此不同，朱熹认为知性并非学者工夫的重点，重点是知性之后的外在尽性，克己笃行。以上彰显出理学与心学的思想差异。

2. 文字表达疏漏

如前所述张九成“酝酿成中庸之道”的说法，朱熹认为在语言表达上存在差失，还有很多类似的疏漏被朱熹批评。对于《中庸》中“回之为人也，择乎中庸，得一善则拳拳服膺而弗失之矣”，张九成评价称赞：

> 颜子戒慎恐惧，超然悟未发已发之机。于喜怒哀乐处，一得天命之性所谓善者，则深入其中，人欲都亡，我心皆丧。人第见其拳拳服膺而弗失耳，不知颜子与天理为一，无一毫私欲横乎其间，而不识不知我真无有矣，而况人欲乎？[100]

“人欲都亡，我心皆丧”在朱熹的《杂学辨》中写作“人欲都忘”，虽然张九成希望以此称赞颜子能够深入天命之善，“无一毫私欲横乎其间”。但是“我心皆丧”的表述显然受《庄子》心斋坐忘的影响，朱熹批评“且曰我心皆丧，尤害于理”，[101]“盖欲极意以谀颜子而无所准则，不自知其言之过也”。[102]表彰颜子的德行，这是道学共同的主张。但是朱熹认为张九成表扬颜子而无所准则，其表达失当之处。

100　张九成：《中庸说》卷一，《张九成集》，第 811 页。

101　朱熹：《朱文公文集》卷七十二，《朱子全书》第 24 册，第 3476 页。

102　朱熹：《朱文公文集》卷七十二，《朱子全书》第 24 册，第 3477 页。

张九成提出“由戒慎不睹、恐惧不闻以养喜怒哀乐，使为中为和，以位天地、育万物”。朱熹批评说：“喜怒哀乐之未发，用本然之中；发而中节，乃本然之和，非人之所能使也。天地位焉，万物育焉，亦理之自然。”[103]不难看出，张九成所说由戒慎恐惧以养中和，排除私意干扰，与朱熹所说涵养本原的用意是一致的。但是朱熹认为，本然之中与发而中节是天理的状态，“非人之所能使也”，因而张九成所说“使为中为和”，尤其是“为中”的说法有所失当。而且张九成将《中庸》“天地位、万物育”说成“以位天地、育万物”，朱熹批评：“今加‘以’字而倒其文，非子思之本意矣。”[104]以张九成的说法，天理的自我展现还需要学者的后天工夫，朱熹认为有违《中庸》之意。

张九成提出“人，即性也。君子既率性而得道。天下之人有不由乎道者，以迷其性也。君子则以我之性觉彼之性”。“率性而得道”是张九成工夫论思想的核心。一般之人“迷其性”而“不由乎道”，因而张九成主张已经觉性的君子还应使他人觉性，这是君子行道的主要方面。朱熹指出：“性岂有彼我乎？又如之何其能以也？”[105]张九成“我之性”“彼之性”的表述，严格来说在言语上有所失当。张九成进而提出“使其由此以见性，则自然由乎中庸之道”，朱熹又提出激烈的批评。

见性本释氏语，盖一见则已矣。儒者则曰知性。既知之矣，

103 朱熹：《朱文公文集》卷七十二，《朱子全书》第24册，第3477页。
104 朱熹：《朱文公文集》卷七十二，《朱子全书》第24册，第3477页。
105 朱熹：《朱文公文集》卷七十二，《朱子全书》第24册，第3478页。

又必有以养而充之，以至于尽。其用力有渐，固非一日二日之功，日用之际，一有懈焉，则几微之间，所害多矣。[106]

朱熹指出“见性本释氏语”，相对于佛教见性则已，儒学强调“知性”之后的“养而充之，以至于尽”。而且知性之后的充养还需要长期的不懈努力，并非张九成所说“见性，则自然由乎中庸之道”。若从张九成的立场来看，其所说的“见性则自然由乎中庸之道”当然是一种理想的状态。而且张九成也强调中庸无止法，见性之后学者仍然需要持续不断的戒慎恐惧，防止私欲的干扰。但在朱熹看来，“见性则自然由乎中庸之道”不仅易使学者误解，而且张九成忽视外在的工夫作用，亦存在严重的过失。

对于张九成“世之行诚者，类皆不知变通”的说法，朱熹指出：“圣贤唯言存诚、思诚，未尝言行诚。……谓之行诚，则是己与诚为二，而自我以行彼，诚之为道不如是也。”[107] 如朱熹所批评，“行诚”导致“己与诚为二”的误解，显然与《中庸》“诚者自成”的思想相矛盾。张九成“注之于身则身诚”的说法，朱熹同样指出：“明乎善则身自诚，乃理之自然。……今曰注之而然，则是设之于此，射之于彼而冀其必然也，其为不诚莫大于是。”[108]“注之于身”的说法显然会导致身与诚为二的误解，与“人即性也”的基本观念冲突。另外张九成所说“诚未足贵，诚而又诚之，斯足贵也”，显然有损诚之思想的重要性，朱熹批评：“圣人言天下之理无出于

106　朱熹：《朱文公文集》卷七十二，《朱子全书》第 24 册，第 3478—3479 页。

107　朱熹：《朱文公文集》卷七十二，《朱子全书》第 24 册，第 3485—3486 页。

108　朱熹：《朱文公文集》卷七十二，《朱子全书》第 24 册，第 3486 页。

诚，而曰诚未足贵，何其言之悖也。”[109]

由上所述，张九成“酝酿中庸之道”“我心皆丧”“为中为和，以位天地”以及“见性”“行诚”“诚未足贵”等说法，固然在其思想体系中可以做出合理的解释，但是如朱熹所批判的，严格而言这些说法皆有失严谨，导致偏离道学的基本思想。

3. 理论思考局限

朱熹与张九成思想差异以及对其语言疏漏的敏锐以外，朱熹亦觉察到张九成的某些思考可能带来负面的理解，这也是《杂学辨》中批评的重要内容。有关忠恕问题，张九成提倡：“恕由忠而生，忠所以责己也。知己之难克，然后知天下之未见性者不可深罪也。”“先察知一己之难克，而后察见天下皆为可恕之人，不敢妄责备焉。”不难看出，张九成要求反躬自省，即所谓严于律己，宽以待人。朱熹敏锐地发现，如张九成之说，因为“己之难克”即不妄责他人，那么“以己不能克其私，而并容他人使之成其恶，则是相率而禽兽也，其为不忠不恕，孰大于是”！如果以己私难克就容忍他人甚至自己的过错，这会导致对于过错的过分宽容。张九成提出“察子之事父吾未能，则安敢责父之爱子乎”，那么儒家基本的道德标准如父慈子孝、兄友弟恭以及朋友有信等观念，在张九成的忠恕理论下，有可能会丧失严格的约束意义。

另外张九成提出“位禄名寿乃大德之形见也，不如是，是吾德之未至也”，“当始于戒慎恐惧，而以位禄名寿以卜德之进否也”。张九成从《中庸》强调的“大德必受命”出发，提倡德福一致，并使学

109 朱熹：《朱文公文集》卷七十二，《朱子全书》第 24 册，第 3489 页。

者将福禄之不足看作对自己德行培养的激励。朱熹指出："张氏之说，乃谋利计功之尤者，学者一有此念存乎胸中，则不可以进德矣。"[110]张九成的说法显然和孟子以来"言义不言利"，"正其谊而不谋其利，明其道而不计其功"的观念相矛盾，不仅损害道德行为的严肃性，甚至误导学者滋生功利之心。另外张九成认为"武王之举，危道也"，朱熹批评武王伐纣是"顺天应人之为安"，绝非"行险以徼幸"。[111]张九成固然希望以位禄名寿的外在之物激励学者修身，但如朱熹所说这可能导致后学的功利之心，而不能"顺天应人之为安"。

朱熹的一些批评亦有争议之处，对于张九成所说"天地万物森然，鬼神列于中，不可违也"，朱熹说："张氏他章之说甚详，而此独略，将有所疑而不敢尽耶。……然详味'列'字之意，则以鬼神别为一物明矣，岂知鬼神者之言哉！"[112]由朱熹所说"张氏他章之说甚详，而此独略"，似乎其所见《中庸说》版本与今本有出入之处。对于鬼神，张九成明确提出"鬼神在明，则为中庸；中庸在幽，则为鬼神，其实一也"。中庸与鬼神只是明暗不同状态下的称谓而已，"其实一也"，并非朱熹所批评"鬼神别为一物"。

对于张九成解释《中庸》"不诚无物"，提出"吾诚一往，则耳目鼻口皆坏矣"，朱熹批评："耳目鼻口，亦岂有一旦遽坏之理哉？"[113]耳目鼻口的好与坏不会因心之诚与不诚并无直接关联，但是从心学的立场来看，明代王守仁提出心为耳目鼻口的主宰，心外无物，耳

110 朱熹：《朱文公文集》卷七十二，《朱子全书》第24册，第3481页。
111 朱熹：《朱文公文集》卷七十二，《朱子全书》第24册，第3482页。
112 朱熹：《朱文公文集》卷七十二，《朱子全书》第24册，第3481页。
113 朱熹：《朱文公文集》卷七十二，《朱子全书》第24册，第3489页。

目鼻口的伦理好坏亦受心的重要影响。

综上可见，朱熹认为张九成受佛教影响，其言语表达“骇遽而张皇”[114]，“其驰心高妙，而于章句未及致详”[115]，“更为奇怪之说”[116]。其道学思想的误读亦皆源于佛教，“凡此皆烂漫无根之言，乃释氏之绪余，非吾儒之本指也”，[117]“凡此好大不根之言，皆其心术之蔽，又原于释氏心法起灭天地之意”，[118]“以为曲意而从，非圣人之心也。张氏归心乎释氏而曲意于儒者，故其所以窥圣人者如此，非一辞之失也，其所从来远矣”。[119]一方面，朱熹敏锐地发现张九成的《中庸说》中言语不谨严之处，某些思考亦可能引发后学之流弊。另一方面，张九成的思想与后世心学的主张皆具有共通性，张九成要求学者时刻注意内在的戒慎恐惧，反映了心学思想中对于现实环境中道德紧张的重视。

结语

朱熹曾对学者提出：“李先生教人，大抵令于静中体认大本未发时气象分明，即处事应物，自然中节。此乃龟山门下相传指诀。”[120]“静中体验未发”被看作杨时开启的道南学派的核心思想。

---

114 朱熹：《朱文公文集》卷七十二，《朱子全书》第 24 册，第 3477 页。
115 朱熹：《朱文公文集》卷七十二，《朱子全书》第 24 册，第 3480 页。
116 朱熹：《朱文公文集》卷七十二，《朱子全书》第 24 册，第 3482 页。
117 朱熹：《朱文公文集》卷七十二，《朱子全书》第 24 册，第 3475 页。
118 朱熹：《朱文公文集》卷七十二，《朱子全书》第 24 册，第 3490 页。
119 朱熹：《朱文公文集》卷七十二，《朱子全书》第 24 册，第 3491 页。
120 朱熹：《朱文公文集》卷四十，《朱子全书》第 22 册，第 1802 页。

但是从杨时的相关文献来看，除作为读书之法的“以身体之，以心验之，从容默会于幽闲静一之中，超然自得于书言象意之表”[121]外，并没有明确的“静中体验未发”的表述。杨时生前长期陪伴杨时的弟子陈渊，相关文献中亦缺少对应的表述。由本文对张九成《中庸说》的分析可见，戒慎恐惧的慎独以及体验未发是张九成工夫论的核心思想。由南宋初年张九成的影响可以大胆猜测，或许李侗阅读张九成的《中庸说》等著作之后，逐渐形成体验未发的工夫论思想。从今人学术研究的视角可知，张九成问学杨时不足一年时间，其道学思想的形成主要依赖自身的探索。南宋的时人认为，张九成的思想秉承杨时，但是不足一年的问学经历也提醒我们，张九成与杨时的思想差异值得认真对待。

有关道学思想的心学一脉，朱熹认为：“上蔡一变而为张子韶。上蔡所不敢冲突者，张子韶出来，尽冲突了。（盖卿录云：“子韶一转而为陆子静。”）近年陆子静又冲突出张子韶之上。”[122]站在朱子学正统的立场上，一般将陆九渊、王阳明的心学看作理学的对立反动。然而从道学发展来看，南宋初年影响广泛的反而是张九成的心学思想，朱熹也是在心学批判的基础上完善自己的理学思想。从张九成的《中庸说》以及朱熹《杂学辨》的批判可见，二程以来的道学思想发展呈现多种可能。张九成思想体系的完整和细密不如朱熹，但是其心学思想特色绝不应轻易搁置。

121　杨时：《龟山语录》卷三，《杨时集》，第357页。

122　黎靖德编：《朱子语类》卷二十，王星贤点校，中华书局，2012年，第478页。

被淹没的道南支脉：道南毗陵学脉

包佳道（江南大学马克思主义学院）

一、杨时讲学东林：两宋之际的道学南传

尽管在杨时东林讲学之前，毗陵地区（今常州、无锡地区）也有一些二程道学的传人，但影响比较大的当数杨时。杨时很小就开始学习钻研儒家经学和史书，为参加科举考试曾熟习过王安石新学，还涉猎过庄子、列子和佛禅等。受学大程后笃守道学，元祐时始斥王安石新学，四十四岁与小程论《西铭》闻"理一分殊"，思想趋于折中二程，而后主要往来毗陵（尤其是无锡东林书院），一面着力阐扬二程学说，一面展开对新学（蜀学）和佛老等的理论批判，走向全面融通与批判之路。这样一个道学开展的历程，使得杨时将自己的道学看作是以其所闻于二程而推其所未闻，同时"自守所学以排异端""别是非审邪正"，与己所学、所守相背者则加以批判，与己所学所守相通、相合者则加以融通。

（一）祖述二程

就杨时学术倾向言，其道学乃祖述程颢、程颐。杨时曾先后

师事二程，高赞二程得圣人之道而传，甚至认为，张载之学源出于二程、资于二程，“横渠之学，其源出于程氏”，[1] 杨时自认坚守二程之所言所教而不为异端所迁惑，“某自抵京师，与定夫从河南二程先生游，朝夕粗闻其绪言，虽未能窥圣学门墙，然亦不为异端迁惑矣”。[2] 杨时非但学二程之学、守二程之学，他更以传二程之学于东南为己任，他说“盖旧本西人传之已多，惟东南未有此书，欲以传东南学者，不叙其所以，恐异时见其文有异同，不足传信也”，[3]“《伊川先生语录》在念，未尝忘也”，[4]“《语录》常在念。先生之门，余无人，某当任其责也。蒙寄示二册，尤荷留念。然兹事体大，虽寡陋不敢不勉”。[5] 具体从理论讲，在天道论上看，杨时对二程多有阐发，认为，道与性、命一体也是天理，就其从存在言，理必存在气以成形的事物中，无物则理也无法得以存在，所谓体用不二，此就行而言就是道，道有不可名言者称“一”（道体），“一”（道体）是诚，有着诚实不二，诚始诚终的特性，其能一天人、合内外、成己成物，“一”（道体）为人心之所同然者，即仁体，能与物无对，本末一贯，道止于中，道体无过无不及，不偏不倚，无定在无定所，无处不在，能时中和时宜。心性论上，杨时承继二程，高度赞扬《孟子》的性善论，人性全善无恶，永无变坏，善为人性之当然应然，为人之本然固有正常状态，而在现实中呈现有恶，为

1 杨时：《跋横渠先生书及康节先生人贵有精神诗》，《杨时集》卷二十六，福建人民出版社，1993 年，第 612 页。
2 杨时：《与陆思仲书》，《杨时集》卷十八，第 433 页。
3 杨时：《与游定夫书》其五，《杨时集》卷十九，第 456 页。
4 杨时：《答胡康侯》其九，《杨时集》卷二十，第 489 页。
5 杨时：《答胡康侯》其十一，《杨时集》卷二十，第 491 页。

反常状态，其乃因气禀的问题，而非性有恶，而且认为可就此作工夫使之恢复善，而人能保持本心则能将此善性完全得以尽显，即人有自觉为善的道德潜能。功夫论上，杨时折中二程，杨时在致知论上，其博学以反约，突出求约的一面，反约、求约其终要自有所见，反求之于己身己心，作“以身体之，以心验之”体验未发之本心的工夫，其反身而诚更是强调直下本心，自诚而明，而在涵养论上，一是其强调要求仁之体，以体验未发工夫而直求本心由此执而勿失则发必中节，而心得常正，二是无往不直的工夫，则直下诚心而无伪，直下本心而行其本性自然生发之情，内外合一，而无须作敬以直内和义以方外的内外并进的工夫，直则公天下之好恶而不为私，公天下之善恶不为私。

（二）批判荆公新学、佛老

杨时以“自守所学以排异端”“别是非审邪正”，与祖述程颢、程颐紧密相连，其在学术倾向上，则就与二程道学相对立的新学、佛老之异端，以及儒学末流中辞章之学、章句之学予以批判，与二程道学有相合、相通之处的庄、列、禅等的学说加以融通。在杨时看来辞章之学、章句训诂之学，特别是当世三苏蜀学（文章之学）则终未能“倡明道学”“窥圣人阃奥”，“异端之论”危害甚大，儒家圣人之学晦蚀于诸子之学、佛老之说，致使学者茫然不知所之，而王安石新学溺于佛老异端，又为管商申韩功利之说，其败人心术，危害为最，与儒家圣人之道南辕北辙，故而其在学术倾向上则作大力批判。而同时在杨时看来，庄子乃孔门后学，儒学“末流”，庄生之说多有近道，儒佛深处则相差甚微，故其将庄列禅与二程学相合处作了融通。而其与祖述二程一样最具鲜明特色的学术旨趣是批判王安石新学，杨时早年为科举计，研读王安石新学，因其才高故于新学极精，为而后批判新学奠定基础，“杨时于新学极精，今日一有所问，能尽知其短而持之。介父之学，大抵支离。伯淳尝与杨时读了数篇，其后尽能推类以通之。”[6] 杨时讲学东南，“力行二程之道，黜王氏（即王安石）邪说”[7]。其后半生倾力阐扬洛学，颉颃新学，为南渡“洛学大宗”。晚年因靖康元年奏“王安石邪说”群论籍籍而触动，杨时倍感思想上批判王安石新学之迫切，倾力著《三经义辨》以批判王安石新学，“荆公黜王爵，罢配享，谓其所论多邪说，取怨于其徒多矣。此《三经义辨》，盖不得已也。”[8] 其著《三经义辨》正是从义理上全面审新学之是非，以涤除其对后生晚学造成的不良影响，“今虽有定论，学者真知其非者或寡矣。屏居投闲，因摭《三经义》有害理处是正之，以示后学。”[9]“某近著《三经义辨》，正王氏之学缪戾处”[10]“后生晚学，未必知其非也，姑欲终此一事。”[11]

理论上看，**天道论上，**批判了王安石新学天与性命关系未能一贯的不足，也批判了佛教，出世求道、行道出走伦常日用。（略）**心性论上，**批判了王安石新学性情说和管商功利之说（略说）。**功夫论上，**批判了王安石新学侧重以礼乐刑政外部规约与穷理尽性的

6 程颢、程颐：《程氏遗书》卷二上，《二程集》，中华书局，1981 年，第 28 页。
7 叶适：《水心集》卷十，转引自《杨时集》附录四，第 1067 页。
8 杨时：《答胡康侯》其九，《杨时集》卷二十，第 489 页。
9 杨时：《答萧子庄》其一，《杨时集》卷二十一，第 519 页。
10 杨时：《答胡康侯》其十四，《杨时集》卷二十，第 494 页。
11 杨时：《答胡康侯》其十一，《杨时集》卷二十，第 491 页。

修养割裂，佛道趋利避害，故内外不一，物我有别。

二、毗陵四君子：毗陵地区的道南三传

正因杨时以阐扬洛学、颉颃新学为学术本旨，道南传二程之学成为其最辉煌的学术成就。据年谱载，杨时五十九岁开始寓居毗陵（即宋代常州，辖晋陵、武进、宜兴、无锡四县），前后达十八年[12]，在梁溪城东弓河之上东林讲舍讲学（属今天无锡），使得二程洛学广播东南，后朱子集大成有闽学与二程洛学并为道学之正，而杨时东林讲学则是这一进程的关键，所谓“梁溪实其络绎之会，如水之朝宗，而先会同于此者，洵甚盛也！”[13]杨时因此被称为“程氏正宗”。杨时东林讲学使得无锡成为两宋之际道学南传的中心，至此无锡地区也出现了前后相继的道学传承。

杨时东南传道，不仅有后来对湖湘学、闽学影响很大的胡寅、胡宏、罗从彦这样的道学学者，在毗陵地区（今无锡和常州地区）也有自己的传人。明欧阳东风所辑《晋陵先贤传》云“先生（杨时）以程门高弟倡道东南，……一传而得邹德久、喻子才（喻樗），再传而得尤延之（尤袤），三传而得李元德（李祥）、蒋良贵（蒋重珍）。”而这些人中，喻樗定居无锡，尤袤、李祥、蒋重珍都是无锡人。

---

12 关于杨时寓居毗陵时间学界存有诸多争议，此处我们仅依年谱之说，不另作考辨。

13 龚廷历：《宋杨文靖公龟山先生年谱序》，张夏：《宋杨文靖公龟山先生年谱》，《北京图书馆藏珍本年谱丛刊》第 21 册，北京图书馆出版社，1999 年。

（一）杨时一传：喻樗

喻樗（？—1180）字子才，号湍石，祖籍南昌，南宋建炎二年（1128）进士。北宋未亡时他居开封祥符，南渡徙居严州桐庐，后定居无锡，明《无锡县志》载：“始居东京开封之祥符，从高宗南渡徙居严之桐庐，后至无锡，遂定居焉。”[14]喻樗为人正直，并善于鉴别人才。历任秘书省正字、舒州怀宁知县，衡州通判、大宗正丞、工部员外郎、浙东常平提举等，并以任上治理成绩为人称道。喻樗很小就仰慕二程的伊洛之学，后拜南传伊洛之学的杨时为师，明《景定严州续志》载：“（喻樗）尝受业龟山”[15]在经典上喻樗凸显“四书”，著有《易义》、《四书性理窟》、《中庸、大学、论语解》等。在思想上，喻樗指出儒家经典所讲的圣人之道不外乎人伦日用，（“六经”数万言）“不出乎‘君臣、父子、夫妇、长幼、朋友’而已”[16]，并指出仕即学、学即仕，突出儒家内圣与外王一体，所谓：“‘有民人焉，有社稷焉，何必读书然后为学’，非仕而优则学乎？……‘孝乎惟孝，友于兄弟，施于有政，是亦为政’，非学而优则仕乎？”[17]另外，还强调诚意和公正，他说“启沃之际，当使诚意多而语言少。”[18]“《春秋》无褒贬。圣人只如一面镜相似，是非善恶，各因其实。”[19]清人陈鼎认为，喻樗从学杨时传承了二程“诚”的道学，

14　无名氏：《事物第三》，《无锡县志》卷三上。
15　方仁荣、郑瑶同：《学校》，《景定严州续志》卷三。
16　黄宗羲等：《龟山学案》，《宋元学案》卷二十五。
17　黄宗羲等：《龟山学案》，《宋元学案》卷二十五。
18　黄宗羲等：《龟山学案》，《宋元学案》卷二十五。
19　黄宗羲等：《龟山学案》，《宋元学案》卷二十五。

其言“当使诚意多而语言少”即是，并认为“诚”为其学问之宗旨，所谓“然则先生之学，其致君者在是，其教人以事君者亦即在是乎？[20]喻樗始终持守杨时道学传承二程洛学颉颃荆公新学的立场。

（二）杨时再传：尤袤

尤袤（1127—1202）字延之，号遂初居士，南宋时无锡人，绍兴十八年（1148）进士。与杨万里、范成大、陆游并为“中兴四大诗人”，也是目录学家，编有《遂初堂书目》。历任泰兴令、江东提举常平、礼部尚书兼侍读等。尤袤是杨时的二传弟子，传承了杨时南传的伊洛道学，明《无锡县志》记载：“（尤袤）尝从玉泉喻樗游，樗龟山先生高弟也，樗以所得龟山之学授之，由是学益进。”[21]尤袤在道统上他维护伊洛道学，并利用在皇帝身边任职机会澄清来自反对者荆公后学的非议，首先高扬道学是尧舜禹、汤、武圣王之道和周公孔孟的仁义礼乐之教，他说“尧、舜所以帝，禹、汤、武所以王，周公、孔、孟所以设教。”[22]并从整体性概括了道学的特质：临财不苟得（廉介）、安贫守分（恬退）、择言顾行（践履）、行己有耻（名节），进而批驳反对这样一种学说的不可取，他说“此名一立，贤人君子欲自见于世，一举足且入其中，俱无得免。此岂盛世所宜有？”[23]

20 陈鼎：《喻樗传》，《东林列传》卷一。
21 无名氏：《事物第三》，《无锡县志》卷三上。
22 黄宗羲等：《龟山学案》，《宋元学案》卷二十五。
23 黄宗羲等：《龟山学案》，《宋元学案》卷二十五。

（三）杨时三传：李祥、蒋重珍

李祥（生卒年不详）字符德，南宋时无锡人，隆兴元年（1163）进士，历任钱塘县主簿、濠州录事参军、淮东常平茶盐提举、淮西运判、国子司业、正少卿、国子祭酒、除直龙图阁、湖南运副等，庆元党争道学遭禁在伪党五十九人之列。他为人敢于直言，勤政为民，心怀社稷，维护道学抗争荆公后学。如清人陈鼎言："（李祥）所学大公至正，故能以公心发公论，而动一时也。"[24]他曾大胆上疏为丞相赵汝愚以言去国辨诬和请求解禁道学，陈鼎大赞："汝愚之诬赖以明，道学之禁赖以解，而衰宋为之一振，所系岂小哉？"[25]

蒋重珍（1188—1249）字良贵，南宋时无锡人，嘉定十六年（1223）进士第一，是无锡历史上第一个状元。历任建康军签判、昭庆军签判、秘书郎、崇政殿说书、安吉知州、刑部侍郎等。蒋重珍小时候从学尤袤，《江南通志》载："少从尤袤学"[26]，接受道学学习。在道学思想上，一是主张当知本心（平天下、恤百姓）、外物（权位财富）之界限，所谓："界限明，则知有天下治乱而已，何乐其尊；知有生民休戚而已，何乐其奉。"[27]二是强调破私恩，也就是要公正。他说："尽破恩私，求无愧于己。傥以富贵之私视之，一言一动，不忘其私，……"[28]三是通过七条箴言强调以正己修身为

---

24 陈鼎：《李祥传》，《东林列传》卷一。

25 陈鼎：《李祥传》，《东林列传》卷一。

26 黄之隽、赵弘恩：《宦绩·常州府》，《江南通志》卷一百四十二。

27 托克托等：《宋史》卷四百十一。

28 托克托等：《宋史》卷四百十一。

根本的内圣外王之道，即：明心、反身、齐家、遇大臣、处戚属、防私谒、正百官。[29] 清人陈鼎高度赞扬蒋重珍“本心外物之辨”说：“其导君于正者不已至欤？先生可谓不负所学者矣。”[30] 即认为其持守道学内圣外王一贯宗旨。

值得注意的是，尽管杨时在毗陵地区有着道南的传人，但在道学学说传播和发扬光大上，显然和胡寅、胡宏、罗从彦这样的学者无法相比，经过他们或后学的努力，形成了湖湘学和朱子学这样人物众多、学术和政治地位影响广大的学派，毗陵地区则相对影响有限。正是这一原因，在宋元和明代前期的很长一段时间，道南的毗陵传人很少被人提及，仅仅在无锡或常州的地方志中偶尔出现。道南的毗陵支脉淹没中湖湘学和朱子学的道南学统叙事中。

三、道南东林五贤：东林学派的学统回溯

学统“明学之源流派别”（高裔《学统·序》），关乎“吾道之正宗”“斯文之真谛”（熊赐履《学统·自序》）。构建学统把自己学术纳入一个被广泛承认的道统谱系，凸显其正统地位，以期得到更好的认同和接受。从邵宝发轫，至明万历、天启（1573—1627）前后以顾宪成、高攀龙为中心的一批儒者围绕复建的东林书院开展学术活动，正式形成明末甚有影响的东林学派，正是在这一进程中，杨时、喻樗、尤袤、李祥、蒋重珍的学脉得到回溯并逐步得以凸显。

---

29 参见托克托等：《宋史》卷三十二。

30 陈鼎：《蒋重珍传》，《东林列传》卷一。

（一）邵宝：接续道南，启东林先声

东林学派前驱邵宝（1460—1527）倡道南五贤谱系启道南毗陵支脉回溯的先声。

杨、喻、尤、李、蒋的五贤谱系是邵宝承袭前贤而来。五贤谱系最初由元代虞荐发厘定，接着元代尤栋《重建五先生祠堂记》和明代徐有贞《先贤祠记》详细从具体师承揭示了这一谱系的学统意味：二程继孟子，杨时受学二程，载道南传；一传喻樗，二传尤袤；李祥、蒋重珍私淑杨时、喻樗，明确了无锡县儒学学术源流及儒学正传地位，以此勉励后学继承先贤遗志。

邵宝少年时期便通过阅读尤栋、徐有贞的文章接受了这一谱系（有了五贤谱系，就自然会认为当时人物杂多的县学祠祀过于宽泛和杂乱），他自称“某少游于斯，读尤、徐之文，尝谓：是祠一失则泛，再失则杂”（《容春堂后集》卷二）。值得注意的是，邵宝对此谱系有了更深的学统自觉。一是明确指出儒学内部由低到高的科阶层次：自杨时求二程，进而孟子（圣人之道），突出杨时道南学在儒学中入门地位，他说“昔韩子称求观圣人之道者自孟子始，孟子后千余年而两程子继之，今之求道者不当自程子始乎？龟山传程子之道而南者也，其在无锡久至十有八年……。追惟其时，及门若私淑盖繁其人，而四君子者深矣。是祠是配，其将自龟山以求程子乎；其自程子以求圣人之道，亦将于是乎在。书曰：‘升高自下，陟遐自迩。’”（《容春堂后集》卷二）一是敏锐地提出了裁剪谱系的原则——精神宗旨是否与杨时相合，他说：“今考其人，莫不节具章成，而其道于龟山则有间矣。……。是故裁泛以义，昔之君

子远矣，今之君子为其杂也，而以名实立辩焉。”（邵宝《容春堂后集》卷二）

这一学统自觉也体现在邵宝几近一生的东林情结中。王阳明《东林书院记》载邵宝还是举子时就“讲诵于其间”（《王阳明全集》，卷二十三），接续杨时道南之学。后宦海奔波仍不忘嘱咐门人重振东林，所谓“东林寺里旧书堂，三十年来野草荒。百啭未忘初鸟韵，一株犹剩晚柑香。……寄语云生为磨石，客中新记已成章。”（《忆东林精舍寄示华生云》）正德年间书院又得以修复，书院有讲学的精舍，还有祠祀杨时的五贤祠，所谓“在城南别建东林书院，祀龟山及诸贤于内”（陈鼎《东林列传·凡例》）“构精舍仍名曰‘东林’，讲学其间…………建五贤祠于学之东祀杨龟山，以喻樗、尤袤、李祥、蒋重珍配祀。”（陈鼎《东林列传·邵宝传》）显而易见，邵宝明确以道南五贤学统来厘清东林书院杨、喻、尤、李、蒋的学术源流，凸显东林书院道南之传的地位和程子接续的儒家圣人之道宗旨，开启了东林书院学统构建的先声。

（二）顾宪成和高攀龙：明确道南东林学统，形塑东林道学

东林学派创始人顾宪成道南八儒谱系、高攀龙道南九儒谱系奠定道南东林学统根基。顾宪成、高攀龙万历甲辰（1604）于杨时东林讲学废址（主张顾地址不是邵宝，认为是同一地址）继承杨时道南学统重修书院并建道南祠，由五贤又增祀宋人罗从彦、胡珵，并“以宝（邵宝）从祀焉”（《东林列传·邵宝传》），即“主以龟山先生，配以罗、胡、喻、尤、李、蒋、邵七先生。”（《高子遗书·与林平华父母二》卷八）

中晚明政治腐败和社会危机不断累积，阳明学大盛尤其是阳明后末流谈空说玄、引儒入释，使得其已无法有效发挥治国济世的实学价值。有鉴于此，以顾宪成、高攀龙为代表的有识之士奋之而起重建东林书院讲学清议，矫正王学末流，效法杨时、尊崇程朱并有新的突破，将儒学经世致用实学面向发展到一个新高度，是为东林学派。东林学派人才之众、影响之大，代表着近现代以前无锡学术的鼎盛，为无锡学术的最兴盛阶段。

顾宪成（1550—1612）字叔时，别号泾阳，明代无锡人，自小聪明好学，曾师从张淇和薛方山，学宗程朱，阳明学亦精。明神宗万历八年（1580）进士，万历二十二年（1594）因“忤旨”被革职还乡，其后居家著述讲学，着有《还经录》《质疑编》《证性论》《小心斋劄记》《桑梓录》《朱子节要序》等。顾宪成主张学术本旨当“与世为体”，在他看来，为官念头不在君王朝廷和天下百姓，林泉讲论性命德义念头不在人间世道，“即有他美，君子不齿也”[31]。因此东林君子清议直指当下时政“多裁量人物，訾议国政”[32]，以图力救晚明政治治理之弊，表现出矫正“空谈心性”阳明学末流的倾向。在其学术思想上也体现着宗程朱正王学的特点。他自我概括其自己的学术说：“语本体，只是性善二字；语工夫，只是小心二字。”[33]从本体论上来说，其首先在天道论上为凸显程朱性善论立下根基。他接受朱熹《太极图说》的诠释，主张太极即理，批判

31 黄宗羲等：《东林学案一》，《明儒学案》卷五十八。

32 黄宗羲等：《东林学案一》，《明儒学案》卷五十八。

33 黄宗羲等：《东林学案一》，《明儒学案》卷五十八。

诸子百家对“性，太极也”[34]，只看到二五之气的一面，在他看来应该是理（无极）和气（二五）的统一，他就孟子论性命的阐释说“‘性也，有命焉’，……，以为舍无极没处寻二五也；‘命也，有性焉’，……，以为舍二五没处讨无极也。”[35]再从心性论上对王学作了诸多矫正，指出人心无主而活为天下至险，所以他凸显性善来管束这个心：“性原无一毫之恶，故曰至善。”[36]“只提出性字作主，这心便有管束。”[37]由此以程朱的性善论反驳王学“无善无恶”论：“不知（阳明先生）晚来何故却主‘无善无恶’。”[38]基于对人性的这样理解，其在功夫论上反对“不学不虑”、“不思不勉”而强调后天的学和虑，好古敏求，悟由修入下学而上达，悟与行统一。顾宪成始开针砭空谈心性、主张经世致用东林学风，于中晚明思想界重要影响，也为无锡地区明清时期涌现大量士人和经世致用人才奠定良好的基础，刘宗周就“东林学派”称谓说“先臣顾宪成倡导于其乡以淑四方之学者也。从之游之者，多不乏气节耿介之士。”[39]

高攀龙（1562—1626）字云从，号景逸，明代无锡人，万历十七年（1589）进士。他曾自述二十五岁时因受顾宪成的影响始志于学，致力于研习程朱伊洛之学，后与顾宪成一道倡治国济世之实学，抨击王学末流，著有《朱子节要》《张子正蒙注》《周易孔义》、

34 黄宗羲等:《东林学案一》,《明儒学案》卷五十八。
35 黄宗羲等:《东林学案一》,《明儒学案》卷五十八。
36 黄宗羲等:《东林学案一》,《明儒学案》卷五十八。
37 黄宗羲等:《东林学案一》,《明儒学案》卷五十八。
38 黄宗羲等:《东林学案一》,《明儒学案》卷五十八。
39 刘宗周《刘蕺山集》卷一,《景印文渊阁四库全书》集部二三二，台湾商务印书馆，1983年，第315页。

《毛诗集注》、《春秋集注》、《古本大学》《四子要书》《困学记》《东林讲义札记》等。万历四十年（1612）顾宪成辞世后，高攀龙独肩其责主持东林书院达八九年之久，为培养人才引领一代学风作了大量工作。天启六年（1625）因魏忠贤党羽迫害，自度不免而自杀。高攀龙学术思想上强调儒家之学为百姓伦常日用和治国平天下的经世之学。在理论上承接程朱太极、理、气言心性的路向，批判了阳明学的“无善无恶”说。他认为“太极者，理之极至处也。”[40] 并指出天理是人性的根据，所谓“天理也，天然自有之理，人之所以为性，……”[41] 而性和心得关系是“性形而上者也，心与气形而下者也”[42]，即性是形而上的天理，心与气形而下的。由此认为阳明“无善无恶心之体”是“以善为意”落在形而下的层面，是不明善。[43] 在功夫论上，针对阳明致良知于物和正心为格物的说法，提出穷理（求理）而心物为一，因而强调“学由格物入”、“以穷理为先”和“修悟并重”。

除顾、高外，“东林八君子”中顾允成（顾宪成之弟）、叶茂才、安希范也是无锡人。

无锡人顾允成（1554—1607）字季时，号泾凡，与兄从游薛方山，学宗程朱，万历十四年（1586）进士。后历任南康府教授、保定府教授、国子监博士、礼部主事等，后忤旨被贬不官而请辞归家，后顾宪成也革职还家，遂与兄长重修东林书院悉心讲学，有

---

40 黄宗羲等：《东林学案一》，《明儒学案》卷五十八。

41 黄宗羲等：《东林学案一》，《明儒学案》卷五十八。

42 黄宗羲等：《东林学案一》，《明儒学案》卷五十八。

43 参见黄宗羲等：《东林学案一》，《明儒学案》卷五十八。

《小辨斋偶存》八卷。他平生最痛恨“乡愿道学”，强调真节义，认为“真节义”是义理，“假节义”是血气，“血气之怒不可有，义理之怒不可无。”[44]批判无善无恶之说的问题在“始也等善于恶，究也且混恶于善”[45]。《明史》赞其“性耿介，厉名节。”叶茂才（1558—1629），字参之，号闲适，万历十七年进士，其为人德醇，晰理论事“终不肯作一违心语”[46]。

结语

东林学派受杨时及其毗陵先贤的精神感召，以治国济世实学意涵以图矫正王学空虚之偏，启明清实学思潮之端。亡国切肤之痛，使得检讨明季兴亡得失寻求现实治道不济的出路成为明清易代之际实学思潮的主要动向，这一治国济世实学无论经历怎样的改朝换代和战乱动荡，一直绵延在无锡和苏州常州地区的百姓生活，不绝如缕。

---

44 黄宗羲等:《东林学案三》,《明儒学案》卷五十八。

45 黄宗羲等:《东林学案三》,《明儒学案》卷五十八。

46 黄宗羲等:《东林学案三》,《明儒学案》卷五十八。

东林学派与明清之际哲学转向

陈畅（同济大学人文学院）

关于明清之际“自性理转向经史”的学术转向，学术界的诠释存在诸多分歧。依研究者的总结，相关研究大致有四种类型：一是梁启超、胡适的“理学反动”说，二是钱穆、余英时的“每转益进”和“内在理路”说，三是侯外庐、萧萐父的“早期启蒙”说，四是现代新儒家的“清学为理学之余绪”说。[1]其中，钱、余师徒的“内在理路”说回归思想自身源流，具有更好的解释力。本文以晚明东林学派为例探讨明清之际哲学转向，主要是受到钱穆观点的启发。例如，梁启超和钱穆先后写了两部同名著作《中国近三百年学术史》，梁启超认为这种转向是对宋明理学“主观的冥想”的厌倦和反动；钱穆则从学术变迁与社会历史发展结合的角度，指出理学与清代汉学是一个整体，其间存在着“如绳秩然，自有条贯”的内在关联。有趣的是，梁启超认为晚明最后二三十年间出现的诸种“理学反动”现象孕育了清代学术，并指责黄宗羲的《明儒学案》

---

1 参见吴根友、孙邦金等:《戴震、乾嘉学术与中国文化》(上册)，福建教育出版社，2015年，第1页；黄燕强:《“理学反动”说与清代学术思想研究》,《学习与实践》2019年第11期，第122—134页。

完全没有展现其中的消息。钱穆则以《明儒学案·东林学案》为基础，论证“清初学风尽出东林”，明确指出东林学派的虚实之辨与本体工夫之辨正是清初学术新趋势的开端。[2] 梁启超的“理学反动”说过于外在，不足以涵括与诠释明清学术中的诸多复杂细节；而钱穆将东林学派视作承前启后的枢纽，由此提出明清之际学术转向的诠释，更好地展现了明清思想发展的内在逻辑。概言之，钱穆有两个重要的洞见：一是指出东林学派思想在明清之际学术转向研究上具有重要的意义；二是指出黄宗羲《明儒学案》对明清之际学术转向问题有清晰的论述，绝非毫不涉及。

然而，钱穆的研究主要是基于学风描述和观点的对比，进而勾勒出东林学派与清初学风之间的关联；我们有必要在哲学视野中进一步推进其思路。因为宋明理学的内核是心性论形上学，仅仅从学风的关联来说明学术转向是不够的；必须从“学术转向”进入到“哲学转向”的视野，亦即从理学义理核心——理气论、心性论、工夫论的角度揭示转向的内在机制，才是最为根本的诠释，才能更好地挖掘“内在理路”范式的思想潜力。职是之故，本文将借助黄宗羲在《明儒学案·东林学案》中的指引，进一步揭示东林学派的哲学成就及其蕴涵的明清之际哲学转向内在机制。

一、未发工夫：虚实之辨

本文讨论的东林学派，是黄宗羲在《明儒学案·东林学案》中

2 参见梁启超：《中国近三百年学术史》，东方出版社，2004 年，第 1—11 页；钱穆：《中国近三百年学术史》（上册），商务印书馆，1997 年，第 9—22 页。

提出的以顾宪成、高攀龙、孙慎行为核心的哲学学派；区别于作为晚明政治派系的东林党。黄宗羲以其深刻的思想史洞察力，指出"是故东林之学，泾阳（按：顾宪成）导其源，景逸（按：高攀龙）始入细，至先生（按：孙慎行）而集其成矣"。[3]黄宗羲的观点具有丰富的思想蕴涵，极富启发意义。下文将沿着黄宗羲的指引，系统探讨东林学派的哲学贡献。

如前所述，从学术思想史的层面观察，东林学派重视工夫实践、由虚（虚灵知觉）返实（实知实践）的风格与清初学风存在内在关联。若要详尽考察明清之际"自性理转向经史"的哲学转向何以可能，还需要深入到东林学派工夫论的内核。质言之，东林学派的工夫论是江右王门未发工夫的延续和发展，并且作出了极富创造性的推进。何谓江右王门未发工夫？这要从阳明良知教谈起。阳明论良知称："盖良知只是一个天理自然明觉发见处，只是一个真诚恻怛，便是他本体。"[4]这句话很好地表现了阳明"心即理""心外无理"命题的义理基础。自然明觉是指本心良知之虚灵不昧，原本不能用来形容天理。牟宗三精辟地指出，阳明所说的天理不是外在的抽象之理，而是由真诚恻怛之心自然地呈现；因此良知明觉可以关联着"天理"、关联着"行"说。阳明著名的"知行合一"命题就是这个思维的产物：行动得明觉精察而不盲爽发狂，意味着明觉之知就在"行"之中。在这一意义上，良知之知不是对客观外在之

3　黄宗羲：《明儒学案・东林学案二》，《黄宗羲全集》第8册，浙江古籍出版社，2005年，第814页。

4　王守仁：《传习录中・答聂文蔚二》，《王阳明全集》第1册，上海古籍出版社，2014年，第95页。

理的认知，而是内在地、自主地决定一个应当如何行事之原则（天理）。良知明觉的对象不是外在的理，而是它自身所决定、所呈现的理。[5]总之，良知之发见流行处自然契合于事物自身秩序（天然自有之中），具有绝对自由、当下具足的内涵。这两个内涵在阳明的未发已发说和无善无恶论中得到充分的说明。阳明认为："未发在已发之中，而已发之中未尝别有未发者在；已发在未发之中，而未发之中未尝别有已发者存。"[6]事实上，阳明的未发已发说是围绕良知而立论，并非严格按照《中庸》文本针对喜怒哀乐而言。其理论效应是否定了任何先验的、高于良知心体之上的存在，确保了良知"决定"事理的充分权限。良知这种绝对自由、不受拘束的特质，意味着将任何既成的标准都"虚无"化了。因为良知必须保持无是无非、自在无碍的存在状态，方能发真是真非、知善知恶；这也就是四句教首句"无善无恶心之体"的内容[7]。然而，人心无所拘束的必然后果就是追求人心之现成（良知当下具足）、情意的自然发散；阳明学者一旦过于强调现成良知，就容易令良知教陷于放荡无耻的危险。针对阳明良知教的可能流弊，江右王门聂豹认识到理论源头就在于阳明"未发即已发"说。聂豹提出的解决方案是重新将良知分拆为已发与未发，"心"由此被区分为类似于朱子学心统性情结构的二重构造：未发之中和感发之用。[8]在江右王门看来，"未发已发一体化"的良知只是在已发、用的层面，其"知"自然

5　参见牟宗三：《从陆象山到刘蕺山》，《牟宗三先生全集》第8册，联经出版公司，2003年，第180—181页。

6　王守仁：《传习录中·答陆原静书》，《王阳明全集》第1册，第72页。

7　王守仁：《传习录下》，《王阳明全集》第1册，第133页。

8　聂豹：《答王龙溪》，《聂豹集》卷十一，凤凰出版社，2007年版，第401页。

没有达到“良”的境地；真正的致良知工夫是未发工夫：“工夫在致中，而和即应之”[9]。

聂豹提出救正方案时，良知现成说和无善无恶论尚未引发严重的社会问题；而晚明时代的东林学派则是在其已经造成严重的社会政治问题、“孟子以后之变局”[10]的状况下寻求解决方案。晚明大儒刘宗周指出：“无善无恶，语虽双提，而意实寄于无善。”[11]这是因为良知学、“无善无恶”论鼓励主体从既成的价值观中解放出来，追求无拘无束的自我，容易走向片面否定社会道德，甚至“恁是天崩地陷，他也不管”[12]。这种把探究性命之学与社会伦理、经世致用对立起来的道德观，造成了儒家伦理与政治危机。东林学派以解决这一危机为职志，其解决途径是沿着江右王门未发工夫所开辟的方向推进。概言之，东林学派的未发工夫建构分为三个步骤：

第一，由顾宪成确立东林学派未发工夫的基调。当学生问及如何评价江右王门的未发工夫，顾宪成认为这是江右王门恐人执用而忘体，故而特地拈出未发工夫以救治。顾宪成强调阳明良知学说是即体即用、体用兼顾的全面论述；阳明并没有遗忘“未发之中”，无善无恶论是阳明在《大学》致知论域中讲良知学的弊病。[13]这也说明，虽然东林学派强烈批评阳明无善无恶论，但他们对于阳明良

9 黄宗羲：《明儒学案·江右王门学案二》，《黄宗羲全集》第7册，第413页。

10 顾宪成：《东林会约》，收入《顾端文公遗书》，《四库全书存目丛书》子部第14册，齐鲁书社，1996年，第362页。

11 刘宗周：《会录》，《刘宗周全集》第2册，“中研院”中国文哲研究所，1997年，第643页。

12 黄宗羲：《明儒学案·东林学案三》，《黄宗羲全集》第8册，第838页。

13 参见顾宪成：《小心斋劄记》卷十八，《顾端文公遗书》，《四库全书存目丛书》子部第14册，第354页。

知学说是基本认同的；其目标是建立一个新理论体系保留良知学说积极意义的同时祛除流弊。

第二，由高攀龙作出细致的理论辨析，奠定了东林学派未发工夫的基本格局。如前所述，在阳明那里，良知发见流行的秩序就是物的秩序；在这一意义上，致良知即格物，不再有独立的格物工夫。但是，良知之创造性与一心之滑落，只是一线之隔。由此不可避免会出现无视客观事物秩序，一切以虚灵知觉为事的流弊。高攀龙主张格物说“以善为宗，不以知为宗”[14]，就是要将格物重新树立为具有独立意义的工夫，以具有客观意义的善为格物工夫内核。高攀龙实现这一目标的方式是回归《中庸》未发之旨。他认为阳明的未发已发说是针对“心之生机流行不息”（良知）立论，并非《中庸》本旨；按《中庸》文本，未发已发都是指“喜怒哀乐”而言：“夫人岂有终日喜怒哀乐者？盖未发之时为多……未发一语，实圣门指示见性之诀。静坐观未发气象，又程门指示初学者摄情归性之诀。”[15]未发已发说自宋代以来备受理学家重视，然而大多数相关论述都是针对思、知觉来谈论未发已发；而非依照《中庸》文本针对“喜怒哀乐”来说。不过高攀龙的意图并非纠正宋儒，而是以日常喜怒哀乐情绪显而易见的未发与已发阶段划分，来批驳阳明的未发已发一体化论述。因此，高攀龙所说的《中庸》未发之旨，大致上是朱子诠释的工夫论范式。朱子的《中庸》诠释将戒慎恐惧与慎

---

14 高攀龙：《答王仪寰二守》，《高子遗书》卷八上，《景印文渊阁四库全书》第 1292 册，台湾商务印书馆，1986 年，第 499 页。

15 参见高攀龙：《未发说》，《高子遗书》卷三，《景印文渊阁四库全书》第 1292 册，第 364 页。

独确立为两种工夫，前者存天理之本然，后者遏人欲于将萌；其实质是在人心中树立客观规范意识，对“心”的种种活动作出检查。这种规范意识是作为工夫前提的先导意识：有此前提，方能将人心生机与人欲区别开来，方能摆脱繁杂事项的牵引以把握先机。高攀龙回到朱子工夫论范式的目的，正是树立起“性”的工夫论先导意识，以限制“心”“情”的自由发散，此即“摄情归性之诀”。与此同时，高攀龙着重弱化了工夫论规范意识的外在强制性。而这种弱化，是基于其对“静坐观未发气象”新解的理论效果。高攀龙的新解表现为一体两面的两个基本原则：一是主静（体认），二是循理（格物，各还其则）。他把静观未发工夫称为体认之法，按冈田武彦的解释，这是令未发之体自我判明、令心体积极活动的工夫。[16]而格物工夫则是主静工夫的另一面，高攀龙认为“默坐之时，此心澄然无事，乃所谓天理也”[17]。因为天理是人人本有，人欲是后来添加上去；减去一分人欲，就是复得一分天理。格物的工夫就是把人欲减至于无，天理善性自然恢复；由此便实现物还其则，物各付物。显然，这两个原则近于阳明良知学中的“心体之自然开展”以及“为善去恶”工夫，亦难怪黄宗羲会认为“深有助乎阳明致良知之说”[18]。

第三，孙慎行在高攀龙的基础上对未发工夫作出全面改造，在保持其基本格局的同时解决其内在困境。高攀龙未发工夫的问题在于，无法将“性体”的工夫论先导意识与“心体”的自然开展融合

16 冈田武彦：《王阳明与明末儒学》，上海古籍出版社，2000年，第382页。

17 高攀龙：《语》，《高子遗书》卷一，《景印文渊阁四库全书》第1292册，第337页。

18 黄宗羲：《明儒学案·东林学案一》，《黄宗羲全集》第8册，第759页。

一体。因为在阳明心学的视野中，心体的自然开展不需要超越心体的先导意识作为工夫论前提。黄宗羲评价江右王门的理论困境时指出，“双江、念庵举未发以救其弊，……然终不免头上安头”[19]，高攀龙面临与江右王门一样的难题。孙慎行沿着高攀龙未发已发说的思路，作出了极富创造性的诠释：

> 夫人日用间，岂必皆喜怒皆哀乐？即发之时少，未发之时多。……今无论日用间，即终日默坐清明，无一端之倚着、有万端之筹度，亦便不可谓之发也。但所谓未发者，从喜怒哀乐看，方有未发。夫天地寥廓，万物众多，所以感通其间而妙鼓舞之神者，惟喜怒哀乐。[20]

这篇文字要与前引高攀龙《未发说》对照解读。孙慎行、高攀龙两人对于必须回到《中庸》文本，紧扣喜怒哀乐谈论未发已发的观点，完全一致。两人不同的地方在于，高攀龙反对阳明以心之生机谈论未发已发，而孙慎行则将喜怒哀乐诠释为贯通天地万物的生生之机。正是这个小小的诠释变动，产生了巨大的理论效应。首先，人作为天地万物中的一分子，喜怒哀乐就是贯通于未发已发之间、无片刻不存的生机本身，其未发已发之间的关系是一体而有分。未发时多，已发时少；未发是生机潜藏，已发是生机开展出的无穷景象。这种关系将阳明学的一体化模式和朱子学的体立而用自

19 黄宗羲：《明儒学案·江右王门学案五》，《黄宗羲全集》第7册，第539—540页。
20 孙慎行：《困思抄·未发解》，《四库禁毁书丛刊》集部第123册，北京出版社，2000年，第353页。

行模式完美地融合在一起。其次，围绕贯通天地万物的生机谈论，未发已发便具有宇宙论意义，而非局限于虚灵知觉为事。再次，喜怒哀乐是人的情感，同时也是生机本身；由此便成为即情即性的存在。而喜怒哀乐的自然开展，则表现为在日常的学问思辨行之中。孙慎行指出："《中庸》工夫，只学问思辨行……君子戒惧慎独，惟恐学问少有差迟，便于心体大有缺失。"[21] 学问思辨行中的默坐清明、万端筹度、格穷物理，即此便是未发工夫。在这一意义上，主静与循理便彻底融合为一个工夫。综上可知，孙慎行的创造性诠释既解决了从江右王门到顾宪成、高攀龙的理论困境，也将未发工夫彻底落实为实知实践之学。

二、性体："反求之中"与"扩充之端"之辨

宋明理学的本体与工夫密不可分；而阳明心学更是以良知心体笼罩一切，即本体即工夫，没有脱离本体的工夫，也没有脱离工夫的本体。东林学派未发工夫对虚实之辨的推进，反映在本体论层面，则是"反求之中"与"扩充之端"之辨。事实上，正是东林学派三位代表人物对未发工夫的推进，逐渐开展出一种新型的形上学，由此表现出从强调"反求"到强调"扩充"的转变。

宋明理学形上学探讨事物之间普遍存在的内在关联，而这种探讨亦是对于成德之学与政教秩序的奠基。顾宪成批评无善无恶论称："无善无恶四字就上面做将去，便是耽虚守寂的学问，弄成一

21 孙慎行：《慎独义·博学》,《四库禁毁书丛刊》集部第 123 册，第 417 页。

个空局，释氏以之；从下面做将去，便是同流合污的学问，弄成一个顽局，乡愿以之。”[22] 无善无恶论的弊端是造成空局和顽局，亦即或扫除、或混同善恶伦理标准，对人伦秩序和晚明政局构成严重的冲击。从形上学的角度看，这是内在结构的局限或形上学的不当应用遮蔽了人类精神对于事物间真实关联的认知，进而对人类共同体造成破坏。故而有必要回到各家形上学体系内部作出考察。

质言之，阳明心学视野中万物内在联系，是情感的关联一体；正是这种真实的情感关联，开显万物并育而不相害、道并行而不相悖的一体性。阳明把这种关联称为感应之几，亦即良知。致良知的目标是将这种真诚恻怛之情扩充出去，建构万物一体的公共社会，令万事万物各得其所、各遂其性。这种政教思路建立在良知灵明的基础上，由作为感应之几的良知激发人物之间内在联系和活力。然而，良知生发于个体心层面，无所拘束（无善无恶）的个体心当下呈现的未必是良知，可能是情欲恣肆，也可能是脱离现实基础的虚幻价值。正是这种形上学特质导致无善无恶论容易造成空局和顽局流弊。东林学派顾宪成的对治方案，是将朱子学性善论引入并改造良知教。顾宪成认为朱子学性即理学说“以无不同者为性”，亦即以天地万物公共之理为性。[23] 其意在以人所公共的性理为基础统合不同的个体。然而，正如顾宪成自己所指出，强调公共之理的朱子学存在拘执流弊，阳明学则有荡越流弊；他的选择是“与其荡也，

22 顾宪成：《证性编·罪言上》，《顾端文公遗书》，《四库全书存目丛书》子部第 14 册，第 445 页。

23 顾宪成：《小心斋劄记》卷十六，《顾端文公遗书》，《四库全书存目丛书》子部第 14 册，第 347 页。

宁拘”[24]。但是他面临的问题是，在社会急剧变化的时代，个体如何能信服拘执之理，进而建构富有活力的共同体？不从情感入手，一味强调公共之理，会导致什么状况？晚明大儒黄道周对此有洞见："甚哉！理之难明也。……上下交争理而欲乃乘之，不夺理不止。……非圣人则未之能明也。"[25] 当不同的利益主体以理相争，将加剧欲望的冲突，从而导致理欲夹杂，失去是非标准。这也说明，如果说无善无恶论的流弊在于无法从根源上调节人与人之间的正确关系，造成空局与顽局；拘执之性理在这一问题上同样也无法恰当调节。事实上，从形上学的角度看，当性理流为僵化拘执的观念，解决的途径在于改造心性结构，缩小性与情、形而上与形而下之间的差距。这正是高攀龙的形上学思路。

高攀龙主张"心性非一非二，只在毫芒眇忽间"[26]，在其对寂感问题的论述中最能体现这种特殊的心性结构。高攀龙称：

> 天下岂有心外之物哉？当其寂也，心为在物之理，义之藏于无朕也；当其感也，心为处物之义，理之呈于各当也。心为在物之理，故万象森罗，心皆与物为体；心为处物之义，故一灵变化，物皆与心为用。[27]

24　顾宪成：《小心斋劄记》卷三，《顾端文公遗书》，《四库全书存目丛书》子部第 14 册，第 266 页。

25　黄道周：《人主之学以明理为先论》，《黄道周集》，中华书局，2018 年，第 574 页。

26　高攀龙：《复钱渐菴二》，《高子遗书》卷八上，《景印文渊阁四库全书》第 1292 册，第 489 页。

27　高攀龙：《理义说》，《高子遗书》卷三，《景印文渊阁四库全书》第 1292 册，第 366 页。

寂感问题是宋明理学本体工夫论的核心议题之一。“寂感”源自《周易·系辞上》:“易无思也，无为也。寂然不动，感而遂通天下之故。非天下之至神，其孰能与于此。”寂然是无声无臭、寂静肃然之意，在此处是对于形上本体自然而然状态的描述。天下无心外之物，是因为物在心之寂感状态中确立其存在。高攀龙说的“当其寂，心为在物之理”云云，是指在寂然的本体状态，心与物内在关联、各各自在，以纯粹天理的一体状态存在，没有掺杂人欲干扰，寂即天。“当其感也，心为处物之义”云云，则是指在人与万物互相感应的状态，心主乎物，以义应物而人物各得其所，物各付物。这种论述方式通过对心之寂然状态的诠释，在“心”上确立天理（性）的本体地位。但是其确立的方式是通过工夫的中介，而非本体论上的心性合一。高攀龙认为，只有在工夫的意义上才能说“理者，心也”：未穷之心，不可谓理；未穷之理，不可谓心。这是因为高攀龙对于格物工夫有其独特的理解：格物是在心上做减法。在他看来，善和性是人生而静，不可言说、不可执为一物；人欲是在人有知识以后添加出来的，非其本然。这种人生而静的“性”和“善”，就是物则。而格物工夫是把后天添加来的人欲减之又减，最后到减无可减；人心湛然无一物时，就是天理。[28]虽然高攀龙只是在工夫论的意义上将心与性（理）合一，但是由于其将格物工夫诠释为在心上做减法，由此产生了类似于陈白沙心学的效果。在白沙那里，寂感一如是万物各有其性而又相通一体的状

28 高攀龙:《为善说》《复念台二》,《高子遗书》卷三、卷八上,《景印文渊阁四库全书》第1292册，第362、479页。

态，是宇宙大化生生不息、自然而然的存在样态。现实世界中的个体时刻处于束缚与桎梏之中，是由于个体私欲与造作导致。白沙主张以“觉”放下一切私欲与理智造作，打开封闭的自我，重新契入“寂”所代表的自然秩序。[29]对比可知，高攀龙的寂感论述在一定意义上回到了白沙所代表的明代心学致思进路：通过自我的觉醒，唤醒万物一体的感应机制。而这也就是高攀龙主张“悟”的理论根源。

在高攀龙之前，顾宪成也主张“悟”，其所谓的“悟”是朱子意义上的“悟”理之所以然。朱子对天理概念的界定是：“至于天下之物，则必各有所以然之故，与其所当然之则，所谓理也。”[30]这种定义既包括当下事物之变化的个别性之理，也包括超越个别性限定的根源之理、结构之理，天下万事万物因此而被纳入相互通达、彼此相与的贯通状态。[31]顾宪成把“下学而上达”解释为“下学”以识事之当然之则，“上达”以悟理之所以然；由此主张“重修所以重悟也，夫悟未有不由修而入者”[32]。这是顾宪成从朱子对天理的解释中得到启发，通过区分不同层次的理，解决“以理相争”的问题。高攀龙则称：“悟者，虚灵之偶彻，本体之暂现也。习心难忘，本真易

29 参见陈畅：《良知与恕道——心学伦理的内在张力及其克服》，《道德与文明》2019 年第 5 期，第 59—66 页。

30 朱熹：《大学或问上》，《四书或问》，上海古籍出版社、安徽古籍出版社，2001 年，第 8 页。

31 进一步的分析论证，参见陈畅：《理学道统的思想世界》导论、第一章，上海书店出版社，2017 年，第 1—57 页。

32 顾宪成：《虎林书院记》，《泾皋藏稿》卷十一，《景印文渊阁四库全书》第 1292 册，第 141 页。

昧，故非真修，不足以实真悟。”[33]高攀龙所说的悟，是真实自我穿透人欲遮蔽的“暂现”；其主张以真修实现真悟，唤醒万物一体的感应机制。与顾宪成相比，高攀龙这个思想方法更接近于心学。

《明儒学案・东林学案二》记载孙慎行之言曰：“儒者之道，不从悟入。君子终日学问思辨行，便是终日戒惧慎独，何得更有虚闲，求一漠然无心光景？”[34]这个观点与顾宪成、高攀龙主张的“顿悟渐修”形成鲜明的对比：顿悟是向内反求“中”，学问思辨行则是在事上扩充日新。与前文喜怒哀乐说的诠释变化一样，孙慎行的观点来自于对高攀龙寂感思想的一个策略性调整。在宋明理学中，寂感与涵养省察工夫论密切相关。例如在朱子学，寂然未发时存养其浑然之性，此为静存功夫；心已感发时省察微心之动，此为动察功夫。高攀龙的“体认之法”和做减法的格物工夫都是未发时静存工夫。孙慎行在高攀龙的基础上，将静存工夫与动察工夫彻底合一：作为纯粹天理状态的寂然，是在气质的开展过程（感）中的条理，寂感合一；由此，静存工夫表现为学问思辨行中的求理、循理，静存与动察工夫均统一于学问思辨行之中。正是这种诠释变动，结合孙慎行的喜怒哀乐说，产生了“反求”与“扩充”之辨。如前所述，孙慎行所说的喜怒哀乐是人心中的生意。他主张：“生意是性，生意默然流行便是气，生意显然成象便是质。”[35]人心与草木一样，其仁其根生意潜藏，后来的无穷景象都由此包含与开展。

---

33 高攀龙：《与刘云峤二》，《高子遗书》卷八上，《景印文渊阁四库全书》第 1292 册，第 490 页。

34 黄宗羲：《明儒学案・东林学案二》，《黄宗羲全集》第 8 册，第 812 页。

35 孙慎行：《困思抄・气质辨》，《四库全书存目丛书》经部第 162 册，第 20 页。按：前引《困思抄》版本中没有这条内容。

孙慎行把这个观点贯彻于四端之心的诠释：

> 孟子劈头说“人皆有不忍人之心”，欲人识心，故将恻隐之心指为仁之端；非仁在中，而恻隐之心反为端也。孟子又说“仁义礼智根于心”。若仁在中，而恻隐之心反为端，是应言心根于德，不应言德根于心也。……若仁在中，而恻隐之心反为端，是应言反求，不应言扩充也。[36]

“在中”与“端”之辨，源于朱子对“四端之心”的诠释：“心，统性情者也。端，绪也。因其情之发，而性之本然可得而见，犹有物在中而绪见于外也。”[37] 在中者，是内在完美的先天预成之性体。由此便产生了作为理学主流的向内返本—悟道之思想方向。孙慎行基于其性气合一思想，认为孟子性善论是将恻隐之心指为仁之端，这就引出向外扩充的工夫论；与理学主流的向内反求形成鲜明对比。“生意是性，生意默然流行便是气，生意显然成象便是质”的命题表明，心性的扩充是在历史人事中逐渐展现其性状，最后以最完备的条理形态显现。端绪形态与完备形态是同质的存在，可以通过经验及理性的方式认知。由此，孙慎行建构的形上学拆除了以往形上学中的“超经验性的证悟”向度，将向内返本的工夫改造为追求向外结合历史与人事之客观性。[38]

36　孙慎行：《困思抄·四端》，《四库全书存目丛书》经部第162册，第35—36页。

37　朱熹：《孟子集注》卷三，《四书章句集注》，中华书局，1983年，第238页。

38　更详尽的分析，参见陈畅：《明清之际哲学转向的气学视野——以黄宗羲〈明儒学案〉〈孟子师说〉为中心》，《现代哲学》2019年第5期，第153—160页。

三、哲学转向：东林学派新心学的源流及其意义

对于政治领域的东林党人，历史上或许有不同的评价和定位。但是，哲学领域的东林学派，毫无疑问是一个有着重要思想创见的成熟学派。由上文分析可知，东林学派顾宪成、高攀龙、孙慎行三人的思想是继承和推进关系，其间思想脉络一以贯之，从救正阳明后学流弊一步一步发展出新的形上学形态。笔者曾著文论述，孙慎行思想是新型的心学形态，并且对刘宗周、黄宗羲师徒的思想建构产生了重大影响；由此亦可说东林学派思想是一种新型的心学。[39]

近代以来的东林学派研究有几个特点：一是集中于顾宪成、高攀龙，较少涉及其余思想家；二是由顾、高思想出发，认定东林学术是兼采朱王、由王返朱的形态。例如钱穆、劳思光、冈田武彦等学界大家均持此论，认为东林学派是由王返朱的转折点，是程朱与陆王两支思想的调和者，或者说是经由王学的新朱子学。[40]与此构成显著反差的是清初朱子学者陆陇其的评价，陆氏认为东林学派仍然是阳明学的分支："高、顾之学，虽箴砭阳明多切中其病，至于

39　关于作为东林学术完成形态的孙慎行思想，及其对刘宗周、黄宗羲师徒的重大影响，参见陈畅：《自然与政教——刘宗周慎独哲学研究》第二章、第三章及附录，上海人民出版社，2016 年，第 81—131 页、第 345—357 页。陈畅：《明清之际哲学转向的气学视野——以黄宗羲〈明儒学案〉〈孟子师说〉为中心》，《现代哲学》2019 年第 5 期，第 153—160 页。

40　参见钱穆：《顾泾阳高景逸学述》，《中国学术思想史论丛》第 7 册，东大图书出版公司，1979 年，第 246 页。劳思光：《新编中国哲学史》三下，三民书局，2009 年，第 496 页；冈田武彦：《王阳明与明末儒学》，第 350 页。

本源之地仍不能出其范围。”[41] 日本学者沟口雄三也有近似的看法：东林学派虽然拥护朱子，但其理气一元、性之气质本然合一的主张对朱子学造成的破坏比阳明还要彻底。[42] 这种定位的分歧足以说明东林学术的复杂性。而黄宗羲所建构东林学脉的优胜之处就在于：能够融汇这种复杂性于一炉，揭示其中一以贯之的思想特质。质言之，清初朱子学者的批评以及近代以来的诸多研究，其共同点在于均把东林学术看作是一种调和、过渡、不成熟的思想形态。黄宗羲则不同，他是从一个动态发展的哲学建构过程来定位东林学术，这个学派有其开端（顾宪成）、发展（高攀龙）以及完备甚至是完成形态（集大成之孙慎行）。这并不是沟口雄三所说的“黄宗羲带着个人思想滤色镜挑选出来的”[43]，而是有着深刻的哲学洞见。基于孙慎行所取得的思想成就及其对刘宗周、黄宗羲师徒的重大影响，东林学术就不再是一种不成熟的理论调和形态，而是完备、成熟且具有其真正特出思想意义的创造性体系。

本文沿着黄宗羲的指引，系统探讨东林学派的哲学贡献，即说明：考察东林学术不能仅仅局限于顾、高二人，而应从开端、发展和完成三个阶段的整体出发，应从心性之学的层面细致考察梳理其思路的连续性与突破点所在。由本文的论述亦可知，东林学派思想发展的三个阶段，完整地展现了明清之际哲学转向的思想历程，是明清之际学术转向的重要枢纽。近代川籍史家刘咸炘指出：“南

---

41 陆陇其：《学术辨·中》，《三鱼堂文集》卷二，《景印文渊阁四库全书》第 1325 册，第 17 页。

42 参见沟口雄三：《所谓东林派人士的思想》，《中国前近代思想的演变》，中华书局，1997 年，第 480 页。

43 沟口雄三：《所谓东林派人士的思想》，《中国前近代思想的演变》，第 346 页。

雷（按：黄宗羲）虽衍蕺山（按：刘宗周）之传，而经史之业特勤。……史学传之万、邵，下开谢山、二云、实斋，为二百年所独。昔之叙儒林者，多类之汉学，有以也。”[44] 万、邵，是万斯大、万斯同与邵廷采；谢山、二云、实斋，则是全祖望、邵晋涵与章学诚。这是学术界所熟知的：由刘宗周、黄宗羲师徒思想开展出的清代浙东学派，构成了清代学术中非常独特且重要的组成部分。由于孙慎行对于刘宗周、黄宗羲师徒的思想建构产生过重大影响，这也意味着东林学派所建构的新心学实际上得到了深入的拓展。至于东林学派新心学在清代的思想衍化及其意义，显然有待进一步的研究。

44　刘咸炘：《清学者谱叙录》，《推十书增补全本》丙辑，上海科学技术文献出版社，2009年，第1450页。

论《明夷待访录》对方孝孺政治伦理的继承与突破

金紫微（杭州师范大学）

黄宗羲《明夷待访录》成书后长期暗中流传，直至十九世纪末由宋恕“再发现”后，才重新进入主流知识分子的视野，获得了章太炎、梁启超、孙中山等一批近代启蒙思想家的热烈追捧与积极申发，黄宗羲本人也随之被誉为“中国之卢梭”[1]。不过，学界围绕《明夷待访录》虽已讨论众多，对其思想来源却向来诸说纷纭，至今未能形成确切统一的结论。本文将由此切入，试以《明夷待访录》对方孝孺政治伦理的吸收为例，探寻黄宗羲政治哲学的渊源与主旨，从一个侧面揭示明清江南儒学的内在连贯性。

一、《明夷待访录》政治思想的诸种来源

黄宗羲《明夷待访录》以《原君》《原臣》《原法》三篇统领全书，此三篇集中阐发了黄宗羲君职论、君臣观与制度论的要旨，近

1　梁启超语，首见于他1903年发表在《新民丛报》上的文章《黄梨州》。

代以来学者大都注重以此为线索，为黄宗羲政治哲学溯源辨流。梳理已有研究成果，可见以下几种代表性观点：

邓牧说。最早提出《明夷待访录》本于宋末元初邓牧所著《伯牙琴》的应是邓实。[2] 该观点后又被陈登原采纳，认为“二书论君论吏，几乎大略相同”[3]。除了对比说明思想意涵的相似性，陈登原还进一步推断，黄宗羲性喜广收书籍，又曾为邓牧好友谢翱之文作注，必定曾读过邓牧著作，甚至有可能就是仿照伯牙鼓琴待知音之意，才将自己的政论集命名为“明夷待访”。[4] 应当说，陈登原对黄宗羲有否研读过《伯牙琴》的考证是严谨充分的，但仅凭《原君》《原臣》二篇中有部分内容与邓著近似就推定《伯牙琴》是《明夷待访录》的直接思想来源，恐怕略显草率。实际上，邓牧说遭到了日本学者沟口雄三的全面反驳。沟口氏承认二者在反君主思想上具有承自传统民本论的共通之处，但他认为并不能因此就说黄宗羲是沿袭了古已有之的民本论政治学说，邓牧的选贤用能与黄宗羲的君臣分治根本属于两种政体，二人建构政治伦理的人性论基础更有根本性的区别。[5] 沟口氏之说显然更近于实情。总之，邓牧说在史学界有一定影响，然近年来已少有学者提及。

叶适说。当代浙学研究者普遍认为，浙学作为一种独特的地域

---

2 邓实于 1907 年为《伯牙琴》作跋曰：“梨州著《明夷待访》，其《原君》、《原臣》二篇，实本于先生（作者按：指邓牧）《君道》、《吏道》。”（见陈登原：《国史旧闻》第二册，中华书局，2000 年版，第 510 页）陈登原虽采信该说，但指出与邓氏《吏道》篇更为相近的应当是黄氏《胥吏》篇。

3 陈登原：《国史旧闻》第二册，第 509 页。

4 陈登原：《国史旧闻》第二册，第 509—510 页。

5 参见沟口雄三：《中国前近代思想的屈折与展开》，生活 · 读书 · 新知三联书店，2011 年，第 348—352 页。

文化形态在学术思想、学统传承和精神文化上都有很强的连续性。是以不乏学者提出，南宋浙东学派对清初浙东学者黄宗羲应当产生了较大影响，具体到《明夷待访录》则应主要是受到了叶适的影响。[6]此说不无道理：一来叶适的政论集《进卷》与《明夷待访录》在立意上都以得君行道为目标，且前者所涉论题与后者有部分是重合的；二来黄宗羲对叶适经世之学基本持肯定态度，称其“异识超旷，不假梯级”[7]，不排除他对叶适有所借鉴。然而，叶适与黄宗羲政治思想表面上虽有共同点，可二者毕竟相隔约500年，所处社会环境与所面临的时代问题天差地别，黄宗羲对叶适思想的吸收只能是有选择性的，《宋元学案》针对《进卷》摘录不多即可佐证这一点。[8]

胡翰说。黄宗羲结束抗清后潜心象数，曾笃信胡翰十二运之说。《明夷待访录·题辞》即写道，“余常疑孟子一治一乱之言，何三代而下之有乱无治也？乃观胡翰所谓十二运者，起周敬王甲子以至于今，皆在一乱之运。向后二十年交入‘大壮’，始得一治，则

---

6 如周梦江提出“叶适的君主思想有其进步意义，……并对明末清初黄宗羲的《明夷待访录》有所影响”（周梦江、陈凡男：《叶适研究》，人民出版社，2008年，第178页），又如孙善根提出黄宗羲继承了叶适、陈亮的重商理念和批判专制主义的民本思想（参见孙善根：《学术变迁：时代与地域——南宋和清初浙东学派之比较研究》，《宁波大学学报》（人文科学版）1988年第2期，第81—90页）。

7 黄宗羲、全祖望：《宋元学案》，中华书局，1986年，第1794页。

8 《宋元学案·水心学案》摘取《进卷》者共计约500字，仅占后者总篇幅的百分之一左右。所选仅《治势》《财计》《士学》各一句，《兵权》《管子》《庄子》《皇极大学中庸三论总述》《经总制钱》各若干句，内容基本不涉及叶适的政治伦理。黄氏按语也表明，黄宗羲关注叶适政治思想主要在具体的旧制度批判与新制度构建等经世方面，而不在抽象的政治伦理。参见《宋元学案》，第1802—1804页。

三代之盛犹未绝望也”[9]，为胡翰说提供了有力的证据。据此，饶宗颐指出“翰之学后来影响及黄宗羲，《明夷待访录》引其十运，即集中之《衡运》”[10]；朱维铮也赞同这一观点，指出“由方孝孺《后正统论》、黄宗羲《明夷待访录》来看，胡翰的《衡运论》对他们的历史观更有影响”[11]。且今本《宋元学案·北山四先生学案》之所以收录《仲子文集》六篇，正是全祖望深知胡翰对黄宗羲晚年史观影响深远，随之补入相关文献的结果。不过，黄宗羲本人编纂《宋元学案》时未曾节录胡翰政论，或可能是不及为之，或可能恰好反证了他对胡翰政治思想持保留态度。实际上，胡翰《衡运》乃基于《皇极经世》描绘一万年间的世运升降规律，内容大部分涉及宇宙论，而非对具体历史政治学说的阐述，黄宗羲曾一度推崇《衡运》并不能完全佐证胡翰之学深入影响了《明夷待访录》。[12] 毋宁说，胡翰之学是由方孝孺继承与发展之后才对《明夷待访录》产生了进一步显著影响的。

方孝孺说。关于黄宗羲政治哲学与方孝孺的亲缘关系，学界历来断续有所提及。如萨孟武曾断言，“吾人读方孝孺书，就可知道黄梨州之《原君》一文实本于方孝孺”[13]，“明亡之后，黄宗羲就于

---

9 黄宗羲：《明夷待访录·题辞》，《黄宗羲全集》第一册，浙江古籍出版社，1985 年，第 1 页。

10 饶宗颐：《中国史学上之正统论》，中华书局，2015 年，第 63 页。此处言“十运”为笔误，应为“十二运”。

11 朱维铮：《研究历史观念史的一部力作（代序）》，《中国史学上之正统论》，序第 5—6 页。

12 黄宗羲晚年历经世事，终对十二运之说产生质疑，道：“余尝为《待访录》，思复三代之治。……今计作此时，已三十余年矣。秦晓山十二运之言，无乃欺人。”见《破邪论·题辞》，《黄宗羲全集》第一册，第 192 页。此言恰好佐证了黄宗羲从胡翰之学中汲取的最重要的知识应是十二运之说。

13 萨孟武：《中国政治思想史》，东方出版社，2008 年，第 410 页。

清康熙二年发表《明夷待访录》，其理论多采方孝孺之说”[14]，可知现代早期知识分子在提倡方、黄二人政治思想进步性的同时，业已注意到黄宗羲吸收方孝孺政治伦理的可能性。然而，要确切证明这种亲缘关系的实在性并不容易。由于黄宗羲本人并未明确讲过《明夷待访录》在思想内涵上是受何者启发，当代学者论述该问题时基本以思想史的对校法为主，即通过梳理方孝孺与黄宗羲政治思想的异同判明二者的关系。如孙宝山提出黄宗羲用突出“民族性”的方式继承和改造了方孝孺兼重“民族性”与“道德性”的正统论[15]，张树旺系统对比研究了方、黄在君主观、君臣观和法律观上的相似性以说明二人思想的亲缘关系[16]，时亮亦通过义理的比对分析认为黄宗羲君臣观主要来自方孝孺、丘濬与东林党人三者的影响[17]。综合已有研究成果，我们有理由推测，方孝孺政治伦理很可能是《明夷待访录》的重要思想渊源，但要充分支撑这一假说还需补充更多证据。

其一，在情感基础上，黄宗羲敬重方孝孺的气节人品，对他取得的政治成就不无向往。作为靖难关键人物，方孝孺是明清士人谈议的重要话题。黄宗羲一生始终对方孝孺的行事、人品持肯定态

14　萨孟武：《中国政治思想史》，第 432 页。

15　参见孙宝山：《以“民族性”重构正统论——黄宗羲对方孝孺的正统论的继承与发展》，《中国哲学史》2005 年第 3 期，第 101—108 页。

16　参见张树旺：《明初行政体制改革的逻辑》，社会科学文献出版社，2017 年，第 182—210 页。

17　参见时亮：《论黄宗羲的君臣观及其主要思想渊源》，《儒道研究》第一辑，第 158—169 页。此文虽提及三方面来源，但丘濬《大学衍义补》中的君臣观本就出自方孝孺，东林党的政治理论与实践则主要影响了黄宗羲在变法问题上的具体观点与建议，那么《明夷待访录》在政治哲学核心理念方面的思想来源应当还是以方孝孺为主。

度，晚年尤甚。撰写《明儒学案》时，黄氏开篇就援引业师刘宗周对方孝孺历史功绩的高度评价，称其“伊、周、孔、孟合为一人”[18]，将之描绘为内圣外王的儒者典范，如此盛誉在两部学案中都是罕见的。后又于《诸儒学案》方孝孺传中为其政治作为多方辩护，认为无论建文帝败亡还是诛十族之祸皆不应归咎于方孝孺，其行符合中庸之道是“固自有定论”之事，其人也当之无愧是“千载一人”。[19]不但如此，晚年他又再次撰文，大加赞颂方孝孺“至公血诚，任天下之重，屹然砥柱于疾风狂涛之中，世界以之为轻重有无，此能行孔子之道者”[20]，谓其理应从祀孔庙，享有儒者的最高荣誉。黄宗羲对方孝孺的诸多褒扬足以反映出，他也希望成为方孝孺那样学以致用的经世大儒，在现实政治中有一番作为，那么他会对方孝孺的政治思想有所借鉴也应不足为奇。

其二，在学术背景上，黄宗羲推崇方孝孺的学术地位，并肯定其政治思想观点。刘宗周曾带领门人为方孝孺刻书、编语录、作年谱，受其影响，黄宗羲同样颇为推崇方氏之学。[21]黄宗羲依照蕺山

---

18 黄宗羲：《师说》，《明儒学案》，中华书局，2008 年，第 1 页。

19 参见《诸儒学案上一》，《明儒学案》卷 43，第 1042 页。

20 《破邪论 · 从祀》，《黄宗羲全集》第一册，第 193 页。

21 刘氏编《逊志正学录》，自序道：“其明道之书，旧刻《逊志斋集》二十四卷。余反复卒业，无一言不合于道，而忧虑学者不免以词章目之，因特节其粹者为三卷以传，而题之曰《正学录》。”见刘宗周：《刘宗周全集》第五册，浙江古籍出版社，2012 年，第 503 页。黄氏复述此事道：“以方文正孝孺从宋潜溪得金华何、王、金、许之脉，有明理学，当为第一。作《逊志正学录》。”见《子刘子行状》，《黄宗羲全集》第一册，第 256 页。可知刘氏的确看重方氏的学术思想，编书目的在于宣传其理学。黄氏本人亦然，《明儒学案》特意抄录了潘府“古者文以载道，宋景濂得其华，方正学得其大”（《诸儒学案上四》，《明儒学案》卷 46，第 1103 页）的评语，突出方氏作为思想家的一面，明显是将其看作了学术楷模。

《有明道统录》编写《明儒学案·师说》，将方孝孺放在首位，说明他在很大程度上有接续方氏以下道统，甚至身为其私淑弟子的自觉。时人标举方孝孺者众，而刘门独特之处在于不仅突出方孝孺死节之忠义，更要以节义打通理学，尊其为"有明学祖"。黄氏对明代学术开端的苦心勾画固然无法使其建构的明代理学史彻底回避后人诘难，[22]但足以证明他对方孝孺学术观点的认可。《明儒学案》对方孝孺儒学思想进行了全面总结与评价：

> 先生直以圣贤自任，一切世俗之事，皆不关怀。朋友以文辞相问者，必告之以道，谓文不足为也。入道之路，莫切于公私义利之辨，念虑之兴，当静以察之。……其言周子之主静，主于仁义、中正，则未有不静，非强制其本心如木石然，而不能应物也，故圣人未尝不动。谓圣功始于小学，作《幼仪》二十首。谓化民必自正家始，作《宗仪》九篇。谓王治尚德而缓刑，作《深虑论》十篇。谓道体事而无不在，列《杂诫》以自警。持守之严，刚大之气，与紫阳真相伯仲，固为有明之学祖也。[23]

黄宗羲准确撷取"公私之辨"提领方孝孺之学，并广为介绍他在修齐治平方面的观点与著作，可见黄氏确在方氏思想中发现了颇多合意之处，他对方氏学术气象的盛誉绝非客套。考虑到刘门一直致力

22 相关论述可参看王宇《试论〈明儒学案〉对明代理学开端的构建》(《中共浙江省委党校学报》2007 年第 4 期，第 112—118 页）与陈祖武《〈明儒学案〉发微》(《中国史研究》2009 年第 4 期，第 129—138 页）二文。因与本文主题关系较远，在此便不赘述。

23 《诸儒学案上一》，《明儒学案》卷 43，第 1042 页。

于纠正晚明王学空疏之风，很难想象黄宗羲不对方孝孺政治思想产生兴趣与好感。加之，《诸儒学案》誊抄了方氏《杂诫》全文，作为足以透露“其人一生之精神”[24]的学问精华，即意在伸张方氏的原创性思想，其中就包括他的许多政治理念。如果黄宗羲原则上反对方孝孺在君道、臣道、法制、田制等方面的基本观点，摘选此文就显得匪夷所思了。

综上所述，方孝孺作为学以致用、成仁取义的儒者典范，符合黄宗羲的人格理想，而其致力于匡世济民的政治思想应当也引起了黄氏的足够重视。面对理学流弊与明朝灭亡的双重困局，黄氏出于反思学术与批判前朝政治的需要，客观上有借鉴前人思想的极大可能性，则对于精神气质和学术路径都与自身相近的方氏，他会加以反复研究乃至批判性继承亦可谓顺理成章。而更重要的是，在理论建构上，《明夷待访录》确实呈现出对方孝孺政治伦理的继承与突破，以下展开详述。

二、方孝孺政治伦理学的民本主义特征

明太祖朱元璋布衣得天下，奉行以猛治国，把中国古代皇权专制推向了巅峰。随着洪武朝政治环境的急剧变动与君臣关系的迅速紧张，方孝孺的学术关切也由一般意义上的政治合理性和政权合法性问题转向了对君主制本身的批判与对超越现行政治制度的探

---

24 《明儒学案发凡》,《明儒学案》，第 XIIII 页。

索。[25]不过，以民为本、民贵君轻的政治伦理准则始终是其政治思想的核心。

“为民立君”的政治起源学说是方孝孺政治伦理学的逻辑起点。他考察道：

> 天之生人，岂不欲使之各得其所哉！然而势有所不能，故托诸人以任之，俾有馀补不足。[26]

> 生民之初，固未尝有君也。众聚而欲滋，情炽而争起，不能自决，于是乎有才智者出而君长之。世变愈下，而事愈繁，以为天下之广，非一人所能独治也。于是置为爵秩，使之执贵贱之柄；制为赏罚，使之操荣辱修短之权。[27]

点明人间政治诞生于天人关系在自然和伦理两种向度之间的张力，即人之自然状态的不平等与作为道德主体的绝对平等之间如何统一的实践难题。而要普遍弥合人的自然状态和应然状态、现实状态和理想状态之间的巨大裂痕，使人人“各得其所”，唯有依靠才德优越者出而化民。君主起初就产生于这种发扬人道补益天道的现实迫

25 方孝孺较为重要的政治论文大致都是在两个时期里集中完成的：一是18至25岁求学期间，完成了《深虑论》《释统》《后正统论》《公子对》等，主要泛泛而谈正统论问题与治国之道；二是30岁前后闲居乡里期间，完成了《君职》《君学》《治要》《宗仪》等，由于经历了胡惟庸案，这一时期的方孝孺已转而形成了明确的批判皇权专制意识，开始谋求得君行道以外的政治实践路径。

26 方孝孺：《宗仪九首·体仁》，《逊志斋集》卷一，北京大学出版社，2014年，第98页。

27 方孝孺：《君职》，《逊志斋集》卷三，第128—129页。

切性，后世则由于共同体逐渐扩大，君主独自执政不足以治理好国家，才有定尊卑、行法治的复杂君主专制政体应运而生。由此，方氏阐明了政治的意义恰在于补偿性正义，即利用人类先天条件的不平等去弥补这种不平等本身，为他以民为本的政治伦理准则奠定了哲学基础，也为他进一步申发君主职分提供了形上依据。

君职论是方孝孺政治伦理学的理论中枢。根据君主制的起源，方氏主张君主不是天生的最高统治者，只有履行君主之职、具备为君之德者才配享国君之位，正可谓“能均天下之谓君，臣覆兆民之谓君，立政教，作礼乐，使善恶各得其所之谓君”[28]。换言之，天子也必须遵循德位相当的普遍伦理法则，则君主作为道德主体来说，与士人阶层乃至一般民众应当本无差别。可事实正相反，君主往往凭借至高权力逃脱职分约束与道德监督，肆意压榨国民，以至于“求于民者，致其详，而尽于己者，卒怠而不修”[29]，完全漠视君主身份享有的一切其实都来自“民之情”，而非“天之意”。为了明确君主职分，贯彻为民立君的政治初衷，纠正“民轻君贵”的专制现状，方氏面向君主提出了三方面政治伦理规范，即：君民关系上的“为天养民”，君臣关系上的“君臣共治”，与制度建构上的“立法利民”。

首先是君民关系。方氏认为，君主制政体下的君民互相负有的伦理责任一目了然，即“民之职在乎奉上”“君之职在乎养民”，民众负责生产劳动以提供国家运转的物质所需，君主则要“安其生而

28　方孝孺：《君职》，《逊志斋集》卷三，第128—129页。

29　方孝孺：《君职》，《逊志斋集》卷三，第128—129页。

明其性”，保障国民获得应有的物质与精神利益。[30] 出于对专制皇权的警惕，方氏尤其强调君对民的道德义务，道：

> 人君之职，为天养民者也。[31]
>
> 天之立君，所以为民，非使其民奉乎君也。……臣不供其职，则君以为不臣。君不修其职，天其谓之何？[32]

清楚指出了为天养民是事关君主身份合法性的根本职责。方氏相信无益于民的君主终会失去天命，因为天意就是民意的抽象集合。换言之，尽管君主的政治地位远高于民众，但在伦理价值上依然是“民贵君轻”。君民的贵贱之分不像专制皇权宣扬的那样属于天道之常，而只是人之施设。这种君民关系论实则倡导了一种基于职分观念的人格平等论，为近代政治哲学风潮由“民本”转向“民权”“民主”埋下了伏笔。[33]

---

30 参见方孝孺：《君职》，《逊志斋集》卷三，第128—129页。

31 方孝孺：《甄琛》，《逊志斋集》卷五，第221页。

32 方孝孺：《君职》，《逊志斋集》卷三，第129页。

33 不过需要注意的是，“为民立君”理念亦非方孝孺首创，而是儒家政治哲学历来就有的思想传统。譬如，《尚书》即讲“天佑下民，作之君，作之师，惟其克相上帝，宠绥四方”(《尚书·泰誓》)，荀子有语“天之生民，非为君也；天之立君，以为民也”(《荀子·大略》)，董仲舒也重复说道“天之生民，非为王也；而天立王，以为民也”(《春秋繁露·尧舜不擅移汤武不专杀》)；后世儒家则已能运用“为民立君”理念去阐释甚至批判君民关系，如程颐传《春秋》曰“为民立君，所以养之也”(程颐、程颢：《春秋传》，《河南程氏经说》卷四，《二程集》，中华书局，1981年，第1095页)，宋濂亦明确表示过赞同“有民斯有国，有国斯有君，民者君之天也。君之则君，舍之则独夫耳”(宋濂：《燕书》，《潜溪后集》卷二，《宋濂全集》，浙江古籍出版社，1999年，第169页)的君权民授思想。

再者是君臣关系。方氏极看重政治运行过程中群臣起到的关键作用，称：

国之本，臣是也。[34]

断言国家虽以君主为顶点，政治的根柢却仍要依靠群臣。这句话被选录于《明儒学案》，理当引起了黄宗羲的高度共鸣。君臣共治是君主制政体下实现养民目标的必要手段，方氏构筑的君臣关系论同样要为其民本主义服务。因此，方氏在恪守臣尽忠的同时反对无条件忠君，主张君主亦须学习治心立政之术，[35]要以儒家人格理想对君主施以修身正心的同等道德要求，强调君主对群臣须做到“明以择人，诚以用贤”[36]，严正声讨君对臣“取之过杂，持之过急，待之过贱，而黜陟不明”[37]的不义制度，以期实现高效率的君臣协作，更有益于养民教民。由此可见，方氏实则是把君主与群臣（乃至广大无官职的士人）都看作了同一政治共同体中责权对等的实践主体，其君臣共治论背后是对君臣平等理念的提倡，这在专制皇权独大的明代具有标志性意义。

最后是制度建构。方氏构想的理想政治秩序除了明君贤臣，良法善治也不可或缺。他说：

---

34 方孝孺:《杂诫》,《逊志斋集》卷一，第 62 页。

35 参见方孝孺:《君学上》《君学下》,《逊志斋集》卷三，第 125—127 页。

36 方孝孺:《深虑论九》,《逊志斋集》卷二，第 122 页。

37 方孝孺:《官政》,《逊志斋集》卷 3，第 132 页。

> 欲天下之治，而不修为治之法，治不可致也。欲行为治之法，而不得行法之人，法不可行也。故法为要，人次之。二者俱存则治，俱弊则乱，俱无则亡，偏存焉则危。[38]

认为良好的制度建构与有效推行制度的官吏群体都是君主治国的必要条件，但治法相比治人更具有决定性作用。而关于何谓良法，他明确主张：

> 夫法之立，岂为利其国乎，岂以保其子孙之不亡乎？其意将以利民尔。[39]

将“立法利民”作为判断政治制度正义与否的唯一直接标准。这是因为，君主制前提下，政治制度的形式合法性只能来自君权，而方氏认定君主以养民为天职，则君主创设、坚守或改定的一切制度都应当符合有益人民的长远目标，而不应只为一姓存亡服务。也就是说，制度建构必须贯彻以民为本、民贵君轻的价值取向，才能达到形式合法性与实质合理性的统一，从而推进国家长治久安。基于此，方氏强烈主张恢复“以井地养民，以比闾族党之法联民，以学校三物之典教民”[40]的三代之法。在他谋划的制度蓝图中，恢复井田与宗仪自治二项尤见批判专制皇权的鲜明态度，对黄宗羲等后代

38 方孝孺：《官政》，《逊志斋集》卷3，第132页。
39 方孝孺：《深虑论六》，《逊志斋集》卷2，第118页。
40 方孝孺：《谢氏族谱序》，《逊志斋集》卷13，第499页。

思想家不无启发。[41]

总之，方孝孺政治伦理学虽然总体未超出传统民本论的理论框架，但他基于政治起源假说从形上层面厘定了“为天养民”的君主职分，又围绕君职学说重申了君—臣—民关系与制度建构应当遵循的民本原则，不但巩固和发展了孟子以降儒家“民本仁政”的政治哲学核心理念，较好地完成了他所处时代批判君主专制的理论任务，而且为明代士人持续反思君主专制制度提供了理论范本，[42]客观上为《明夷待访录》成书准备了前置思想条件。

三、《明夷待访录》对民本论政治哲学的重构

《明夷待访录》初成于清康熙二年（1663）十月，是黄宗羲长期反思明亡历史原因、探索儒家政治理想实现路径的集大成之作。通行本《明夷待访录》共一卷，收文22篇，今人又发现逸文2篇，但这也并非该书原本的全部。据考证，《明夷待访录》原名《待访录》，未分卷，至少包含留下标题的27篇，其中有关制度建构的篇章基本采编自黄氏前作《留书》；而《待访录》付梓后，因个别篇章言辞激进，在刊刻过程中即被删去，未刻文散至其他文集中，大

41 黄宗羲便重视方孝孺的田制思想，《明夷待访录》支持恢复井田，即以方氏之论为历史依据，道：“言井田必可复者，莫切于胡翰、方孝孺。”见《明夷待访录・田制二》，《黄宗羲全集》第一册，第25页。基于同样的信念，黄氏在书中完善了方氏未能详述的恢复井田之具体方案，进一步表达了在经济上取消封建特权、保护人民利益的政治诉求。

42 如丘濬《大学衍义补》即按照方孝孺的思路，基于职分观念批判了明代君臣的不平等关系，他对君臣观的探讨很可能也是黄宗羲君臣论的思想资源之一。相关论述可参见时亮《论黄宗羲的君臣观及其主要思想渊源》一文。

部分已佚失，今本《明夷待访录》实则只余原本的三分之一左右内容。[43] 黄氏作《待访录》，总目标非常清晰，就是为了重建三代那样的文明社会。[44] 为此，他对以明王朝为代表的君主专制政体进行了无情批判，对构建通往天下大治的崭新制度付出了殷切期许。梳理并剖析《明夷待访录》的政治思想可以发现，黄宗羲在论述君职、臣道及制度建构问题时都与方孝孺政治伦理学有一定相似性，然而《明夷待访录》以“公私之辨”为线索对民本论范式进行了再构筑，其中蕴含的保护私有财产和权力制衡思想实际上已经部分突破了传统民本主义政治哲学，开启了近代新民本主义的启蒙序章。

（一）论君职与君民关系

《明夷待访录》全书按照先破后立、由本到末的逻辑顺序展开，首当其冲面临的理论任务就是批判专制皇权。与方孝孺同样，黄宗羲也先对君主制政体进行了追本溯源，他写道：

> 原夫作君之意，所以治天下也。[45]

> 有生之初，人各自私也，人各自利也，天下有公利而莫或兴

---

43 参见吴光《〈明夷待访录〉略考》(《浙江学刊》1985 年第 2 期，第 73—74 页）与《〈明夷待访录〉与〈留书〉关系考》(《杭州师范学院学报》(社会科学版）1987 年第 2 期，第 56—59 页）二文。

44 参黄宗羲语，“余尝为《待访录》，思复三代之治。”见《破邪论 · 题辞》,《黄宗羲全集》第一册，第 192 页。关于《明夷待访录》的写作动机，近代以来学界时有争议，矛盾焦点集中在“所待者是否为清君”上。本文以为，无论黄宗羲是否产生过依附清廷的想法，《待访录》一书是为他恢复三代之治的政治理想服务的，这一点应当无可置疑。

45 黄宗羲：《明夷待访录 · 置相》,《黄宗羲全集》第一册，第 8 页。

> 之，有公害而莫或除之。有人者出，不以一己之利为利，而使天下受其利，不以一己之害为害，而使天下释其害。此其人之勤劳必千万于天下之人。夫以千万倍之勤劳而己又不享其利，必非天下之人情所欲居也。[46]

点明人类群体由自私自利、松散结合的自然状态进入紧密协作、追求共同利益最大化的文明社会，其转折点在于“千万倍勤劳于天下人而不享其利”之圣人的出现。圣人自愿放弃全部个人利益诉求，化身为“天下至公”，以维持社会秩序、实现万民的最大福祉为己任，从而配享万民之上的尊贵地位，并被赋予人君的称号。因此从逻辑上讲，非是先有君主的概念，才有君主的职权，而是先有君主之实，方有君主之名。君主的合法性来源于德性上的“大公无私”和职分上的“为民治天下”，落实于使万民“受其利”“释其害”的政治成效，这就从根本上否定了君权神授论，排除了君对民的先天优越性，夯实了黄宗羲政治哲学的民本基调。

《原君》篇末尾，黄宗羲再三强调明君职的重要性，道：

> 明乎为君之职分，则唐、虞之世，人人能让，许由、务光非绝尘也；不明乎为君之职分，则市井之间，人人可欲，许由、务光所以旷后世而不闻也。[47]

既然君主职分是为天下人谋利益，且大多数情况下其中并不包含分

46 黄宗羲:《明夷待访录·原君》,《黄宗羲全集》第一册，第2—3页。

47 黄宗羲:《明夷待访录·原君》,《黄宗羲全集》第一册，第2—3页。

配给君主本人的好处，所以上古时代有的贤人会拒绝这项只有付出鲜有回报的任命。可随着神圣既远，君主世袭制替代禅让制，后人纷纷淡忘了君主内在的固有职责，而只看到外在君权所能带来的好处，是以君权崇拜日盛，君主本人的私心也无限膨胀，“以我之大私为天下之大公”，最终使“家天下”愈演愈烈，反过来严重侵蚀了民众的正当利益，“使天下之人不敢自私，不敢自利”，以至于君主制的存在方式全然本末倒置了。[48]对于这种道德退化现象，黄宗羲给予了毫不留情的抨击：

> 古者以天下为主，君为客，凡君之所毕世而经营者，为天下也。今也以君为主，天下为客，凡天下之无地而得安宁者，为君也。……为天下之大害者，君而已矣。向使无君，人各得自私也，人各得自利也。[49]

言下之意如果一国之君不能履行职责，还不如倒退回没有政治的原始时代更好。因为在自然状态下，人们虽然普遍过的是一种物质上相对贫瘠的生活，但任何人都有权为了争取或维护自身利益而与他人做斗争。换言之，人与人之间至少在自我保全的自然权利上是绝对平等的，如黄宗羲所言，“岂天地之大，于兆人万姓之中，独私其一人一姓乎”。[50]大多数人之所以放弃自然状态下的部分乃至全部私利，服从共同体最高权力者的领导，是因为选择遵循一定的

48 参见黄宗羲：《明夷待访录·原君》，《黄宗羲全集》第一册，第2—3页。
49 黄宗羲：《明夷待访录·原君》，《黄宗羲全集》第一册，第2—3页。
50 黄宗羲：《明夷待访录·原君》，《黄宗羲全集》第一册，第2页。

共同体秩序，不仅能够换取所让渡权利的等价物，而且能够获得更大的力量保全自身所有。而在君主制国家，民众接受君主的统治、供养皇室与政府的物质所需，绝不意味着人民失去了“天下利害之权”[51]而自动成为君主牟取私利的工具，相反，人民应当得到总体上更好的生活，否则毋宁“无君”。基于这种认识，黄宗羲反对狭隘的君权崇拜，认为只要君主为害天下，民众就有权“怨恶其君，视之如寇雠，名之为独夫”[52]，甚至取消或改换君主，这种由君主职分推导出的“民主君客”思想是暗含有“主权在民”之启蒙倾向的。

应当说，黄宗羲的君主批判相当彻底。《明夷待访录》虽然采取了类似方孝孺政治伦理学的理论架构，也是通过考察君主制起源来规定君主职分，进而约束君权，维护国民共同利益与建立在此基础上的政治正义性，但在君民关系问题上，黄氏的“民主君客”相较于方氏的“民贵君轻”更为激进。具言之，方氏固守“人人各得其所”的政治理想，实则还是预设了人间秩序应当表现为君—臣—民三者各安其分、和谐稳固的等级秩序。他自始就不能将民众各自幸福追求的实现当作政治的终极目的，即使他看到了君民之间的巨大权利落差和由此造成的人民不幸，也不能坦然要求颠覆专制皇权，因为在他那里，保障民众的物质与精神所需到底还是巩固君主制的手段之一，社会总体幸福也只能被定义为人间完全秩序化伴随的结果之一。可见，方氏“民贵君轻”的价值主张仍然依附于君

51 黄宗羲：《明夷待访录・原君》，《黄宗羲全集》第一册，第 2 页。
52 黄宗羲：《明夷待访录・原君》，《黄宗羲全集》第一册，第 3 页。

本位的治政方式，并不足以阻止君主越过人民占有绝对的国家主权，也就无法从实质上杜绝君主失职。而《明夷待访录》之于方氏君民关系论的最大突破就在于黄氏大胆肯定了“人各得自私”的正当性，能够真正以人民整体幸福为政治目的，[53]这就使治世的原点由君主转向人民，[54]构成了君权与民权相互制衡的新型君民关系论。黄氏支持民众反抗失职之君，维护自身的正当利益，近于近代所说的保护私有财产权。由于权利意识的初步觉醒，他也已认识到君权民授意味着君权实际上来自社会其他成员本有自然权利的让渡，亦即君主制实由社会契约而成立。那么一旦君主违背约定的义务，民众至少应当保有撤回契约的自由。虽然这些还不足以使黄宗羲形成彻底否定君主制的革命态度，但已能驱使他决然向专制皇权挑战，敢于伸张“民主君客”的民权启蒙思想，迈出儒家民本论政治哲学从论证人格平等转向要求权利平等的重要一步了。

（二）论臣道与君臣关系

君臣关系向来是儒家政治哲学的重要命题，孔子提出的“君使臣以礼，臣事君以忠”(《论语·八佾》）长期被士人阶层奉为圭臬，宋以来新儒学对君臣伦理中“忠”的推崇更是达到了前所未有的高度。然而由元入明后，专制皇权加速走向独裁，明太祖革除丞相，

53 黄氏有言：“盖天下之治乱，不在一姓之兴亡，而在万民之忧乐。”见《明夷待访录·原臣》,《黄宗羲全集》第一册，第 5 页。此语将人民真实的幸福感受与天下大治的实现直接联系起来，意味着黄氏的政治理想已经具备了普遍满足人民美好生活需求的具体内容。

54 参见沟口雄三：《中国前近代思想的屈折与展开》，第 350 页。

重典治吏，重用阉宦，宋以来士人公认的君臣秩序遭到破坏，[55]故方孝孺对明初的君臣矛盾已多有议论。而到《明夷待访录》撰写时，清廷入关已20年，回望有明一朝君臣关系的空前恶化，黄宗羲则更有必要追究君臣伦理之失与明亡的内在关联。

《明夷待访录》对君臣伦理的批判主要集中于《原臣》《置相》等篇章。在这些论文中，黄宗羲将官场积弊归咎于臣道不明，曰：

> 臣道如何而后可？曰：缘夫天下之大，非一人之所能治，而分治之以群工。故我之出而仕也，为天下，非为君也；为万民，非为一姓也。[56]

> 原夫作君之意，所以治天下也。天下不能一人而治，则设官以治之；是官者，分身之君也。[57]

与方孝孺一样，黄氏也主张任用贤才为官，使其分担君主职权，是支撑庞大国家政治运行的客观需要，而人臣的道德义务也仅在于为民众服务。由是，“分治而群工”成为政治的题中应有之义，那么同为政治的具体执行者，君臣便只有职权大小之分，而无尊卑贵贱

55 在君臣关系问题上，明太祖显然不承认政治面前君臣平等，而与当时的士人阶层长期冲突。《明史》这段记载很好地反映了这一点：“帝尝览《孟子》，至‘草芥’‘寇仇’语，谓非臣子所宜言，议罢其配享。诏有谏者以大不敬论。唐抗疏入谏曰：‘臣为孟轲死，死有余荣。’时廷臣无不为唐危。帝鉴其诚恳，不之罪。孟子配享亦旋复。然卒命儒臣修《孟子节文》云。”见张廷玉等：《钱唐传》，《明史》卷139，中华书局，1974年，第3982页。

56 黄宗羲：《明夷待访录·原臣》，《黄宗羲全集》第一册，第4—6页。

57 黄宗羲：《明夷待访录·置相》，《黄宗羲全集》第一册，第7—10页。

的本质差别。因此黄氏讲“臣之与君，名异而实同”，[58] 力主君臣平等，皆是天下人的公仆，要求群臣也须摒弃私心，具备替天行道的自觉，切实履行“分身之君”的职分。尤其在上意与民意相冲突时，人臣对伸张民意、主持公道应当负有不可推卸的伦理责任，万不可“视天下人民为人君橐中之私物”[59] 而奉上求荣。反之，假使君臣都被各自的私心主宰，君主便只会任用小人为官，群臣也形如君主家奴，成了一姓江山的统治工具，以致政治堕落而万民受其害，最终走向国家崩溃，明朝覆亡即是最好例证。

由此观之，黄宗羲与方孝孺在对人臣应当扮演何种政治角色的见解上是比较一致的，但与方氏重在呼吁“君使臣以礼”来缓解君臣矛盾不同，《明夷待访录》更多着力于“臣事君以忠”，强调群臣发自本心的尽忠职守，以期君臣双方能够在共同遵守“以民为本、大公无私”伦理准则的基础上实现分治群工的和谐关系，“通过一种良性的价值系统的确立来维护权力关系”，[60] 保证国家长治久安。君臣共治本是绵延已久的儒家政治理念，方、黄二公以深刻的民本主义为其塑形，是对儒家民本论传统的完善与发展。不过，由于所处时代不同，方氏面对“以私意为天下”[61] 之君，只能倡导君学来缓和君臣冲突；而黄氏看尽明朝宦官专权、胥吏横行，则将政治腐败的根源归结为宰相制度失落，直称“有明之无善治，自高皇

58 黄宗羲：《明夷待访录・原臣》，《黄宗羲全集》第一册，第 5 页。

59 黄宗羲：《明夷待访录・原臣》，《黄宗羲全集》第一册，第 4 页。

60 何俊：《论〈明夷待访录〉的经世观念》，《事与心：浙学的精神维度》，北京大学出版社，2013 年，第 293 页。

61 方孝孺：《深虑论三》，《逊志斋集》卷二，第 114 页。

帝罢丞相始也”，[62] 是较方氏更为成熟的见解。黄宗羲认为，宰相制度不仅是君臣共治的象征，更是分有政治实权的与君权对等的监管机构，国君人选是否合格、国君的政治决断是否得当都要靠宰相来拿捏，甚至在特殊情况下可代行君职。[63] 因此，他在批判明代君臣伦理的基础上，明确要求建立符合其政治理念的以宰相为首的国家行政机关和以学校为主的舆论监督机构，用以瓦解皇权专制，恢复政治本义，其中蕴含的权力制衡思想是较方孝孺更具有近代进步意义的。

（三）论制度建构

黄宗羲崇尚实学，具体的制度建构问题是《明夷待访录》全书撰写的重中之重。仅以现存文本而言，该书除《题辞》与前两篇外，皆围绕制度建构与变法问题展开，以《原法》篇为统帅，构成了一部涉及国体、政体、官制、教育、军事、经济等各个方面的改良国家政治制度的详尽方案。黄氏制度建构论同样立足于民本主义，其言：

> 三代以上有法，三代以下无法。何以言之？二帝、三王知天下之不可无养也，为之授田以耕之；知天下之不可无衣也，为之授地以桑麻之；知天下之不可无教也，为之学校以兴之，为之婚姻之礼以防其淫，为之卒乘之赋以防其乱。此三代以上之法也，

62 黄宗羲：《明夷待访录 · 置相》，《黄宗羲全集》第一册，第 8 页。
63 参见黄宗羲：《明夷待访录 · 置相》，《黄宗羲全集》第一册，第 8 页。

因未尝为一己而立也。[64]

指出三代之法是古先圣王为了供养国民物质生活需要、培育国民道德素养而制定的，其立法理念在于利民、为公。而三代以下君主将国家与国民都据为私产，立法多出于私欲，结果就是损害国民利益而助长皇权独大，使“天下之法”沦落为“一家之法”，后世天下也因三代之法的失落而愈趋混乱。儒家以恢复三代之治为最高政治理想，此处看似谈历史，实则陈述的是黄宗羲制度建构论的价值取向，即广义的“法”作为君权在制度层面的延伸，同样也要贯彻君职的本质要求，遵循“以民为本、大公无私”的伦理准则来设置或调整。据此，黄氏彻底揭示了三代以下之法的非正义性，道：

> 后世之法，藏天下于筐箧者也。利不欲其遗于下，福必欲其敛于上；用一人焉则疑其自私，而又用一人以制其私；行一事焉则虑其可欺，而又设一事以防其欺。天下之人共知其筐箧之所在，吾亦鳃鳃然日唯筐箧之是虞，故其法不得不密。法愈密而天下之乱即生于法之中，所谓非法之法也。[65]

文中虽未明确指称，但考虑到其形容的历史情况与《明夷待访录》撰写的时代背景，基本可以确信黄氏着重批判的就是明朝之法。黄宗羲认为，三代良法之所以失落，其症结在于以明太祖为代表的后世君主将国家与国民都看作自己的私人财产，他们制度建构的初衷

64 黄宗羲：《明夷待访录·原法》，《黄宗羲全集》第一册，第6—7页。
65 黄宗羲：《明夷待访录·原法》，《黄宗羲全集》第一册，第6—7页。

乃是保持一姓江山尽可能持久的家族所有权，现实目的则是为满足尽可能多的个人欲望提供条件，故而不得不制定极为繁复的法度，强制天下人放弃本当享有的合法权利，转而填补专制皇权无尽的欲求，这必将带来不良后果的连锁反应：一者导致与民争利，加剧君主、民众、群臣三者之间的矛盾，埋下社会动荡的隐患；再者君主自私自利的负面形象通过法度的推行成为潜在的公共榜样，使国民出于趋利避害的本能而被迫过上一种唯利是图、尔虞我诈的不道德生活，进一步加速天下混乱。正像明王朝一般，看似面面俱到的后世之法非但不能起到改善人民生活、稳定社会秩序、引导人民向善的积极作用，反而会变成皇朝崩溃、国家衰亡的诱因。

根据上述原理，黄氏于《原法》篇集中反驳了当时三种错误思潮，所述观点都能在方孝孺政治思想中找到印证：一是祖宗法不可变，黄氏认为良法与恶法的根本区别唯在于是否基于公义而制定，祖宗之法只要有害国民就应改革；二是法之存亡无关治乱，黄氏认为良法善治是天下太平的必要前提，史实已充分证明三代之法的破坏是民不聊生的重要原因，应当根据现实情况逐步恢复井田、封建、学校和兵役等制度；三是治人先于治法，黄氏认为由于行政权无法超出制度框架，再优秀的官吏也会被制度束缚，反之只要制度本身得当，纵使小人为官也不至于损害公利，所以治法问题的优先度理当高于治人。

应当说，《明夷待访录》制度建构论的精神内核与方孝孺政治伦理相当契合，尤其是在倡导立法利民、批判“人治高于法治”等问题上，双方观点互为补益，清楚揭示出一旦制度失去利民本义，就一定会变成压榨人民的工具，使天下人不得其善，反而极大有害于国家。概言之，方、黄二公都要求政治制度的善恶标准符合主客观相统一的原则，即既要主观上出于立法者的“公天下之心”，[66] 又须客观上使国民切实受益。这就导致他们一边声称制度正义性应当诉诸现实层面的立法利民，一边依然不免将政治制度的扭曲乃至文明理想的失落归咎于君主的主观失职，而令他们的制度批判始终未能完全切中君主制政体的要害。但不可否认的是，《明夷待访录》谋划的变法详案毕竟在思想史上较早触及了以权力制衡理念为中心的政治改革路径，[67] 一反仅靠对君主施加道德约束来实现政治清明的儒家德治主义传统，比之方孝孺君学论而言确是一次较大飞跃。

结语

明朝有国不足三百年，皇权之独断、政治之动荡、士风之混乱可谓近世之最。方孝孺与黄宗羲分别生于一朝之首尾，二者的政治思想不约而同地始于对君主专制的批判，其以民为本的政治伦理准则固然一脉相承，最终落实处却不尽相同。要言之，传统民本论附着于儒家世界观下君、臣、民三者固有的等级秩序，虽言“民贵君轻”，民众却不享有政治话语权。方孝孺作为这一传统的集大成者，虽然提出过使民众不依靠君主、自谋教养来实现治世的宗仪自治

---

66 方孝孺:《深虑论三》,《逊志斋集》卷二，第 114 页。

67 相关变法建议包括：国体方面，折衷封建与郡县，改行方镇之制，制衡中央；官制方面，恢复宰相及其附属行政机构，力求君臣共议朝政，杜绝阉宦当权，整顿胥吏；教育方面，改革学校与选举，由具备真才实学的儒家知识分子掌握培育与筛选人才的实权，并使学校同时成为对君主决策有实际影响力的舆论监督机构。以上方案不全都切合实际，但足见黄宗羲对明代政治制度的深入反思与对专制皇权的高度警惕。

论，从结果上看可谓是以更激进的方式完成了对君权的否定，但这并不能改变他忽视了民众作为一股重要政治力量的事实，其政治伦理学中即使已有“人人平等”的意思表达，他所理解的平等也仅止步于人类内在价值的平等，而非真正的平等人权，他所构想的王治也只能说是由上至下的单方面施惠，而非真正的解放人民。而黄氏既见专制皇权荼毒已久，又自觉接受了阳明学与东林党的影响并有所超越，遂能高举“民主君客”的思想旗帜，大胆承认民众反抗君权压迫、保全个人正当权益的合理性，无异于已将人民看作历史洪流中独立的政治力量。《明夷待访录》不啻通过揭露世袭皇权“家天下”的私心来否定君主专制政体的合法性，更期望实现一种君臣分治、有限皇权、舆论监督并保护国民私有财产的崭新政体，这与明代中后期富民阶层的日益壮大及承认个体平等、追求个人自由的理学风潮是分不开的。因此，同样是从民本主义立场出发，方氏由君职导出君学，始终囿于敦促国君正心诚意、自觉履职的道德修养问题；黄氏则由君职转向变法，预想经由分化君权的外部监督制度倒逼君主履行道德义务，已然突破了传统民本论那种德治主义说教，昭示出新民本主义政治哲学的启蒙先声，显然更具有现实性和前瞻性。

总而言之，本文固然只能部分解决《明夷待访录》的思想来源问题，但通过理清该书与方孝孺政治思想之间可能的承继关系，确能折射出明清江南儒学在这段时期中星火相传，以及由此造就的学术奇观。当然，关于《明夷待访录》究竟在多大程度上发展了中国传统政治哲学，学术界也有多种意见。自清末民初梁启超等人将黄宗羲标举为近代革命思想先驱以来，学术界对待《明夷待访录》便不乏追捧备至者，然亦有平淡视之者。譬如，萧公权就曾说："细绎《待访录》之立言，觉梨州虽反对专制而未能冲破君主政体之范围。故其思想实仍蹈袭孟子之故辙，未足以语于真正之转变。"[68] 所论不无道理。概观而言，无论是方孝孺还是黄宗羲，其"民本仁政"的理论架构乃至核心理念比之两千年前的孟子确无实质区别。然而，政治本身的实践属性决定了政治思想的价值不唯在于表现形式上的别出心裁，更重要的是看一种政治思想能否回应时代的需要、回答时代的问题。由此着眼，虽然方孝孺的政治构想悉数落空，黄宗羲盼望的"大壮"之运也没有如期到来，但正如方氏政治伦理学可以下贯至黄氏的君主制批判理论，近代思想家也可以借助《明夷待访录》接引传统政治哲学走向现代性，这一内在连续的思想史过程本身就是儒家知识分子以民为本、天下为公的伦理精神和敢于挑战权威的正道信念永不褪色的最好证明。

68　萧公权：《中国政治思想史》，商务印书馆，2011 年，第 592 页。

黄宗羲经世学的形成及与西学的交汇

孙宝山（中央民族大学哲学与宗教学学院）

明代末期，经世学在内忧外患中迅速兴起，并取代心性学成为时代风尚；与此同时，西方传教士带来的西学影响也在逐渐扩大。黄宗羲（字太冲，号梨洲，又号南雷，明万历三十八年—清康熙三十四年，1610—1695）正是在这样一个激荡的时代中成长起来的，可以说是明末清初经世学与西学交汇中最具有代表性的人物。以下笔者将从心性学到经世学的转换中对黄宗羲经世学的形成、西学对其经世学的影响以及其经世学吸收西学的模式等问题进行探讨，以此揭示中国传统学术在西学传入后所展现的新的变化轨迹。

一、从心性学到经世学

明代前期，学术的基本形态是以程朱为代表的理学。永乐十二年（1414）十一月，明成祖朱棣下令翰林院学士胡广、侍讲杨荣、金幼孜等纂修《五经》《四书》的集注及周、程、张、朱关于“性理之言”的汇编。胡广等奉命在东华门外开馆，日夜兼修，光禄寺朝夕供给饮食。[1] 永乐十三年（1415）九月，《五经大全》《四书大全》《性理大全》完成，明成祖阅后亲自题写《御制序》，下令刊刻，颁布天下，对于其将发挥的政教功用给予了很高的期待。[2] 三部《大全》的纂修完成正式确立了程朱理学的正统地位，《四书大全》更是科举考试的主要依据，明代士子自蒙童就开始学习，程朱理学由此而成为明代前期的基本学术形态。明代前期学者大多谨守程朱理学宗旨，不敢有大的改动，正所谓“此亦一述朱，彼亦一述朱”[3]。明代中后期，以陈白沙和王阳明为代表的心学勃然兴起，在民间形成了很大的声势，给明代学术带来了一股新风。尤其是阳明心学在王艮、王畿等阳明弟子的推动下一时风行天下，甚至取代了程朱理学在民间的支配地位，成为主流的学术形态。到了明代末期，社会弊端不断积累，内忧外患日益加深，整个国家面临生死存亡的巨大危机。面对此种危局，无论是程朱理学，还是阳明心学，都难以提出切实有效的解决办法，黄宗羲说：

> 奈何今之言心学者，则无事乎读书穷理；言理学者，其所读之书不过经生之章句，其所穷之理不过字义之从违。薄文苑为词章，惜儒林于皓首，封己守残，摘索不出一卷之内。其规为措注，与纤儿细士不见长短。天崩地解，落然无与吾事，犹且说同道异，自附于所谓道学者，岂非逃之者之愈巧乎？[4]

---

1 《明太宗实录》卷一五一八，“中研院”历史语言研究所，1984 年。

2 《明太宗实录》卷一六一八。

3 黄宗羲：《明儒学案》卷十《姚江学案》，黄宗羲撰、沈善洪主编：《黄宗羲全集》第七册，浙江古籍出版社，2004 年，第 197 页。

4 黄宗羲：《留别海昌同学序》，《黄宗羲全集》第十册，第 645—646 页。

> 儒者之学，经纬天地。而后世乃以语录为究竟，仅附答问一二条于伊洛门下，便厕儒者之列，假其名以欺世。治财赋者则目为聚敛，开阃扞边者则目为粗材，读书作文者则目为玩物丧志，留心政事者则目为俗吏，徒以“生民立极，天地立心，万世开太平”之阔论钤束天下。一旦有大夫之忧，当报国之日，则蒙然张口，如坐云雾。世道以是潦倒泥腐，遂使尚论者以为立功建业别是法门，而非儒者之所与也。[5]

儒学都具有治理国家、安定天下的经世指向，程朱理学和阳明心学自然也不例外，但它们关注的重点毕竟是在心性修养层面，与社会现实会产生一定的距离，它们的学术视野也往往局限在语录章句方面，缺乏广博的知识和实际的能力，面对危机四伏的现状，不是采取逃避的态度，就是如坐云雾、束手无策。于是人们谈论心性的热情大为降低，一些有志之士转而致力于政治、民生、军事等与国家治理直接相关问题的研究，他们迫切希望通过对这些问题的研究找到挽救国家危亡的切实可行的办法，从而使经世之学（简称经世学，当时也称经济之学、佐王之学或王佐之学）成为时代风尚，经世学可以说是在对程朱理学和阳明心学的反思与批判中形成的。明末经世学风形成的标志是明崇祯十一年（1638）完成的《皇明经世文编》，该文编由陈子龙、宋徵璧、徐孚远等人编辑，内容遍及政治、经济、法律、军事、民生、教育、历法等各个方面，堪称明代的经世百科全书。黄宗羲与陈子龙都具有经世情怀，彼此交情深

5 黄宗羲:《赠编修弁玉吴君墓志铭》,《黄宗羲全集》第十册，第 433 页。

厚，黄宗羲曾为余姚县出现的疑案向时任绍兴推官陈子龙代为申诉，使两人被免于死罪，[6]黄宗羲的经世学可以说是陈子龙在明末倡导的经世学风在清初的延续和发展。

就黄宗羲的个人经历而言，他出身于官宦家庭，他的父亲黄尊素是“东林”的重要成员，对现实政治有着强烈的关怀。他自幼便继承了“开物成务”的家学传统，[7]留心经世致用的“佐王之学”。黄尊素等“东林”人士因与以魏忠贤为首的“阉党”进行抗争而被害死在狱中，黄宗羲年纪轻轻便卷入了残酷的党争之中。他决意拼上一死也要为父亲鸣冤复仇，崇祯帝即位后，“阉党”失势，他联合“东林”其他子弟上疏朝廷对“阉党”要员进行了快意复仇。此后，他又广结名士，频繁地参加各种会社活动，并加入了当时最大的会社复社，参与了驱逐“阉党”依附者阮大铖的《留都防乱揭》事件。他虽然十七岁就遵父命拜心学大家刘宗周为师，[8]但其心思并未放在理学和心学这样的心性学上，“聊备蕺山门人之一数耳”。[9]他先是日思夜想如何鸣冤复仇，后又忙于科举、交游，所往来的大多是致力于“佐王之学”的豪杰之士[10]和胸怀阔达、对世间俗物不屑一顾的奇特之士，[11]希望直接通过政治实践来改变政治状况，以

6 见黄宗羲《思旧录・陈子龙》，《黄宗羲全集》第一册，第 365 页。

7 见黄宗羲《明儒学案》卷六十一《东林学案》四《忠端黄白安先生尊素》，《黄宗羲全集》第八册，第 864 页。

8 见黄炳垕：《黄梨洲先生年谱》卷上“六年丙寅”条，《黄宗羲全集》第十二册，第 20 页。

9 黄宗羲：《恽仲升文集序》，《黄宗羲全集》第十册，第 4 页。

10 见黄宗羲：《思旧录・周镳》，《黄宗羲全集》第一册，第 355 页；黄宗羲：《征君沈耕岩先生墓志铭》《陈定生先生墓志铭》，《黄宗羲全集》第十册，第 382、396 页。

11 见黄宗羲：《万悔庵先生墓志铭》，《黄宗羲全集》第十册，第 297 页。

挽救当时内忧外患的危局。清军入关渡江南下后，他招募家乡子弟数百人组成“世忠营”，加入了浙东拥戴鲁王的抗清队伍。他从十四岁随父进京开始接触政治，从十九岁进京申冤开始从事政治实践活动，后来又参加抗清活动，断断续续坚持了十余年，几度面临生死危险，一直到四十七岁才结束动荡。这种曲折复杂的经历在历代儒家学者当中都是非常罕见的，为他后来提出具有创造性的经世思想提供了实践基础。

浙东抗清斗争失败后，黄宗羲满腔壮志郁抑难伸，于癸巳九月[12]（南明监国鲁八年，清顺治十年，1653）完成《留书》八篇。他希望后人能够实行他的主张，不使他的著述流于空言。《留书》集中体现了他反抗“夷狄”入侵、保卫“华夏”文化、重建“华夏”国家的民族思想，这正是“其书不可不留”[13]的原因。清康熙元年壬寅（1662），永历帝在云南遇难，[14]黄宗羲闻讯“始有潮息烟沉之叹”，[15]对明朝复兴的希望彻底破灭了。为了规划未来，他开始撰写《明夷待访录》，于康熙二年癸卯（1663）完成。[16]他根据秦晓山传给胡翰的“十二运论”对历史的演化加以推算，以为不久会有“圣王”兴起，一改自周敬王甲子以来的漫长“乱运”，将历史带入全新的“大壮治运”，他著书的目的是期望二十年后应运而生的“圣王”在驱逐清朝之后能按照他所设计的蓝图重建“华夏”、

---

12 见黄宗羲：《留书·自序》，《黄宗羲全集》第十一册，第1页。
13 黄宗羲：《留书·自序》，《黄宗羲全集》第十一册，第1页。
14 黄宗羲：《永历纪年》，《行朝录》卷五，《黄宗羲全集》第二册，第167页。
15 全祖望：《书〈明夷待访录〉后》，全祖望撰、朱铸禹汇校集注：《全祖望集汇校集注》中，上海古籍出版社，2000年，第1391页。
16 见黄宗羲：《明夷待访录·题辞》，《黄宗羲全集》第一册，第1页。

恢复“三代”。[17] 正是基于此种考虑，他在此书中对中国的政治传统进行了深刻的反思与批判，提出了一套完整的政治变革理念，并以此为依据对政治制度的重建进行了创造性的构想。

黄宗羲在学问上虽然师承刘宗周，但二人的风格还是存在较大差异。刘宗周继承了心性学的学风，一贯主张从身心修养、道德教化入手去改善政治状况，屡屡被崇祯帝斥为“迂阔”；[18] 但黄宗羲早年对讲求心性修养的理学和心学并不专注，也不太喜好甚至有些轻视，而对正在兴起的经世学表现出很大热情，热衷于参加各种会社活动，希望直接通过政治实践来改变政治状况，《留书》和《明夷待访录》正是他对政治实践进行系统总结和深刻反思的成果。直到后来他因参加抗清被清朝缉捕而逃亡深山找出旧时藏书研读，才逐步走上心学之路[19]，并撰写了《明儒学案》、《孟子师说》、《宋元学案》，而且他倡导的心学淡化本体、强化工夫，也具有强烈的经世学色彩。

二、西学对经世学的影响

《留书》和《明夷待访录》是黄宗羲经世学在理论方面的代表著作，从这两部著作可以看出他的经世学包括范围是非常广的，涵盖政治、经济、法律、军事、民生、教育、官制、取士等各个方面。在取士方面，他对明代以时文取士导致人才凋落的弊端予以

17 详见拙作：《〈明夷待访录〉的写作意图辨证》，《中国哲学史》2007 年第 2 期。
18 见黄宗羲：《子刘子行状》卷上，《黄宗羲全集》第一册，第 216、221、231 页。
19 见黄宗羲：《恽仲升文集序》，《黄宗羲全集》第十册，第 4—5 页。

了批判，对明末“科举”制度改革失败的教训加以总结，认为明代“取士”制度的根本弊端在于“严取宽用”，只通过“科举”一种方式选拔士人，使其无法通过其他途径脱颖而出，而一旦通过了“科举”的最终考试，就马上授予官职，致使许多官员难以胜任。为了克服上述弊端，他根据“取士也宽”“用士也严”的原则，提出了以多途“取士”代替单一“科举”的制度构想，其中特别值得注意的是有“绝学”一项：“绝学者，如历算、乐律、测望、占候、火器、水利之类是也。郡县上之于朝，政府考其果有发明，使之待诏。”[20] 在科举取士盛行的时代，历算、乐律、测望、占候、火器、水利等这些各具功用的学科受到冷落而不断衰落，甚至难以找到通晓的人才，黄宗羲曾数次感叹自己费尽心力掌握“绝学”后不但无处可用，而且连个可交流的人都没有：“自某好象数之学，其始学之也无从叩问，心火上炎，头目为肿；及学成，而无所用，屠龙之技，不待问而与之言，亦无有能听者矣。”[21] “余昔屏穷壑，双瀑当窗，夜半猿啼伥啸，布算簌簌，自叹真为痴绝。及至学成，屠龙之伎，不但无所用，且无可与语者，漫不加理。”[22] 正是基于此种现状，他才提出在“取士”制度加入“绝学”一项，从而为从事历算、乐律、测望、占候、火器、水利等冷僻学科研究的士人提供出仕的途径。他不但大力提倡“绝学”，而且下了很大功夫去研究“绝学”，并且取得了很多出色的成果。在历法方面，共撰有十部著作：《授时历故》《授时历法假如》《西洋历法假如》《新推

20 《明夷待访录・取士下》，《黄宗羲全集》第一册，第 19 页。

21 黄宗羲：《王仲抭墓表》，《黄宗羲全集》第十册，第 266 页。

22 黄宗羲《叙陈言扬句股述》，《黄宗羲全集》第十册，第 38 页。

交食法》《回回历法假如》《春秋日食历》《时宪历法解》《大统历法辨》《大统历推法》《监国鲁元年丙戌大统历》《监国鲁五年庚寅大统历》；在算学方面，撰有六部著作：《气运算法》《勾股图说》《开方命算》《测圆要义》《圆解》《割圆八线解》；在乐律方面，撰有《律吕新义》。[23]

黄宗羲提倡"绝学"当然是明末清初经世学风的一个具体体现，但与西学的影响也是密不可分的，上面所列他撰写的"绝学"著作中的《西洋历法假如》《时宪历法解》就是研究西方历法的。他在《赠百岁翁陈赓卿》一诗中写道："西人汤若望，历算称开辟。为吾发其凡，由此识阡陌。"[24] 从这里可以看出，他对于历法的研究是受到了西方传教士汤若望的启发。他把火器列入"绝学"也是由于意识到西方火器技术精良、威力巨大，他说：

> 欧罗巴国欲行其教于日本，其教务排释氏，中国之所谓西学也。日本佞佛，乃杀欧罗巴之行教者。欧罗巴精火器，所发能摧数十里，举国雠日本，驾大舶，置火器，向其城击之。日本谢罪，大舶始退。[25]

基督教传入日本，给日本遵奉的佛教带来很大冲击，日本于是对基督教徒进行迫害，招致了欧洲国家的报复，欧洲国家凭借火器的巨

---

23 详见吴光：《黄宗羲著作存佚总表》，《黄宗羲全集》第十二册，第 270—272 页；杨小明：《黄宗羲的科学成就及其影响》，吴光等主编：《黄梨洲三百年祭》，当代中国出版社，1997 年，第 177—187 页。

24 黄宗羲：《南雷诗历》卷三，《黄宗羲全集》第十一册，第 285 页。

25 黄宗羲：《海外恸哭记》，《黄宗羲全集》第二册，第 219 页。

大威力迫使日本谢罪。黄宗羲为抗清曾与冯京第等赴日本乞师，并作有《日本乞师》和《避地赋》，[26]对日本有很多真切细致的描述，欧洲国家凭借火器使日本谢罪这一事件无疑给他的内心带来很大的震撼，从而使他充分认识到了火器的重要性，所以将火器也列入“绝学”当中。很有意思的是，在火器的问题上，黄宗羲与其师刘宗周的态度形成了鲜明的对比，御史杨若侨曾向崇祯帝推荐汤若望监造火器，刘宗周对此断然予以反对：

> 迩来边臣于安攘御侮之策，战守屯戍之法，概置不讲，恃火器为司命。今破城陷邑，岂无火器而然哉？……不恃人而恃器，国威所以愈顿也。汤若望唱邪说以乱大道，已不容于尧舜之世，今又作为奇巧以惑君心，其罪愈无可逭，乞皇上放还本国，永绝异教。……火器终无益于成败之数。国家大计，当以法纪为主。[27]

他对边关将领不讲求消除祸患、抵御外敌的策略和攻守驻扎的战法而依靠火器来维系命运安危予以了强烈的批判，认为正是不依靠人的力量而依靠武器的威力才导致城邑失陷、国威受挫，火器对于成败结果并没有帮助，国家大事要以法律制度为基本依据。明末的危局是历代弊政长期积累而导致法律废弛、制度涣散、民心背离等所造成的，并不是简单依靠火器御敌就能轻易解决的，刘宗周所言并非没有道理，但他把火器这一有远大发展前途的热兵器仅当作“奇

26　黄宗羲：《行朝录》卷八，《黄宗羲全集》第二册，第180—183页；《避地赋》，《全集》第十册，第629页。

27　黄宗羲：《子刘子行状》卷上，《黄宗羲全集》第一册，第235页。

巧”来看待，无疑表现出了很大的轻视态度，而黄宗羲则将其视为“绝学”，表现出很强的前瞻性，两者形成了鲜明的对比。黄宗羲对刘宗周关于火器的态度非常清楚，上面这段话就出自他的记录，他与刘宗周在对待火器的态度方面出现这么大的差异，一方面与他重视经世学有关，另一方面则是由于他通过日本乞师深刻认识到西方火器技术精良、威力巨大所致。在对待汤若望的态度方面，黄宗羲和刘宗周作为儒者都对他传播的基督教持批判态度，但刘宗周由此而对其完全予以否定，并且强烈要求将他驱逐回国，而黄宗羲则对他传播西方历法的贡献给予了充分肯定，并且承认自身历法的研究是受到了他的启发，从这里可以看出黄宗羲对西学还是有一个比较公允的态度。黄宗羲作为儒者对算学表现出异乎寻常的兴趣，也与西方数学传入而受到激发有关，他在《叙陈言扬句股述》中说：

> 句股之学，其精为容圆、测圆、割圆，皆周公、商高之遗术，六艺之一也。自后学者不讲，方伎家遂私之。……珠失深渊，罔象得之。于是西洋改容圆为矩度，测圆为八线，割圆为三角，吾中土人让之为独绝，辟之为违天，皆不知二五之为十者也。……此特六艺中一事，先王之道，其久而不归者，复何限哉？[28]

在他看来，“句股之学”是周公、商高遗留下来的学问，属于儒家六艺之一，后来儒家学者不再讲求，于是方术研究者将其独占密不

28 《黄宗羲全集》第十册，第37—38页。

外传，而使其长期被埋没起来，西方人却把它承接过来，并改变名目带入中国，中国人要么推崇为绝无仅有，要么驳斥为违反天道，根本不知道这原本就是中国固有的学问。正是受此激发，他才费尽心力去研究算学，希望将中断了的儒家“绝学”续接起来。在他的带动和启发下，他的儿子黄百家和弟子陈訏都对算学产生了浓厚兴趣，并且悉心钻研，取得了丰富的成果，这篇序文就是他为陈訏的算学著作《句股述》而作。

三、经世学吸收西学的模式

上述《叙陈言扬句股述》那段话也被视为黄宗羲倡导“西学中源说”的证明，而“西学中源说”往往又被视为妄自尊大、盲目排外，黄宗羲也因此受到一些人的非议。但应该看到，在中国与西方相遇之前，在中国人的观念中，中华是天下的中心，是唯一的文明世界，中华即代表天下，中华之外是蛮荒的四夷。事实上，中华文明也的确长期处于世界文明前列，并且不断向周边辐射。所以当黄宗羲等明末清初学者看到那些从西方传入的学问时，自然不会相信这是西方独立创造出来的成果，而他们回头审视中国固有的学问时又恰恰发现了类似的东西，于是就不免产生了美好的误会——“西学中源说”。其实，“西学中源说”也并非完全子虚乌有，象众所周知的火器、罗盘、造纸、印刷、制瓷、制丝等重大人类文明成果就是由中国发明而传入西方，又回流中国、普及世界的。“西学中源说”尽管并不完全符合事实，但在西方文明传入的初期，对于中国人积极吸收西方文明和大力发展中华文明是起了很大促进作用的。

黄宗羲正是在“西学中源说”的激励下，才在历法、算学、乐律等方面投入巨大热情进行研究，并主张将这些学科列入“绝学”加以发展，以使其能够得到复兴。直到清末，许多学者在吸收西方文明方面依据的还是“西学中源说”，“改革思潮”代表人物陈炽就以此为据对以“西学之器”弘扬“先王之道”的合理性和必要性加以了阐述：

> 形而上者谓之道。修道之谓教，自黄帝、孔子而来，至于今未尝废也。……形而下者谓之器。是道之粗迹，先王遗意之所存，经秦政之酷烈熏烁而迁流于西域者。天将以器还中国，而以道行泰西，表里精粗，交易而退。人情之所便，天意之所开，虽圣人复生，其能拂人情、违天意，而冥行独往、傲然其不顾哉？故知彼物之本属乎我，则无庸显立异同；知西法之本出乎中，则无俟概行拒绝。[29]

他主张通过对中国器物制度的改革和对西方器物制度的引入恢复“三代”，他所说的“形而上之道”指的是“三代”的礼仪道德，“形而下之器”指的是“三代”的器物制度，“形而上之道”自黄帝、孔子以来一直传承了下来，“形而下之器”则由于秦始皇的焚书坑儒而失传，但展转流传到西方得以发展起来，现在中西交汇，为“道”“器”复合、恢复“三代”提供了绝好的机会，盲目地拒绝西学绝对是不明知的举动。

---

29 陈炽：《庸书》内篇卷上《自强》，赵树贵、曾丽雅编：《陈炽集》，中华书局，1997年，第8页。

“西学中源说”与东汉时期佛教传入中国之后出现的“老子化胡说”非常相似，根据此说，老子骑着青牛西出阳关，经西域至天竺，化身为佛，创立佛教，教化胡人，佛教后来又从天竺经西域反过来回传到中国。“老子化胡说”当然并非事实，但在佛教传入的初期为其传播和普及带来了很大的便利，因为由此说法自然可以得出一个结论：既然佛教是中国人创立的，现在又回到了故里，那么中国人还有什么理由拒绝呢？“老子化胡说”最早可能是佛教徒出于传教的目的而创造的，这虽然给佛教的传播和普及带来了便利，但另一方面也降低了佛教的地位，抬高了道家或道教的地位。当佛教在中国逐渐发展壮大形成气候之后，佛道两家就不可避免为此而发生争执。与“老子化胡说”相比，“西学中源说”对于西学的传播和普及所起的作用更加广泛而持久，负面作用也更小，决不能简单地将其视为自我麻醉、精神胜利而予以否定。同时还须指出的是，“老子化胡说”是把佛教说成原本是由中国人创立的，而“西学中源说”只是说科学技术原本是由中国人创立的，而不是说基督教原本是由中国人创立的，这是两者的显著不同之处。正因为如此，黄宗羲并不把历法、算学、火器等科学技术看成是西学，而是把它们当作是中国固有的“绝学”。从他上面所说的“欧罗巴国欲行其教于日本，其教务排释氏，中国之所谓西学也”这一段话可以看出，他所说的“西学”实际上指的是基督教。对于基督教，他基于儒家的立场而采取批判的态度，并且对像徐光启之类的儒者支持基督教的传播颇有微词：“为天主之教者，抑佛崇天是已，乃立天主之像记其事，实则以人鬼当之，并上帝而抹杀之矣。此等邪说，虽止于君子，然其所由来者，未尝非儒者开其端也。”[30] 所以严格地说，黄宗羲倡导的并不是“西学中源说”，而是“科学中源说”。他认为科学技术是中国固有的学问，并将其列入经世的“绝学”当中。当然，从历史事实来看，他的这一举动很大程度上是受西方传教士带入的西方科学技术影响所致。

在明末清初这样一个激荡的时代，黄宗羲一方面将心性学导向了经世学，另一方面他又把西学纳入到经世学，从而成为明末清初经世学与西学交汇中最具有代表性的人物。由于受西方传教士带入的西方科学技术影响，他在历法、算学、乐律等方面投入了巨大热情进行研究，并主张将这些学科列入“绝学”加以发展，以使其能够得到复兴，他吸收西学的模式是以科学技术为内涵的“西学中源说”即“科学中源说”，这一学说不仅对他发展和复兴“绝学”起了巨大的激励作用，而且对于后来中国人积极吸收西方文明和大力发展中华文明也起了很大的促进作用。

30　黄宗羲:《破邪论·上帝》,《黄宗羲全集》第一册，第 195 页。

纲纪与法治:《明夷待访录》在清末受到的批评

王格(上海财经大学哲学系)

我们知道,清末民初士人群体的“晚明想象”影响甚远,[1]尤其是对于那一时期中国知识人的政治理想以及他们所诉求的制度变革而言。[2]可以说,“晚明想象”深入影响到了近代中国新的“制度想象”,比如,清末立宪运动就与所谓“清初三大儒”入祀孔庙事件有深刻的历史关联。[3]在这段激荡复杂的政治思想史和制度变迁运动中,尤其引人注目的,正是《明夷待访录》沉寂百余年之后的重新刊刻并广为流传。[4]据梁启超(1873—1929)在1920年的回忆,他当年与谭嗣同(1865—1989)等人“倡民权共和之说,将其书节钞印数万本,秘密散布,于晚清思想之骤变,极有力焉”。[5]虽然从历史考证来看,梁启超这段回忆有些可疑,[6]因为早在1890年

1 参见秦燕春:《清末民初的晚明想象》,北京大学出版社,2008年。

2 王汎森:《中国近代思想与学术的系谱》,河北教育出版社,2001年,第71—87页。

3 段志强:《孔庙与宪政:政治视野中的顾炎武、黄宗羲、王夫之从祀孔庙事件》,《近代史研究》2011年第4期。

4 王汎森:《权力的毛细管作用:清代的思想、学术与心态》,联经出版事业股份公司,2013年,第220—221页。

5 梁启超:《清代学术概论》,上海古籍出版社,1998年,第18页。

6 朱维铮:《走出中世纪二集》,复旦大学出版社,2008年,第83页。

代以前，《明夷待访录》就已经广为流布并开始备受士人的推崇。[7] 不过，梁启超实际所要表达的意思，显然正如其 1923 年的这段陈述：

>（《明夷待访录》）在三十年前，我们当学生时代，实为刺激青年最有力之兴奋剂。我自己的政治运动，可以说是受这部书的影响最早而最深。[8]

可以说，自 1890 年代以后开始推动维新变法等一系列社会政治变革运动的知识分子，多少都受到了这本书的影响。

可是，在晚清民初这股以《明夷待访录》为大旗的时代潮流里，却也有几位看起来“不合时宜”却又目光如炬的批判者。他们大致是基于各自不尽相同的文化保守立场，对黄宗羲及其《明夷待访录》中的若干论述问题进行了不遗余力的批评和反驳。其中，又以朱一新（1846—1894）、李滋然（1847—1921）和章太炎（1869—1936）三位的批评最为典型。此外，晚清名士李慈铭（1830—1894）对该书各篇也有简要的批评，然未免有失笼统而草率。[9] 以往学者多聚焦《明夷待访录》在近代受到的正面评价。近有顾家宁着眼于李滋然和宋育仁的批评，然其目的仍在于考察儒家

---

7 王汎森：《权力的毛细管作用：清代的思想、学术与心态》，第 222—225 页；杨际开：《〈待访录〉在清末的传播源、影响及其现代意义》，《上海师范大学学报》（哲学社会科学版）2011 年第 6 期。

8 梁启超：《中国近三百年学术史》，东方出版社，1996 年，第 53 页。

9 李慈铭：《越缦堂读书记》，上海书店出版社，2000 年，第 622—623 页。

思想如何接引现代政治思想的问题。[10] 本文则对此三家批评试作解析，重新审视这些批评所蕴含的洞见及其背后的政治哲学问题，进而审视作为政治哲学论述的《明夷待访录》本身所存在的一些张力和难题。

一、朱一新论变法除弊

朱一新是一位较少被当代研究者专门论及的晚清学者。他受到一些学者的重视，主要是因为他曾基于更为保守的学术思想立场激烈地批评过康有为（1858—1927）。[11]

晚清时期，《明夷待访录》大量刊刻印行，随着传阅范围渐广，序、跋、"书后"等传统形式的学术评论纷至沓来。潮流所至，自然大都是极力表彰和宣扬黄宗羲的思想。在朱一新《无邪堂答问》一书中，一共收录了六则"评《〈明夷待访录〉书后》"，对相关表彰给出了较为严厉而细致的批评，其内容则主要是在晚清的时代背景之下考量《明夷待访录》的论述。其中，所评《书后》文章，有两则未具作者姓名，俟考；另有四则分别是廖珮珣（字君栗）、黎元庄（字辰约）、梁宗伯（字式如）和颜重光（字宜甫）所撰，四人均为广东籍士人。[12] 可以推知，六则评论当为朱一新 1889 年始执教广雅书院之后的数年间与书院诸生的教学

10 顾家宁：《儒家政治现代转型的初步探索——以清末传统视角中的〈明夷待访录〉批评为线索》，《哲学动态》2018 年第 4 期。

11 朱维铮：《康有为和朱一新》，《中国文化》1991 年第 2 期。

12 李伟：《明夷待访录译注》，岳麓书社，2008 年，第 198—204 页。

互动。[13]

概括地讲，朱一新对黄宗羲《明夷待访录》的批评，在理论上主要聚焦于两个问题：一是“变法”与“除弊”，二是“公私”与“古今”。

（一）“变法”与“除弊”

朱一新主张，变法改制应当顺应事势、民心，因势利导，且以“除弊”为主，在一般情况下不宜贸然强行大变革。[14] 朱一新对黄宗羲的这一点批评的确能击中要害，黄宗羲是要彻底扭转制度的建制原理，以“公”的原理重新建立制度，这一重建秩序的“制度想象”是黄宗羲政治哲学的思想实验。可是，这仅仅是理论上的想象，现实世界并没有太大的可能让你推倒重来，因为现实世界中任何人都不是一个超然在上的设计者，甚至也没有任何人能真实地站在“无知之幕”的背后——任何改变都不得不考量不同人的现实既得利益。因此，政治实践中的“重建”往往不仅不成功，而且多适得其反。

不过，朱一新的这项批评并没有来自上述政治哲学思考，而是主要来自政治实践的经验，其基本立场接近于一种实用的政治观，正如“古无一成不变之兵法，亦无百年不坏之兵制，在随时整饬，以适于用而已”。[15] 朱一新直接从经验的角度就“法”给出了抨击，

13 张淑琼：《朱一新〈无邪堂答问〉之成书及其版本流传》，《肇庆学院学报》2013 年第 1 期。

14 朱一新：《无邪堂答问》，中华书局，2000 年，第 107 页。

15 朱一新：《无邪堂答问》，第 15 页。

他认为“除弊”当重于新的“立法”，因为在政治实践中，旧弊未除，新弊又起，往往带来更多弊病。并且，朱一新还认为，黄宗羲所拟之“法”并不比历朝以往所制定的更高明，而“历久生弊”则是必然之势，“使梨洲之法果行，亦由是也”。[16]

对于朱一新这两条进路的批评，黄宗羲显然是不会服的，因为他认为“历久生弊”是建制根源上的错误导致，即如果以“私”的原理建制，不论怎么改革，往往都会新弊、旧弊叠加，恶性循环，[17] 因此“三代以下有乱无治”。而黄宗羲的制度想象想要尝试的，是从全新的“公”的原理来重新建制，他认为这样才不会再出现制度上不断的恶性循环，进而达到“致天下之治”。

因此，虽然在这一点上，朱一新似乎的确抓住了黄宗羲“待访”之要害，但他的批评只是从政治实践中的直观感觉而来的历史经验。在政治实践智慧上，朱一新的判断可能比黄宗羲更为高明和稳妥，在立论上完全可以更站得住脚。但是，朱一新的论述却表明他不仅没有理解黄宗羲对“公”“私”两种对立的建制原理之哲学思考，进而对之进行有效的批评和反驳，反而其正面论述正好落入了黄宗羲所予以最有力理论批评的圈套之中——就仅此而言，黄宗羲完全可以成功地应对和化解。

（二）“公私”与“古今”

我们知道，黄宗羲《明夷待访录》中“古”和“今”、“公”和“私”的对立，就地扭转了以程朱理学为代表的历史哲学和政治哲

16　朱一新：《无邪堂答问》，第 111 页。
17　秦晖：《并税制改革与“黄宗羲定律”》，《农村合作经济经营管理》2002 年第 3 期。

学中基于道德理想主义的价值评判，而落实为两种政治建制原理的对立，并正由此展开他的制度想象。可是，晚清的朱一新似乎仍在理学家的话语中理解黄宗羲，他从实际政治经验和历史经验的角度给出了这样的评论：

> 古今人情不甚相远，治法亦不甚相远，特圣王之治纯，后王之治杂。圣王公天下，后王私天下。其心虽私，其治固不能不出于公。后王与圣王所判者，在心术不在治法，因心术之私，而治法亦遂有私者，要非事事皆私也。汉魏以来，良法美意甚多，何尝专为私天下而设？即为私天下而设，行法者但当问其法之如何，尽有其人可诛，其法可取者。若一切抹杀，而徒取古者不全不备之法，以施诸势殊事异之时，其窒碍也宜矣！[18]

这里朱一新的论述强调古、今并不相远，对于政治制度，强调要重其效用而不当仅论其“心术”，是一种很平易和通达的论述路径。这种论述当然十分接近于儒学传统中以南宋浙东学者陈亮、叶适为代表所主张的那样一种重视现实功利、不抹杀“三代以下”之建制的价值评判论和历史哲学，亦即被批评者斥为所谓“王霸并用，义利双行”式的政治观。其实，它们来自一种更为经验化的哲学进路。[19]

就具体的制度方案而言，朱一新认为黄宗羲的制度想象中，

18 朱一新：《无邪堂答问》，第 105 页。

19 田浩（Hoyt C.Tillman）：《朱熹的思维世界》，陕西师范大学出版社，2002 年，第 196—208 页。

“其法可采者无几”，[20] 很多都是“不可行于近世”的。[21] 其中，对于黄宗羲所探讨和给出的宰相、兵制、货币，[22] 胥吏和差役，[23] 以及封建、井田和学校[24] 等各方面的具体内容，朱一新都有具体的批评。这些具体的批评不仅有制度本身合理性的考量，还穿插有晚清时势的条件观察，后者显然要针对晚清那些《明夷待访录》的大力鼓吹者。此外，朱一新还指出士人品质并不可保障和信任，“习俗之移人甚矣”，因此黄宗羲所想象的学校制度可能弊端很严重。[25] 显然，朱一新更强调“古今”时势变迁，而不是如黄宗羲的政治哲学那样紧扣“公私”观念和原理。

朱一新虽然亦就唐末五代“藩镇”的制度史问题对黄宗羲的论述提出过“切于本事”的历史学质疑，[26] 但更重要的是，他对一味“学古”的批评，的确表明他的“古今”观其实是很开放通达的：

> 所贵学古者，谓其能取古人之精义，以施诸今日之实事，非谓泥其迹，而可为治也。[27]

只不过，该批评用来针对黄宗羲，显得有些不合适。因为即便退一步，就具体措施而言，黄宗羲也并非“泥古之迹”者，而是努力试

20　朱一新：《无邪堂答问》，第 104 页。
21　朱一新：《无邪堂答问》，第 111 页。
22　朱一新：《无邪堂答问》，第 15—16 页。
23　朱一新：《无邪堂答问》，第 111—112 页。
24　朱一新：《无邪堂答问》，第 104—105 页。
25　朱一新：《无邪堂答问》，第 95 页。
26　朱一新：《无邪堂答问》，第 112 页。
27　朱一新：《无邪堂答问》，第 105 页。

图“取古人之精义”。在学校、封建、井田等各项实际制度的设想中，黄宗羲往往也是参酌古今，虽然其措施设想有时候的确不太具有可行性。

二、李滋然对纲纪的捍卫

李滋然是张之洞（1837—1909）在四川的门生，后又在广东担任过康有为、梁启超的考官，[28] 其所撰《〈明夷待访录〉纠谬》一书（1909 年首次刊行，1911 年增订再刊，以下省称《纠谬》）对《明夷待访录》中的多数篇章进行了细致的批评，[29] 但它却很少被学者专门论及。[30]

李滋然对黄宗羲的批评，缘于清末朝廷围绕“三大儒”从祀事件的争议。其中针对黄宗羲的争议，多聚焦于《明夷待访录》一书。[31] 李滋然《纠谬》一书撰写于清廷 1908 年 9 月准“三大儒”从祀之后，实际上可以看作是从祀事件中清末朝野在黄宗羲《明夷待访录》问题上反方相关论述要旨的集成。[32] 明乎此，《纠谬》主

---

28 张鋆衡：《李滋然墓表并铭》，《长寿县志》卷十四，民国三十三年（1944）铅印本。

29 李滋然：《〈明夷待访录〉纠谬》，清宣统元年（1909）铅印本，中国科学院文献情报中心藏；李滋然：《〈明夷待访录〉纠谬》，清宣统三年（1911）铅印本，中国国家图书馆藏。

30 李焯然：李滋然《〈明夷待访录纠谬〉初探》，吴光主编：《黄宗羲论》，杭州：浙江古籍出版社，1987 年；孙卫华：《晚清守旧派对儒家纲常思想的维护：以〈明夷待访录纠谬〉为中心》，《中南民族大学学报》（人文社会科学版）2014 年第 6 期。

31 孙卫华：《明夷待访录校释》，岳麓书社，2011 年，第 117 页。

32 孙卫华：《晚清守旧派对儒家纲常思想的维护：以〈明夷待访录纠谬〉为中心》，《中南民族大学学报》（人文社会科学版）2014 年第 6 期。

要内容大都基于对“君臣纲常”的捍卫，也就很容易得到理解。

从《纠谬》全书来看，李滋然对“君臣纲常”的捍卫，正是基于公、私原理上给出了针锋相对的驳斥。在这一点上，他显然比朱一新更好地理解了黄宗羲的论述思路。李滋然在《纠谬》的开头就给出了这样清晰的立论：

> 后世人君特患不能以我之大私为天下之公，视天下之大为己之产业耳。果能如此，则营私之心以谋天下之公事，推守一己产业之法以卫天下之民产，即《大学》所云“家齐而后国治，国治而后天下平”也。夫百姓徒役犹妻子臣妾，经有明训，倘能以天下为一家，而以治家之法治之，国未有不治者也。人君既以天下为产业而经之营之，必视天下民庶若子弟而约之束之，爱之护之。从古未有祖父现享富厚之产业，而子孙即受饿殍者也。[33]

可以看出，李滋然此番立论直接建立在黄宗羲“公天下”建制原理的反面，为“私天下”的家国一体建制原理辩护。李滋然认为君主将天下视为自己的私产，方能治理好天下，并从传统儒家经典中“家国一体”“天子主制天下”的论述给予印证。另一方面，李滋然认为，“私天下”的政治运作并不如黄宗羲所论述，实际上除了极少数暴主，即便如曹操、王莽，也不可能真正去为一己之利而害天下、轻天下，[34] 不可能以此“利欲之私”建立起“祖宗之法”，因为

33 孙卫华：《明夷待访录校释》，第 118 页。

34 孙卫华：《明夷待访录校释》，第 118—120 页。

其害会先殃及自己和子孙。[35] 这里，李滋然将政治视为经营私产，而经营私产本身制约了君主不能为暴；与之相反，“家国一体”要求君主能做到“推保天下”。[36] 因此，在李滋然看来，“私天下”是一套自足且合理的政治原理。这里，李滋然对“私天下”政治原理的辩护看起来很有道理，但在实际的政治运作中，则几乎完全依赖于君主的远见卓识，因为几乎所有制约和要求都源自未来的政治后果，而品质不良的君主可能并不那么顾及后果，尤其面对眼前一己私利的诱惑。所以，黄宗羲对“私天下”的指责并没有被李滋然完全驳倒。

与之相较，李滋然认定黄宗羲的“公天下”政治原理是不可取的，因为他坚持认为“君、父为一体”，因此“民生于三，事之如一”，[37]“天下无无父之国，即天下无无君之治也”，[38]“君父相同，不可歧而二之也”，[39]“一君一姓”是政治的根本，“立朝事君矣，则此身即君之所有，非一己所敢自私”。[40] 进而，李滋然认为君臣天下的合理秩序只能是：

> 比君于天，比臣于地，天尊地卑，君尊臣卑，为民所归往。臣事君主屈服，名分既殊，等级自判，载于经籍，述自圣人。[41]

---

35 孙卫华：《明夷待访录校释》，第 132 页。
36 孙卫华：《明夷待访录校释》，第 131 页。
37 孙卫华：《明夷待访录校释》，第 129 页。
38 孙卫华：《明夷待访录校释》，第 120 页。
39 孙卫华：《明夷待访录校释》，第 123 页。
40 孙卫华：《明夷待访录校释》，第 125 页。
41 孙卫华：《明夷待访录校释》，第 129 页。

事实上，从天地、自然、生理等秩序的描述出发，来作类比以论证政治秩序之建立，这的确正是古典政治哲学最自然和常见的论述，我们在柏拉图《理想国》等西方传统的古代经典中也能找到类似的论说结构，即相信政治和社会等级秩序的结构具有自然的本体论依据。[42] 这大概也正是李滋然最根本的政治文化信念所在，因此他可以指责黄宗羲所论以及后世革命党人皆是“无父无君”，“尊社会而废纲纪”。[43] 事实上，黄宗羲在《明夷待访录》中已经否定了这一前提，他认为君臣和父子并非同构关系，也就是在“纲纪”问题上已有所调整。可是就这一点而言，即便黄、李二人当面对质，恐怕也难以说服对方，因为“纲纪”问题牵涉到政治文化生活的根本信念，并不那么容易对话和讨论。[44]

不过，值得注意的是，李滋然一方面认为君主治天下犹如经营其私产，另一方面批评晚清“天下以民为主”，[45]“目人君为代表，视皇王若雇工之逆说”。[46] 后者未必是黄宗羲所认可，因为黄宗羲的政治哲学目标所指向的所谓“天下”，并非近代单个的人或者“国民”。但不论如何，我们可以看出，李滋然与他当时这些论敌的差异实际上只是聚焦在一个“产权”的问题。

也就是说，公、私建制原理的问题在李滋然笔下转化成了一个近代的政治哲学问题——“主权在君”抑或“主权在民”。李滋

42 查尔斯·泰勒（Charles Taylor）：《现代社会想象》，林曼红译，译林出版社，2014年，第7—9页。

43 孙卫华：《明夷待访录校释》，第141页。

44 孙卫华：《明夷待访录校释》，第130—131、141页。

45 孙卫华：《明夷待访录校释》，第129页。

46 孙卫华：《明夷待访录校释》，第120页。

然毫无保留地支持前者，因为在他看来，后者废君臣大义，无等级秩序，[47] 则政治无以成立。除了正面反复表明“普天之下莫非王土”的主权观外，李滋然还对黄宗羲“天下为主君为客”提出了如下归谬式反驳：

> 使古者果以君为客、民为主，则尧、舜不过天下一贵客耳。天下之百姓皆主人翁也，天下之田土财物皆主人翁之产也。虽天位暂属于尧舜，凡得主人翁欢欣之客，皆可取而代之也。尧、舜何得以主人翁之产业转授他人乎？舜、禹皆天下之主人也，既为众人所推戴，则昔日为主，今暂作客；朝易此客，暮易彼客，事属寻常。何必以尧、舜既崩之后，犹复避其不肖之子，而后践位乎？岂尧、舜之作客，独当以主人翁之产业袭子孙乎？[48]

李滋然的这段归谬论证非常精彩，只不过李滋然的论证所达到的只是这样一条结论：历史上的“上三代”并无“公天下”之建制。可是，黄宗羲的“三代以上”其实是从“生民之初”开始一步步推理而来的思想实验，所以仍然可以构成有效的政治哲学论说。[49] 显然，李滋然没有能充分领会和觉察到这一点。

反过来，如果像李滋然那样，坚持追究“三代以上”真实的历史存在，那么，不仅黄宗羲的整套论述不能成立，传统儒家主流

47　孙卫华：《明夷待访录校释》，第 127—128、133—136 页。

48　孙卫华：《明夷待访录校释》，第 119—120 页。

49　王格：《想象一个制作的政体——对黄宗羲〈明夷待访录〉开篇论说的重新解读》，《宝鸡文理学院学报》（社会科学版）2020 年第 6 期。

的“三代观”恐怕大半经不起推敲。正如李滋然所论证，对于上古三代，“禅让”于史、于理均不成立，[50]战争杀伐是开国之条件，[51]等等，看起来这简直要开20世纪“古史辨”之先河。不过，虽已身处清末，李滋然似乎完全没有意识到此时这一“经史之争”的问题已经变得非常严峻，他仍然沉浸在以君臣纲常为天经地义的引经据典式辩护中。[52]

此外，黄宗羲的学校制度想象会造成所谓“处士横议”的混乱局面，这对于传统儒家学人来说，是一个很自然的疑问，朱一新就提出过批评。相比于朱一新，年代更晚一些的李滋然则亲眼目睹过一些学校知识人“未有研究科学之本心，先逞干预政治之能事”所造成的种种混乱局面，认为黄宗羲《学校》篇中的言论“有以启之”，他这样批评道：

> 按学校之设义，主作育人材，而尤必先端士习，盖士习端而人材以正。若学尚未成，辄欲干预政治之得失，出位以纠绳之，甚至聚众伐鼓，显与行政之官师相抗，此处士横议之习，乃敢如此嚣陵。……至称官无学，士子即当“哗而退之”，是学校之设不但全揽地方行政之权，直当上干朝廷用人之柄矣。[53]

50　孙卫华：《明夷待访录校释》，第120、136页。
51　孙卫华：《明夷待访录校释》，第123页。
52　孙卫华：《明夷待访录校释》，第122页。
53　孙卫华：《明夷待访录校释》，第139页。

虽然黄宗羲对“取士”之法有更合理的改革设想（《取士下》），力求保障真正的士人精英治国理想，可是对于尚处于学习阶段的知识人而言，并不意味着他们已经足以担当成为社会政治上的精英；当他们过多干预政治时，未必能就造成一个更好的政治状态。在这一点上，李滋然是目睹过黄宗羲制度想象在清末的广泛影响而带来现实政治不良后果，而选择就此去抨击《明夷待访录》的；章太炎的批评也正是同样的路径。

三、章太炎的法治原理批判

相比前两位批评者，章太炎更具知名度，而他对黄宗羲的批评也因为《非黄》一篇（最早 1910 年刊于《学林》）而非常有名。

章太炎曾参与《明夷待访录》的宣传，他尤其注目于其中君主地位的非本体性，即“天子之于辅相，犹县令之于丞尉，非敻高无等，若天之不可阶级升也”，认为与晚近世界各国或“建联邦”、或“以贵族共和”的政治大趋势相应，因此章氏赞扬黄宗羲“发之于两百年之前，而征信于两百年之后，圣夫”！[54] 然而，仅仅相隔数年之后，章太炎却扭转前见，并专门撰写《非黄》一文，大力抨击黄宗羲，贬低其学术地位。

正如张永忠所概括，章太炎对黄宗羲的批评主要集中在三个方面：一是民族气节，二是治法和治人，三是学术地位。[55] 有关黄宗

54　章炳麟著、徐复注：《訄书详注》，上海古籍出版社，2000 年，第 498 页。

55　张永忠：《章太炎与黄宗羲》，《晋阳学刊》2005 年第 3 期。

羲是否“将俟虏之下问”的问题，迄今仍有学者讨论，[56]但这与黄宗羲的政治哲学论述其实无关，“待访”的意向不必明确特定，因此这里搁置不论；有关第三点，则是章太炎基于一、二两点与时人主流观点不合，而做出的价值判断，故在此亦不讨论；我们这里主要考察第二点。

章氏《非黄》一文的批评明确聚焦于“言政”尤其是“议法”，虽然同样针对“治人”与“治法”，与朱一新、李滋然等来自传统儒家的其他批评者相比较，章氏的批评思路仍然显得非常独特。章太炎指责黄宗羲论治法“言似轨物，而始卒不能自持其论”，[57]因为在他看来，黄宗羲真实的主张实际上是一种“听于人”“尚贤”的人治，而非“听法”的法治；[58]章氏进一步追究，则认为黄宗羲的政治哲学基于一种“英雄”观：

> 宗羲本以党人之末流，夸言议法，藉名司契，阴憖心于英雄。[59]

而章太炎认为世上的英雄跟鬼神一样，都有名而无实。实际上，黄宗羲的政治哲学落实到实践中，的确随处都十分有赖于“英雄”，这不仅是其“重建”的制度想象，非待“英雄”不可能实施，而且其政治建制中处处对儒家士人的极度信任，其实也依赖于不世出的

56　鱼宏亮：《晚明政治危机与〈明夷待访录〉的写作动因》，《清史研究》2003 年第 4 期；孙宝山：《〈明夷待访录〉写作意图辨正》，《中国哲学史》2007 年第 2 期。

57　章炳麟：《非黄》，《章太炎全集》第四册，上海人民出版社，1982 年，第 125 页。

58　章炳麟：《非黄》，《章太炎全集》第四册，第 128—129 页。

59　章炳麟：《非黄》，《章太炎全集》第四册，第 128 页。

“英雄”。否则，正如前文所述，“清议”并不足以为善政，反足以害政。

章太炎反对以“英雄”为主导的政治幻景，而主张政治运行的职业化和专业细分。就具体而言，章太炎认为黄宗羲制度想象中最为严重的问题是，“士人干政”的建制图景将使得“士侵官而吏失守”，其实阻碍了“法”的贯彻执行，因为“士人”之政治参与行为既非其所长，并不一定高明可取，而且也不能代表民意，“士人干政”反足以形成恶性的党争：

> 学校诸生非吏也，所习不尽刑名比详。虽习之，犹未从政，辍业不修，以奸当途之善败，则士侵官而吏失守。士所欲恶，不尽当官成，又不与齐民同志。上不关督责之吏，下不遍同列之民，独令诸生横与政事，恃夸者之私见，以议废置，此朋党之所以长。[60]

因此，章太炎认定黄宗羲是“听于乱人”而非“听于治法”，后者应当是“督责在中庙，而清间收司遍氓庶”。[61]章太炎特别提出“氓庶”的重要性，庶民的意愿和诉求并不是士人精英可以随意代表的，这当然可以看作是以近代启蒙理性的视角回应了曾经长期困扰王学政治思想的“庶民教化”问题。[62]

因此，章太炎强烈认同韩非以及先秦一些名家、法家的主张，

60　章炳麟：《非黄》，《章太炎全集》第四册，第 125 页。

61　章炳麟：《非黄》，《章太炎全集》第四册，第 125 页。

62　参见王格：《王学中的三种庶民教化形式》，《中国研究》2019 年第 2 期。

“考课有官，除授有法”，而反对“尚贤”“党建”，[63]强调政府职能人才的专业化，依其才能之不同而各尽其职，同时政府行政应当法制规章化。不论结果的好坏，也不宜因为政者的意志而转移。社会越发达越是如此，尤其是“輓世法令一统，科条日密，虽萧何、诸葛亮任是，犹患不给，况其稍易简者”。[64]

据此，在章太炎看来，“吏部可去，其法固不可废”，“不听吏部则请谒行，请谒行而奸人进，此为主法乎”？[65]章太炎认为“丞相者，赘余之官，内阁者，便嬖之别也”，因此他指责黄宗羲“置相”的主张亦是妨害了政府不同职能管理的专业化，而造成专断专权；而历史上的阉党问题，亦“由权未归六部，不在废中书也”。[66]

不过，就章太炎所批评的对立面而言，不论是“英雄”观，还是借“法”之名义以为手段达到垄断权力的目的，我们联想到的无疑更多是清末民初的风云画面：无数政客借“改制”之名，行权力专断之实，使得种种“立宪”建制徒有虚名，而政治局面适得其反。章太炎《非黄》的结语正有此意：

> 举世皆言法治，员舆之上，列国十数，未有诚以法治者。宗羲之言，远西之术，号为任法，适足以人智乱其步骤。其足以欺愚人，而不足称于名家之前，明矣！[67]

63　章炳麟：《非黄》，《章太炎全集》第四册，第 129 页。
64　章炳麟：《非黄》，《章太炎全集》第四册，第 126—127 页。
65　章炳麟：《非黄》，《章太炎全集》第四册，第 126 页。
66　章炳麟：《非黄》，《章太炎全集》第四册，第 127—128 页。
67　章炳麟：《非黄》，《章太炎全集》第四册，第 129 页。

这里，章太炎批评黄宗羲和“远西之术”都是“以人智乱其步骤”，而并非“法治”，其实是对当时中国乃至世界各国政治现状的批评。他认为如果依从“人治”依赖“尚贤”，而不落实“法治”，政治行动之好坏、得失乃至治乱，就没有了保障，不论所组建的政体是专制独断，还是基于民主众选：

> 政专于主，人主见采，则下释法而从所好；政委于民，人民靡风，则吏去实而修其声。[68]

事实上，已有学者从思想史角度来观察而得出相应结论，比如：朱维铮认为章氏“非黄”应当即是“非孙”，即对孙中山共和建制的强烈不满；[69] 秦燕春则进一步认为这是章太炎批评立宪派的政治策略，“此时矛头真正指向的，乃是章太炎认为‘左持法规之明文，右操运动之秘术’的‘方主立宪’的满、汉两方人物”。[70] 而从我们前面对章太炎批评黄宗羲的思路分析来看，“非黄”其实就是对当时立宪建制各派的批评。

结语

以上从晚清的三位批评者对黄宗羲《明夷待访录》的批评，重新审视论辩双方各自的论述，并在其间初步探讨了黄宗羲制度想象

68　章炳麟：《非黄》，《章太炎全集》第四册，第 129 页。
69　朱维铮：《走出中世纪二集》，复旦大学出版社，2008 年，第 85—88 页。
70　参见秦燕春：《清末民初的晚明想象》，北京大学出版社，2008 年，第 115—116 页。

与近代中国政治所面临现实困境之关系问题。

概要而言，针对黄宗羲《明夷待访录》给出的制度想象，朱一新主要就“变法”和“公私”问题，以及相应的具体措施作出批评，李滋然则从君臣纲常之守卫辩护者的角度作出了针锋相对的论述，而章太炎的情况更为复杂，他批评黄宗羲的制度想象不仅未能落实“法治”，反而更推动了“人治”，他的批评或许带有某种策略性考量，可能指向的是清季各种立宪建制运动的推动者。

黄宗羲的制度想象要基于“公天下”的原理重新建制，这将是一个新的国家政治秩序图景，而批评者们最有力的质疑和批评主要集中于三处：（一）“推倒重来”只存在于思想实验中，强行将“重建”落实到政治实践中，可能会带来更坏甚至灾难性的局面。（二）作为黄宗羲制度想象理论基础的“公天下”建制原理在根基上显得空洞，论述的有效性值得质疑，而“私天下”的原理并未被较为全面有效地驳倒。（三）黄宗羲对“法”的重新建制论述，以及相关的“公议”建制构想，很容易会沦为政客投机的手段，因为它大力鼓动人为的“制作”。事实上，以上三方面自清末始，在中国便以现实画面展示出来，而这也正是《明夷待访录》在清末遭遇如此众多的表彰与批评之主要原因所在。

阮元与浙学

张宏敏（浙江省社会科学院哲学研究所）

阮元（1764—1849），字伯元，号芸台（一作云台），又号揅经老人、雷塘庵主，江苏仪征（一作扬州）人。清乾隆五十四年（1789）进士，历仕乾隆、嘉庆、道光三朝，任礼部、兵部、户部、工部侍郎，山东、浙江学政，浙江、江西、河南巡抚及漕运、湖广、两广、云贵总督等职，拜体仁阁大学士，被后人冠以“一代名儒、三朝阁老、九省疆臣”。在经史、小学、金石、校勘、天文、律算等方面造诣颇深。《清史稿》本传赞曰：“身历乾、嘉文物鼎盛之时，主持风会数十年，海内学者奉为山斗焉。”[1]

乾隆六十年（1795）八月，阮元由山东学政奉旨调任浙江学政，十一月到任，嘉庆三年（1798）九月任满回京。任浙江学政期间，修《经籍籑诂》，辑《两浙輶轩录》。嘉庆四年（1799）十月奉旨署理浙江巡抚事务，十一月到任，嘉庆五年（1800）正月实授，嘉庆十年（1805）闰六月因丁父忧而离去；嘉庆十二年（1807）十一月服阕后再任浙江巡抚，嘉庆十三年（1808）三月到任，嘉庆

1 赵尔巽等：《清史稿》，天津古籍出版社，2012 年，第 3539 页。

十四年（1809）九月受浙江学政刘凤诰科场舞弊案牵连革职。[2]任浙江巡抚期间，立杭州诂经精舍，刻《诂经精舍文集》，编《两浙金石志》《两浙防护录》《两浙赈灾记》《浙江图考》，主定《十三经注疏校勘记》。总之，在浙江任职的十余年时间中，阮元以提倡经学、整理典籍、奖掖人才的方式，对乾嘉考据学在浙江的发展贡献良多。咸丰二年（1852）经浙江地方士绅奏请，阮元入祀浙江名宦祠；光绪二年（1876）由浙江巡抚奏请，于杭州建有阮元专祠（今吴山元宝心 60 号）；西湖内岛也有以“阮公墩”命名者。

关于阮元文献整理出版，1995 年，中华书局出版《经籍籑诂》；2009 年，中华书局出版《十三经注疏：清嘉庆刊本》；2012 年，浙江古籍出版社出版《两浙輶轩录》《两浙金石志》；2016 年，杭州出版社出版《诂经精舍文集》；2017 年，浙江古籍出版社出版《两浙防护录》；2021 年，广陵书社出版《阮元集》。

本文认为，阮元与浙江儒学（“浙学”）之间的关联主要表现为：（1）嘉庆二年，阮元组织两浙经古之士开始纂修《经籍籑诂》，校刊《十三经注疏》；（2）在浙江（杭州）任职的十余年间，阮元对于浙江文教事业即浙江儒学的最大贡献，莫过于创设了杭州诂经精舍，从而培养了一大批的经学研究人才；（3）阮元在任浙江巡抚期间，对浙江儒学的贡献还有修复杭州文庙，倡立灵隐书藏、海宁安澜书院、玉环厅学宫等。

2　上谕曰：“……明系袒庇同年，阮元止知友谊，罔顾君恩，轻重倒置，不可不严行惩处，即著照部议革职。”（转引自张鉴等撰，黄爱平点校：《阮元年谱》，中华书局，1995 年，第 92 页）

一、作为“乾嘉学派的强有力殿军”的阮元

阮元作为“乾嘉学派的强有力殿军”[3]和“扬州学派的重要代表”，与乾嘉时期一大批第一流的考据学家诸如凌廷堪、王念孙、任大椿、邵晋涵、孙星衍、钱大昕、黄承吉、江藩、焦循等，皆有密切的学术交游与砥砺切磋。

阮元治学以训诂为先，曾对其儿子阮福说“余之学多在训诂”[4]；同时传承了考据学的治学精神，主张实事求是，其《揅经室集·自序》有云：“余之说经，推明古经，实事求是而已，非敢立异也。”[5]作为考据学家的阮元并非为考据而考据，与戴震等考据学宗师一样，主张“因古训以求义理”，讲究汉学、宋学的结合，追求考据、义理的统一，其《论语一贯说》云：“圣贤之言，不但深远者非训诂不明，即浅近者亦非训诂不明。”[6]其《拟国史儒林传·序》称：“圣人之道，譬若宫墙，文字训诂，其门径也。门径苟误，跬足皆歧，安能升堂入室乎……或者但求名物，不论圣道，又若终年寝馈于门庑之间，无复知有堂室矣。”[7]《西湖诂经精舍记》言：“圣贤之道存于经，经非诂不明。……舍经而文，其文无质；舍诂求经，其经不实。为文者尚不可以昧经诂，况圣贤之道乎！”[8]其《释门》云：“训诂不明，则圣贤之语必误。语尚误，遑言

3　张鉴等撰，黄爱平点校：《阮元年谱·点校说明》，第 3 页。

4　张鉴等撰，黄爱平点校：《阮元年谱》，第 155 页。

5　阮元著，邓经元点校：《揅经室集》，中华书局，1993 年，第 1 页。

6　阮元撰，邓经元点校：《揅经室集》，第 53 页。

7　阮元撰，邓经元点校：《揅经室集》，第 37—38 页。

8　阮元撰，邓经元点校：《揅经室集》，第 548 页。

理乎？”[9]简言之，阮元的治学特点是由训诂入手，进而探求儒家义理（“圣人之道”），同时坚决反对“但求名物，不论圣道”即为考据而考据的学问。

阮元好友龚自珍，在《阮尚书年谱第一叙》文中对“毓性儒风，励精朴学”的阮元的考据学成就予以综论：（1）关于训诂之学。阮元有言：“皇帝名物，宣尼正名，篇者句所造，句者字所积，古者有声音而有语言，有语言而有文字。自分隶之迭变，而本形晦矣；自通假之法繁，而本义晦矣。”对于识字之法，阮元主张“以经为諭”，对于解经之法，则“以字为程”。（2）关于校勘之学。“中垒而降，校雠事兴，元朗《释文》，喜胪同异，孟蜀枣本，始省写官”，而阮元的“远识驾乎隋唐，杂技通乎任尹。一形一声，历参伍而始定；旧钞旧椠，斯厓略之必存”。（3）关于目录之学。清乾隆年间“四库之纂，百代所系；七阁之藏，九流斯萃”，而阮元则是“名山剔宝，番舶求奇。驰副墨乎京师，锡佳名以宛委。盖自子政而下、鄱阳以前，公武《郡斋》之志，振孙《解题》之作，莫不讨其存佚之年，审其完缺之数。焦书杨目，斯琐琐焉”。（4）关于典章制度之学。阮元是“精研七经，覃思五礼。以为道载乎器，礼征乎数。今尺古尺，求累黍而易诬；大车小车，程考工而易舛。故大而冢土明堂，辨礼之行于某地；小而衣冠鼎俎，知礼之系乎某物。莫逋空虚，咸就绳墨，实事求是，天下宗之”。[10]

简言之，作为考据学家的阮元，一生致力于文献的整理、汇

9 阮元撰，邓经元点校：《揅经室集》，第 33 页。

10 龚自珍著，杭州市上城区文化馆编：《龚自珍全集》，浙江古籍出版社，2014 年，第 179 页。

辑、编撰、刊刻，成绩斐然，在考据学所涉诸多领域取得了令人瞩目的成就。其生平所著之书有《三家诗补遗》《考工记车制图解》《诗书古训》《仪礼石经校勘记》《儒林传稿》《畴人传》《积古斋钟鼎彝器款识》《定香亭笔谈》《小沧浪笔谈》《选印宛委别藏提要》《揅经室集》《十三经注疏校勘记》，所编之书有《经籍籑诂》《皇清经解》《两浙金石志》《诂经精舍文集》《淮海英灵集》等。阮元刻印之书，最为人们熟知的是《十三经注疏》，卷帙浩繁；刻印时，还罗致了一批绩学之士担任校勘，由阮元总其成，校勘成果就是著名的《十三经注疏校勘记》。此外，阮元还刊刻过钱大昕、汪中、刘台拱、孔广森、张惠言、焦循、凌廷堪等不少考据学家的文献著作[11]。这足以说明，阮元是清代中期一位重要的学者与文献整理者。

二、主持纂修《经籍籑诂》

嘉庆二年（1797）正月二十二日，时任浙江学政的阮元以丁小雅为董事，臧镛堂、臧礼堂为总纂，组织两浙经古之士开始纂修《经籍籑诂》，《雷塘庵主弟子记》载："先是，岁试毕，先生（阮元）移檄杭嘉湖道，选两浙经古之士，分修《经籍籑诂》。至是，集诸生于崇文书院，分俸与之。是日，至者共二十余人。"[12]而后，于杭州西湖孤山南麓构筑房舍五十间，继续编纂，嘉庆三年（1798）八月，一百十六卷的《经籍籑诂》成书；嘉庆四年（1799）十二月在广东刻版而成，钱大昕、王引之分别作序。

11　张鉴撰，黄爱平点校：《阮元年谱》，第51—52页。

12　张鉴撰，黄爱平点校：《阮元年谱》，第16页。

钱大昕序文对阮元主持《经籍籑诂》的编纂经过予以说明："我国家崇尚实学，儒教振兴，一洗明季空疏之陋。……阮公……首以经术为多士倡，谓'治经必通训诂'，而载籍极博，未有汇最成一编者。……视学两浙之暇，手订凡例，即字而审其义，依韵而类其字，有本训，有转训，次序列布，若网在纲。择浙士之秀者若干人，分门编录。"[13]《经籍籑诂》是把唐以前经籍正文和注释中的训诂材料汇为一编，其"凡例"由阮元亲自拟定："归字谨遵《佩文韵府》为主。一字数音，则各审其反切归之。如有重见，则详前而略后。归字以所训之字归韵。《佩文韵府》未载之字，据《广韵》补录；《广韵》所无，据《集韵》补录。凡一字数体，通作、或作之类，皆据《集韵》附归。同一诂而文有详略者，俱仍其旧，不加增减；重见者虽数十见皆采，以证字有定诂，义有同训。诂以本义前列，其引伸之义、展转相训者次之，名物象数又次之。此书讹舛之处，在所不免，凡取用之，宜检原书，以期确实。复因正书多所遗漏，于每卷之后，继刊补遗一百六韵，以备检查。"[14]总之，《经籍籑诂》的编次按平水韵分部，一韵一卷；一字异音的，按韵分入各部，并因不同字义分别注释。共收录字头 23710 个，凡 14655 个单字（包括异体字，但实际收字不止此数）。单字不注音，义项之间用"〇"隔开，所释本字用"一"代替，异体字则仍其旧。注释中亦收录词组。所收均为单字，注释中则包括双音词，兼具字典和词书两种功用。

13　阮元等撰集：《经籍籑诂》"卷首"，中华书局，1982 年，第 1—2 页。

14　阮元等撰集：《经籍籑诂》，第 6—9 页。

《经籍籑诂》体例甚精，甫出即受到好评。阮元高足王引之所撰《序》云："展一韵而众字毕备，检一字而诸训皆存，寻一训而原书可识。……后之览是书者，去凿空妄谈之病而稽于古，取古人之传注而得其声音之理，以知其所以然，而传注之未安者，又能博考前训以正之，庶可传古圣贤著书本旨，且不失吾师籑是书之意与！"[15]郝懿行认为："是书（《经籍籑诂》）体例甚精，而又聚通人之手而成，故能芳漱六艺，囊括百家，洵著述者之渊奥，学览者之华苑，所谓悬诸日月不刊之书。"张维屏指出："《经籍籑诂》百十卷，悉古训之精华。"[16]王先谦云："余雅爱阮氏《经籍籑诂》，博而不杂，以为虽不以韵书名，而于声音训诂，使人藉以会通音韵学之指归，莫近乎是。"焦循认为《经籍籑诂》的编纂，使得"训诂之学，遂集大成，嘉惠学者，以牖群经"。

《经籍籑诂》成书后，为查漏补缺，阮元还以萧山徐鲲总校，以仁和宋咸熙、孙同元为分校，组织编纂了《经籍籑诂补遗》。[17]此外，应嘉庆皇帝之命，阮元曾奉敕进呈十套《经籍籑诂》。[18]

三、创设杭州诂经精舍

张舜徽《清儒学记·浙东学记》云："嘉庆初年，阮元督学浙江，后又升任巡抚，在这一较长时期内，提倡朴学，不遗余力。两

15 王念孙、王引之著，舒怀等辑校：《高邮二王集》，上海古籍出版社，2019年，第1542—1545页。

16 转引自张鉴等撰，黄爱平点校：《阮元年谱》，第272页。

17 张鉴等撰，黄爱平点校：《阮元年谱》，第44页。

18 阮元撰，邓经元点校：《揅经室集》，第728页。

浙人士，闻风兴起，从事训诂考订的学者，逐渐增多。”[19]在浙江（杭州）任职的十余年间，阮元对于浙江文教事业即浙江儒学的最大贡献，莫过于创设了杭州诂经精舍，从而培养了一大批的经学研究人才。阮元创建诂经精舍的初衷之一，是为了纠正当时唯科举是从、唯利禄是图的不良风气。故而诂经精舍主要从事经史、小学、诗文教育，“不用八比文、八韵诗”，“不用扃试糊名之法”。其中小学教学主要采取解、说、释、考等方式来进行，包括文字、音韵、训诂三个部分。[20]

嘉庆五年，阮元奉调抚浙，为培养经学人才，于嘉庆六年（1801）正月将位于西湖孤山之麓，昔年编纂《经籍籑诂》之屋辟为书院，名曰“诂经精舍”：“精舍”，为汉学生徒所居之名；“诂经”，意为“不忘旧业且勖新知也”；选两浙诸生学者，读书其中；同时又在精舍西侧修建“第一楼”，作为生徒游息之所。还应诸生之请与主讲孙星衍的建言，于精舍中奉祀汉代经学家许慎、郑玄木主牌位，定期祭拜。

杭州诂经精舍的教学宗旨就是“圣贤之道存于经，经非诂不明”，“舍诂求经，其经不实”，“有训诂而后有义理”，对此，阮元在《西湖诂经精舍记》中有阐释。[21]对于诂经精舍诸生的学业，阮元颇为关注，学业考评之时，多亲自拟题，比如曾围绕孔子“吾志在《春秋》，行在《孝经》”语为题拟出“诂经精舍策问”一种，

19 张舜徽：《清儒学记》，华中师范大学出版社，2005年，第190页。

20 陈海燕、程嫩生：《清代诂经精舍及其小学教育》，《安徽文学（下半月）》2018年第11期。

21 阮元撰，邓经元点校：《揅经室集》，第547—548页。

供诸生发明之。[22] 为提高经学的传授水平，阮元除亲任主讲外，还延请当时一流的学者如王昶、孙星衍等任主讲，又邀金鹗、洪颐煊、震煊兄弟讲肄其中；讲授内容为十三经、三史疑义及小学、天文、地理、算法、词章等。诂经精舍肄业生，多为学行出众的高材生。比如浙江乌程人张鉴，系嘉庆九年（1804）副贡生，少时肄业诂经精舍。后入阮元幕，力主海运漕粮。博览诸大藏书家所藏典籍，精通经史、小学、天文历算等，著有《十五经丛说》《西夏纪事本末》《冬青馆甲乙集》等。因对阮元仕浙期间活动较为熟知，发起编纂了具有年谱性质的《雷塘庵主弟子记》。

孙星衍撰《诂经精舍题名碑记》，讲道精舍创办后，“不十年间，上舍之士多致位通显，入翰林，进枢密，出则建节而试士”。其余则登甲科，举成均，牧民有善政，及撰述成一家者，不可胜数。东南人才之盛，莫与为比。[23]《题名碑记》中录有两浙籍的诂经精舍讲学之士 91 人，举孝廉方正及古学识拔之士 63 人，共 154 人。阮元还把精舍诸生课艺佳作予以汇编，刊刻有《诂经精舍文集》。

嘉庆十四年（1809）八月，阮元离任浙江巡抚，不久，诂经精舍亦辍讲。直至道光初年，精舍讲习才渐次重开；咸丰年间，又毁于太平天国战火。同治年间，精舍重建，其后屡有变故，光绪三十年（1904）停办。对于阮元创办的杭州诂经精舍的历史地位，有论者以为：诂经精舍的教学内容注重经学，尤其注重经学研究，在培

---

22 阮元撰，邓经元点校：《揅经室集》，第 237 页。
23 参张鉴等撰，黄爱平点校：《阮元年谱》，第 42 页。

养了一大批经学人才的同时，开创并发扬了经世致用的求实学风。可以说，诂经精舍的创办，对当时浙江乃至全国八股教育的瓦解也起到了积极作用，同时也为清末新式学校的教育提供了借鉴。[24]

四、主定《十三经注疏校勘记》

阮元在杭州主持编纂《经籍籑诂》的同时，也开始校刊《十三经注疏》。杭州吴山之麓，有始建于康熙四十二年（1703）的紫阳书院，因此处“地最清旷，城市中有山林之意”，阮元即在书院鹦鹉石之侧建“校经亭”，招臧镛堂、顾千里等友朋及诸生校定《十三经》。

嘉庆十一年（1806）十月，阮元定在家居扬州之时，《十三经注疏校勘记》二百四十三卷完成刊板。《雷塘庵主弟子记》对《十三经注疏校勘记》的成书经过有这样的记载：“先是，先生（阮元）弱冠时，以汲古阁本《十三经注疏》多讹谬，曾以《释文》、唐石经等书手自校改。督学以来，始以宋十行本为主，参以开成石经及元明旧刻、叶林宗影宋钞本、陆氏《释文》等书，属友人、门弟子分编，而自下铅黄，定其同异，得《易》十卷、《书》二十二卷、《诗》十卷、《礼记》七十一卷、《仪礼》十八卷、《周礼》十四卷、《左传》四十二卷、《公羊》十二卷、《穀梁》十三卷、《尔雅》五卷、《论语》十一卷、《孝经》四卷、《孟子》十五卷。至是刊板始成。”[25] 对于《十三经注疏校勘记》，阮元十分满意，亲撰《十三

24 陈东辉：《〈杭州诂经精舍课艺合集〉前言》，《扬州文化研究论丛》辑刊 2018 年卷。

25 张鉴等撰，黄爱平点校：《阮元年谱》，第 65 页。

经注疏校勘记》序文十三篇[26]，尝曰："此我大清朝之《经典释文》也。"

尝随阮元幕于浙江的阮元从弟阮亨（字梅叔）在《瀛舟笔谈》中记载："予兄早岁能文章，尤研经义，尝手校《十三经注疏》。……至于《十三经注疏校勘记》《经籍籑诂》《畴人传》《金石志》等书，篇帙浩繁，皆自起凡例，择友人弟子分任之，而亲加朱墨，改订甚多。"[27]可见，尽管《十三经校勘记》的发凡起例虽较早，但是主体部分是阮元任浙江学政、浙江巡抚的十多年间完成，而诂经精舍的友人、弟子则作为群体具体参与了校勘事务。比如，徐养原助他校勘《十三经注疏》中的《尚书》《仪礼》，洪震煊既担任《经籍籑诂》中《方言》的校勘，又担任《十三经注疏》中《小戴礼记》的校勘。

仕浙期间，阮元还刊刻、撰著有不少儒家论著。比如嘉庆二年（1797）夏六月，刻成《七经孟子考文》；同年，摹刻天一阁拓北宋《石鼓文》，嵌于杭州府学明伦堂壁间。嘉庆三年（1798）六月，撰《曾子十篇注释》，提出了"从事孔子之学者，当自《曾子》始的论断"。[28]

五、主持修复杭州文庙

阮元在任浙江巡抚期间，对浙江儒学的贡献还有修复杭州文

26 阮元撰，邓经元点校：《揅经室集》，第616—618页。

27 转引自张鉴等撰，黄爱平点校：《阮元年谱》，第17—18页。

28 阮元撰，邓经元点校：《揅经室集》，第46页。

庙，倡立灵隐书藏、海宁安澜书院、玉环厅学宫等。

嘉庆七年（1802），时任浙江巡抚阮元主持修复了杭州孔庙，是年三月动工、八月告竣。主要修建了大成殿、戟门、棂星门、尊经阁、露台、文昌阁、明伦堂、碑廊、斋舍等诸多建筑，同时改造了诸贤儒栗主，遵太学次序，改正乡贤名宦祠位。孔庙修成后，阮元礼聘歙县程瑶田依据《礼图》，监铸文庙镛钟，制度轻重，皆遵古法。与此同时，还延请曲阜王文哲等教授佾生，分歌部、吹部、琴瑟部、左右舞部。上丁日礼成，阮元撰《修杭州孔子庙碑》文以纪之。[29]

对于杭州文教的另一重要贡献是在嘉庆十三年三月“立书藏于灵隐云林寺大殿东、大悲阁后”，[30] 是为“灵隐书藏”。阮元撰《杭州灵隐书藏记》文，[31] 对灵隐书藏的创建缘起予以记录。为了加强藏书管理、方便诸生阅读，阮元还制订了较为具体的《书藏条例》。从一定意义上来说，灵隐书藏已具有了近代公共图书馆的性质，一方面为学人阅读提供了方便，另一方面对于推动当时文化的传播和学术的发展，也起了积极作用。

海宁旧无书院，嘉庆八年（1803），为此阮元创建了海宁安澜书院，并亲为之试。由于玉环厅未有专学，诸生求学不易，经实地勘察后，阮元又在玉环厅建立了学宫。[32] 还修缮了浙江的贡院和杭州崇文书院院内的四贤祠等，在振兴浙江文教事业上可谓功不

29　张鉴等撰，黄爱平点校：《阮元年谱》，第 48—49 页。

30　张鉴等撰，黄爱平点校：《阮元年谱》，第 79 页。

31　阮元撰，邓经元点校：《揅经室集》，第 616—618 页。

32　张鉴等撰，黄爱平点校：《阮元年谱》，第 51 页。

可没。

由于阮元对于杭州文教的重要贡献以及在杭期间卓著之政绩，阮元一直受到杭州父老乡亲的尊敬与缅怀，著名的杭州西湖湖中三岛之一的阮公墩，便是阮元主持治理西湖时，用湖中挖出的葑泥堆积而成，人们为了铭记阮元的功绩而将该岛称作“阮公墩”，目前岛上建有忆芸亭（阮元，号芸台）、云水居、环碧小筑等。

此外，阮元对清代浙东经史学派的主要成员皆有中肯的评价，并与邵晋涵、龚自珍有着深厚的交谊。阮元在乾隆五十一年（1786）乡试中举后入京准备来年会试，结识了余姚邵晋涵；若干年后助刊《南江邵氏遗书》，并亲撰序文，称赞邵氏的经史之学“并冠一时，久为海内共推”。[33] 龚自珍治学过程中，也受阮元影响：道光三年（1823）年，龚自珍撰《阮尚书年谱第一序》，对阮元 60 岁以前的学术、事功予以概述；道光十六年（1836），龚自珍在京师与阮元切磋金石文字；道光十九年（1839）六月，龚自珍弃官离京，在扬州逗留与阮元切磋经学。

任浙江学政期间，阮元视学至鄞县，特意寻访万斯大、万斯同、全祖望的遗书及其后人；从慈溪郑勋处获得全祖望《经史问答》，亲自作序，予以刊刻，认为“经学、史才、词科，三者得一足以传，而鄞县全谢山先生兼之”，而《经史问答》一书“实足以继古贤、启后学”，可与顾炎武《日知录》相提并论。同时又对黄宗羲、万斯大、万斯同、全祖望一系的“经史之学”予以认

33　阮元撰，邓经元点校：《揅经室集》，第 544—545 页。

可。[34] 在按视绍兴府之时，阮元应人之请，为毛奇龄集撰跋（《毛西河检讨全集后序》），对毛奇龄的经史学成就予以称颂。[35] 从一定意义上来说，阮元对"清代浙东经史学派"这一学术命题也是认可的。

34 阮元撰，邓经元点校：《揅经室集》，第 544 页。
35 阮元撰，邓经元点校：《揅经室集》，第 543 页。

近现代中西交融视域下的《大学》新诠

——以马相伯为例

姚莺歌　翟奎凤（山东大学）

《大学》原为《礼记》一篇，宋代时独立出来成为“四书”之一。因其思想纲领性强、气象规模宏阔，被推为“四书”之首，宋元明清时期影响很大。近代以来，儒学在社会主流体系中逐渐遭遇解构，经学也面临瓦解，但儒家经典的一些话语仍通过多种方式发挥着影响力，在中西文化的交融中焕发出新的活力。如《大学》“明德”“新民”“止于至善”“格物致知”等，在新的话语中获得新的诠释和意义，甚至被多所著名高校奉为校训。

马相伯（1840—1939）是近现代著名教育家、复旦大学创始人、“抗战爱国老人”，同时又是虔诚的天主教信徒，曾与好友英敛之谋划兴建了中国第一所天主教会大学北京公教大学（1927年改为辅仁大学），西学和神学素养深厚。马相伯的百年人生传奇不断，虽然他与同时代许多人一样对儒学有批判，但对儒学的普遍价值多肯定、发扬，对“四书”中的《大学》多有引述、讨论。马相伯出生于天主教世家，接受过系统的耶稣会教育，他对《大学》的诠释难免受到自身以神学系统为中心的西方文化的影响；但他更是一个维护民族尊严的爱国人士，在屈辱感始终萦绕着中国人的时代里，马相伯的《大学》诠释可以说自始至终都是在爱国救民的思考中展开的，虽非严格意义上的经学诠释，但透过马相伯关于《大学》的相关讨论，确可以看出儒学的包容性、开放性以及与时俱进、生生不息的精神。

一、“格物致知”与科学、哲学分析之精神

历来在《大学》的诠释中，“格物致知”讨论最多、争议也最大。马相伯也认为“‘致知在格物’这一句话，在哲学问题上，非常要紧”，[1] 但在他看来，两千年以来没有人真切懂得格物的真意，认识上囫囵吞枣，讲出来不着边际。他认为：“所谓格物，第一步工夫就是把各种事物下一个 definition。这个字，徐光启这个先生译作‘界说’，真是恰当之至。所谓界说，就是‘分析’，就是把事物分成各种类别，使它有一定的界限。”[2]“界说”也就是常言的下“定义”，在马相伯看来“不根于界说，是无标准也。不根于部分，是无阶级也”。[3] 严格明确的界定不仅能使事物自身特性得以彰显，还能清晰地区分不同种类间的事物。正是基于对事物类别和特性的强调，他认为格物之格“可诠为分格：分格事类物类品类，而穷

1 马相伯：《马相伯集》，朱维铮编，复旦大学出版社，1996 年，第 1082 页。
2 马相伯：《马相伯集》，第 1082 页。
3 马相伯：《马相伯集》，第 642 页。

至其理”，[4]而《礼记·学记》所说“知类通达”、《荀子·儒效》“知通统类”皆可取格物之义。马相伯甚至还将格物与科学贯通起来，“明德之明，一格物，殆今所谓科学欤”？[5]朱熹的“即物穷理”说重在一件一件地于事事物物上去格，穷尽天下之理，马相伯以为这既无必要，也不可能。

《致知浅说》本为马相伯在震旦学院授课时所用的哲学教材，1924 年出版时，他在序中说“欲一探希腊、辣丁人震古烁今之爱知学”，[6]“爱知学”即英文 philosophia 中译名，日本人译以“哲学”二字。马相伯认为，译为“哲学”不是很恰当，不如用《大学》“致知”二字，不仅兼含为学工夫，而且与西文更贴切，他说“中国的古书上有许多名词，实与西洋哲学上的名词相吻合”“我们自己本有适当术语，何必拾人唾余”。[7]马相伯一再强调“所谓‘致知’就是哲学，即西人所谓 philosophy，所以 philosophy 应译为‘致知’，‘哲学’二字实不妥当”。[8]将“致知”与西语 philosophy 对等，这在“致知”诠释史上也是首次。关于致知，马相伯也认同朱子推极其知说，[9]但不同的是，他认为致知的“知”关键在“知类”，他说“知何在？在品类万汇，依类以研索其所以然也”。[10]

科学与哲学、格物与致知，在马相伯看来是贯通的，都有分别

4　马相伯：《马相伯集》，第 640 页。

5　马相伯：《马相伯集》，第 738 页。

6　马相伯：《马相伯集》，第 635 页。

7　马相伯：《马相伯集》，第 1138 页。

8　马相伯：《马相伯集》，第 1082 页。

9　朱熹在《大学章句》中解释“致知”说“致，推极也。知，犹识也。推极吾之知识，欲其所知无不尽也”。朱熹：《四书章句集注》，中华书局，2011 年，第 5 页。

10　马相伯：《马相伯集》，第 177 页。

分类、追寻其所以然的特点。但科学与哲学的区别也是明显的，他说“哲学之可重，重在事事物物，根寻其所以然而已。科学之有用，用在各本固然，踪迹其所以然，既得之后，辗转引伸，无不奏有固然之效而已”，[11]“能明一类之较大原因者，曰 scientia 知类学”，“兼明万物最上之原因者，曰 philosophia 致知学”。[12] 这也可以看作格物与致知的不同，即格物是明了某门类的知识规律且具有实践的普遍有效性，而哲学在科学的基础上，试图从总体上明了存在整体背后的根本原因，“哲学的任务在追求 being 的整体”。[13] 借用《礼记》所言，“知类”多为“格物”事，而格物达至致知，还需要“通达”。

科学是哲学的基础，马相伯这种科学哲学观，受亚里士多德影响很大，[14] 他说：“亚理斯多德之所以为西方哲学的开山老祖，其功也就在于‘分类’，在于创定‘界说’，给后人指出致知格物的门径。”[15] 他认为东方学包括中国大都注重道德一边，[16] 没有真正意义上的科学与哲学，“希腊哲学则不然。柏拉图已发其凡，到了亚理士多德，便给我们形成一个研究哲学的方法，即逻辑学，因此也就第一次给我们形成一个哲学体系”。[17] 逻辑、范畴、分类、分析，这些为严格意义上西方哲学的特点，这方面确实是传统儒家文化的弱

---

11 马相伯：《马相伯集》，第 177 页。

12 马相伯：《马相伯集》，第 638 页。

13 马相伯：《马相伯集》，第 1139 页。

14 马相伯年轻时在上海徐汇公学接受过长达十九年的天主教耶稣会神学教育，亚里士多德的形而上学和伦理学被整合在天主教中，对天主教的经院传统影响深远。

15 马相伯：《马相伯集》，第 1082 页。

16 马相伯：《马相伯集》，第 638 页。

17 马相伯：《马相伯集》，第 1140 页。

点。马相伯说“《致知章》既亡，则礼失而求诸野，正可取西庠之说以补之”，[18]传统儒家注重道德生命，人伦和谐，人文教化浓厚，马相伯以重分别的西方哲学精神贯注格物致知并由此导向认识论一面，在某种程度上说其实也是对传统儒家学说的一种补充。

二、“絜矩之道”与破私立公

“絜矩之道”见于《大学》：“所谓平天下在治其国者：上老老而民兴孝，上长长而民兴弟，上恤孤而民不倍，是以君子有絜矩之道也。所恶于上，毋以使下；所恶于下，毋以事上；所恶于前，毋以先后；所恶于后，毋以从前；所恶于右，毋以交于左；所恶于左，毋以交于右：此之谓絜矩之道。”[19]朱熹在《大学或问》中指出，“絜矩”为“以己之心度人之心，知人之所恶者不异乎己，则不敢以己之所恶者施之于人”。[20]孔子“己所不欲，勿施于人”的恕道精神其实也含摄此义。陈来先生谈恕道时说：“要解决每个‘己’怎样对待其他的‘人’的问题，不要只想到自己要对人做什么，而要想到这样对人是不是正确的。这个立场始终是考虑别人、他人的立场，所以叫做恕。”[21]可以说，孔子所言“恕”道与《大学》所言“絜矩之道”都是强调道德实践要优先考虑他人，以他人为先。需提及的是，《大学》言“絜矩之道”基于“孝弟慈”的

18　马相伯：《马相伯集》，第636页。
19　朱熹：《四书章句集注》，第10页。
20　朱熹：《四书或问》，上海古籍出版社、安徽教育出版社，2001年，第36页。
21　陈来：《孔子·孟子·荀子》，生活·读书·新知三联书店，2017年，第23页。

道德品质，而犹以孝为先。马相伯也很重视孝道，他在给徐景贤《〈孝经〉之研究》一书作序时，专门从絜矩之道的角度论及孝爱与治国平天下贯通的道理。他说："孝者报恩还爱。圣多玛言孝爱：一对于造物主万有真原，二对于生身父母，三对于父母之邦。此《大学》老老幼幼絜矩之道也。不曰规者，规有大小，而矩则无。故自家国至天下，以孝为矩可絜之。"[22] 受宗教信仰的影响，马相伯也将天主纳入孝爱之内，而儒家每每立论无不从孝入手。《论语》以"孝弟"为仁之本，孟子以"孩提爱亲"的良知良能为王政达之天下之基，王阳明悟道时更以去孝为断灭种性之事。孝为人之所以为人的根本，在孝的基础之上人性的充实光辉和参赞化育之功才得以开展，而马相伯以孝为"絜矩"之首的观点可以说体察到了儒家思想的内核。

1933 年，马相伯在为纪念《大晚报》周年所作《本人道主义而努力》文中指出，祸害国人数千百年的罪恶有三,一贪财，二贪势，三政府欺压无辜百姓，并认为惟絜矩之道可祛除遗毒、挽救世弊。他说"此先知先觉，尝有《大学》絜矩之道，教人如何修身齐家治国平天下；而大圣大哲，将欲挽救世乱，必自匡正人心始"，[23] 絜矩之道何以匡正人心、挽救时弊？马相伯说"一切祸乱之根源，皆在于私之一字，一切之所以颓废不举，亦由于私"，[24] 人人若能自觉地以絜矩之道律己责己，敬己敬人，严守道德律令，慎独修省，诚意正心，那"人人能体天下为公之意，人人能以国家与人民为

22　马相伯:《马相伯集》，第 517 页。
23　马相伯:《马相伯集》，第 953 页。
24　马相伯:《马相伯集》，第 556 页。

念，止乱兴国，是即其基”，[25]“事事以己度人，全无彼我之分”。[26]换言之，敬持“絜矩”自然能够“破私立公”。《大学》论“絜矩之道”时还说“有国者不可以不慎，辟则为天下戮矣”，[27]马相伯言“破私立公”之意正与《大学》相互呼应。他接着说：

> 大家想想，絜矩之道，上下四旁，彼此忠恕；治国能如此，自然很太平！试看以前专制官吏，鱼肉人民，毫无顾忌：结果一个朝代换了。……所以我现在将唤起同胞，注重絜矩古风。故要人民急公好义，必须人民自己来治；因为谁都爱自己的，希望大家各本良心，并以此心往前后度量一下。[28]

朱熹说“君子必当因其所同，推以度物，使彼我之间各得分愿，则上下四旁均齐方正，而天下平”，[29]以他人为先的“絜矩”之道不仅能促成人与他人关系的和谐，以此为基还能促成人与家、国、天下的和谐，但“絜矩之道”绝非可简单地概括为他者为先，更是一种尊重己身、敬待他人以及严守人性而达至的无私无我、廓然大公、至善至仁之境。

日本江户后期的朱子学者古贺精里（1750—1817）在《大学诸说辩误》中引清吕留良语指出“絜矩之道，从心推出及民事理也。

---

25 马相伯：《马相伯集》，第556页。

26 马相伯：《马相伯集》，第201页。

27 朱熹：《四书章句集注》，第10页。

28 马相伯：《马相伯集》，第973页。

29 朱熹：《四书章句集注》，第10页。

絜矩者以民之好恶为好恶，公之极也”，[30] 此与马相伯“絜矩之道”可以导出公心公德的看法是一致的。马相伯同时且交好的梁启超、孙中山也非常关注公德的概念，梁启超在《论公德》中说：“我国民所最缺者，公德其一端也。公德者何？人群之所以为群，国家之所以为国，赖此德焉以成立者也。”[31] 陈来先生认为梁启超的公德说以爱国民族主义作为出发点，把个人对群体的自觉义务看成公德的核心，这是和中国近代民族国家受压迫而欲自强的时代要求——救亡图存密切相关的。[32] 马相伯倡导《大学》絜矩之道可以说也是此义，希望人人能敬己敬人，相爱相助，共挽世乱。

三、“土、财、用”与民治、民生、民主

日本占领东北三省后，扶持建立以溥仪为“元首”的傀儡政权伪满洲国，国难当头之际，九十多岁高龄的马相伯大声痛呼：“如此奇耻大辱，国人应奋起自救，不还我河山不止！”[33] 他在《国难人民自救建议》中慷慨陈词、反复强调民治是国难人民自救的根本，“民治云何？曰整个人民自体自身，自出财力，自出心才，以自治”，[34] 而民治需要大众“一心一德共同奋斗”，“先识我有‘天赋

30 （日）古贺精里：《日本名家四书注释全书——大学诸说辩误》，关仪一郎编，凤出版，1973 年，第 35 页。

31 梁启超：《新民说》，商务印书馆，2016 年，第 19 页。

32 陈来：《梁启超的“私德”论及其儒学特质》，《清华大学学报》（哲学社会科学版）2013 年第 1 期，第 57 页。

33 马相伯：《马相伯集》，第 900 页。

34 马相伯：《马相伯集》，第 914 页。

人权'，与一切君主同"，"先学孔孟救正人心"。[35] 在马相伯看来，民治与民生又是密切关联的，他说"民治者，民生主义也，其义在《大学》之生财与《鲁论》之富之教之"。[36]"生财"之说见于《大学》"平天下在治其国"章："生财有大道，生之者众，食之者寡，为之者疾，用之者舒，则财恒足"，朱熹注曰"此因有土有财而言，以明足国之道在乎务本而节用"。[37]"有土有财"还见于《大学》此章："君子先慎乎德。有德此有人，有人此有土，有土此有财，有财此有用。德者本也，财者末也"，《大学》这里本是强调"德"的重要性，而马相伯借此发挥并强调土地与民生的重要性，他说："泥土比黄金更有用，因为黄金只为少数人所有，而且饥不可饱肚，寒不可以取暖。土则万物生焉，人类的生活完全取给于此，古人所谓'有土此有财'就是这种意思。"[38]

《大学》"德、人、土、财、用""德本财末"之义，传统上多强调德行的主体为君，强调君德可以吸引、感召人民、土地和财用，国家、土地和财用均为君属。马相伯的阐释与此不同，他在《民国民照心镜》一文中说"民为主也者，兼主其国土财用，即《大学》'有人此有土，有土此有财，有财此有用'之谓也"，[39]"国土财用，为人民所固有"。[40] 国民于国土财用，有物主权、管理权，而"管

35 马相伯：《马相伯集》，第 914 页。
36 马相伯：《马相伯集》，第 571 页。
37 朱熹：《四书章句集注》，第 13 页。
38 马相伯：《马相伯集》，第 1136 页。
39 马相伯：《马相伯集》，第 310 页。
40 马相伯：《马相伯集》，第 316 页。

理权非他，即政治权也。新学亦言国家之要有三：土地、人民、政事。政事非他，董率人民利用土地而已。否则，尸位素餐，盗食而已”，[41] 与“民为主”相对而言便是君为主。在他看来，人民作为执政者，是国土财用的主人，而民主政治“乃先天之义理”，[42] 是世界发展的潮流与大势所在，因此他抨击君主专制，以大君主为天下大盗，而那些欲复辟之人不过是自取灭亡。其弟子徐景贤曾指出马相伯撰《民国民照心镜》所用“民国民”三字为自撰之词，以表示非帝国之臣民，[43] 马相伯主张民治，抨击专制，意在倡导民主，正如他说“民治为民主政治之结晶”。[44] 基于此，他借美国前总统威尔逊之言赞美民治主义说：“民治主义……其主义之纯洁与精神之魄力，实大无穷！”[45] 民主主义和人道主义的取向是作为政治活动家马相伯一生的起点，[46] 但其形成受到宗教思想的影响，马相伯晚年回忆说“我因宗教的启瀹，又知道天子也和我们一样，同为造物主所造，同是有生有死，在上帝之前，同是平等，并没有什么神奇”，[47] 他论述民治时也说先识人人一切与君主同，可以说正是凭借“上帝之前，同是平等”的朴素信念，他开始对封建专制主义

41 马相伯：《马相伯集》，第 315 页。

42 马相伯：《马相伯集》，第 311 页。

43 徐景贤：《徐景贤文存》，清华大学国学研究院主编，江苏人民出版社，2016 年，第 543 页。

44 马相伯：《马相伯集》，第 921 页。

45 马相伯：《马相伯集》，第 922 页。

46 朱维铮：《近代中国的历史见证——百岁政治家马相伯》，《马相伯集》，第 1175—1176 页。

47 马相伯：《马相伯集》，第 1136 页。

教育产生疑惑。[48] 时外交官凌其翰称马相伯主张民治，即以宗教为出发。[49]

马相伯还联系当时时势，指出："中国所以弄到这步田地，根本原因就是人民和土地不能发生直接的关系，热河被攻了，住在上海的人民，仍旧醉生梦死的没有一点同情心！这就是因为我们住在上海，热河离上海这么远，就算热河给日本拿去了，和我们有什么关系？"[50] 因此，"必须使人民知道政治是自己的事，土地是自己的土地，然后可以养成爱护国土的观念"。[51] 国土不仅是国民赖以生存的经济基础，更是家园和故乡的存在。可以说，只有人民对国土财用有主宰权、管理权，天下兴亡，匹夫有责、守土有责的观念才可能真正地树立起来。马相伯对"土"、"国土"的强调，明显是针对当时日本侵略中国、国土沦丧而发，矛头直指无能的国民政府，他说："国家先有土地，有土地然后人民才有饭吃，所以土地是第一，第二才是人民。所谓政治，就是引导人民，利用土地。人民自己决不愿失掉土地，政治更不能丧失掉一寸土地；政治不能引导人民以利用土地，反把土地丧失了，那还能算政治吗？"[52] 马相伯的这些相关诠释，实际上已脱离《大学》文本，但从中能体念到老人家的爱国赤诚！

---

48 黄书光：《国家之光　人类之瑞——复旦公学校长马相伯》，山东教育出版社，2004年，第8页。

49 徐景贤：《徐景贤文存》，第525页。

50 马相伯：《马相伯集》，第1066页。

51 马相伯：《马相伯集》，第543页。

52 马相伯：《马相伯集》，第596页。

四、“止于至善”的宗教学诠释

马相伯关于《大学》“至善”的诠释，主要集中在1916年所作《〈圣经〉与人群之关系》一文里。马相伯认为至善具有独一无上性，他说“至善也者，不独无出其上，而亦无与伦比焉”，[53]又说“若谓万事万物，各有一至善，善而万，则非独至而无上”，[54]显然，这是批评朱熹“合而言之，万物统体一太极也；分而言之，一物各具一太极也”的观点。[55]在他看来，宋儒所说的能够内在于万物之中的太极、天理皆不足以称为至善，众人所见万善只是造物主流露出的部分之善，并非真正的至善，只有造物主，即天主，才可称得上至善，他说“独一而无上，至善而无穷者，唯造物主足以当之”，[56]“造物主为我人之终向，为万物之根源”。[57]除了至善的独至无上性，马相伯还格外地强调至善的具体性，他说“至善若为所止之地，必具体，非抽象”，[58]“《大学》之‘在（明）明德’，‘在亲民’，‘在止于至善’，性道也。三在，三件事。止于者人之究竟也，归向也，至之而不可迁也；止于立隅。立隅是有具体之实物，其有在己，不在他”。[59]这里“立隅”当为“丘隅”，“丘”误为“立”，“丘隅”见《大学》原文：“《诗》云：‘缗蛮黄鸟，止于丘隅。’子

---

53 马相伯：《马相伯集》，第212页。

54 马相伯：《马相伯集》，第212页。

55 周敦颐：《周敦颐集·太极图说·朱熹解附》，中华书局，2009年，第6页。

56 马相伯：《马相伯集》，第213页。

57 马相伯：《马相伯集》，第163页。

58 马相伯：《马相伯集》，第213页。

59 马相伯：《马相伯集》，第551页。

曰：‘于止，知其所止，可以人而不如鸟乎？’”他所言“具体之实物”即指天主。其弟子徐景贤在《马相伯先生百岁生活》中说：“师讲‘止’字后面必系‘实’字，如微菌乌所止，必有实物栖止！”[60]即是强调马相伯言“至善”的具体实在性。作为万善之源的天主同时具备至善的独至性和具体性，《大学》所言“止于至善”即止于天主、归向天主，天主为独立超然至善实体，自立、圆满、自足，不依赖于他者。

马相伯认为“《大学》工夫，首曰‘知止’，而终之以‘壹是皆以修身为本’”。[61]《大学》“知止而后有定”句历来多被看做心性修养的重要途径，如清人唐文治在《大学大义》中将此视做“止至善之本，明明德之功”。[62]不过，与《大学》所言“为人君止于仁，为人臣止于敬，为人子止于孝，为人父止于慈，与国人交止于信”单向度地强调“此在”的德性修养不同，马相伯的知止更偏于双向度的解说，更注重生死之间的互动和融通。在马相伯，知止是止于天主，人若能真正归向天主，生时听受天主训诫，与人相处以诚，相见以心，积善行善，如此死后才可永居天主怀中，与圣父同在，他说“听受福音而知所止者……生前相助，立德立功，光荣圣父，死后带着领赏的文凭，承受救世主所遗家产，永居圣父怀中，同享圣父光荣于无穷世，这便是这端知止的作用，知止的效果”。[63]“此在”的积善与否，直接关系到死后能否与天主常在的问题，而人

60　徐景贤：《徐景贤文存》，第 545 页。

61　马相伯：《马相伯集》，第 552 页。

62　唐文治：《四书大义》，上海人民出版社，2018 年，第 8 页。

63　马相伯：《马相伯集》，第 218 页。

只有生死皆以天主为归，才能泰然而自足。他说“生寄也，死归也”“在生信奉造物主者，死得归于造物主”，“《记》曰：‘在止于至善’。至善惟造物主，得之如鱼得水，如羊得草，泰然满足”。[64]这种“视死如归”，把死亡看作回家的死亡观也见于《庄子》《列子》，“造物”一词也见于《庄子》等道家文献，马相伯非常善于利用这些传统文化的资源来宣说其宗教精神。

马相伯认为世情万变应以至善为一生的归宿，万行的终向，他说：“人之所恃以行者，曰明悟，以辨明义美好，利美好。曰爱欲，以亲爱所当亲爱者，二者之行，皆当以至善为归，即《大学》所谓明德亲民，止于至善也。”[65]徐景贤说：“师尝为我口讲《大学》之道，略谓，‘在明明德’，系对自己修养工夫；‘在亲民’系对他人博爱工夫；‘在止于至善’，‘至善’即天主，故系对天主昭事工夫。”[66]明德主要对己而言，重在明悟已心；亲民主要对他人言，意在“亲爱所当亲爱”，这二者皆当以至善为则，即对天主尽心尽责，而天主教的思想也是马相伯一生思想的核心。[67]总体上来看，他以天主为至善之归，与传统以天道、天理为至善之本体有很大不同，在早期中国，如《尚书》中上帝、天也具有人格性、意志性，高高在上，这类于马相伯所说的至上性、具体性、实体性，不过后来“天”逐渐内在化、本体化、抽象化、理性化。

64 马相伯：《马相伯集》，第 158 页。
65 马相伯：《马相伯集》，第 212 页。
66 徐景贤：《徐景贤文存》，第 545 页。
67 徐景贤：《徐景贤文存》，第 546 页。

结语

从以上讨论来看，马相伯更多是借助《大学》话语来表达自己对民族与时代的思考。朱维铮指出“他熟读过《四书》，时常引用其中所载的孔孟言论，但只是以王阳明式的态度拿来为‘我’所用”，[68]“他对传统的儒学倒没有晚清在传教士那种常有的偏见，而是如晚明的利玛窦、徐光启那样，对儒学抱着尊重而同情的态度”。[69]同时，受中国近现代社会态势的影响，马相伯对《大学》的解读呈现出深沉的忧患爱国意识。虽然其论述的背后某种程度上反衬出天主信仰对一个虔诚基督徒的影响，但比之作为其精神归宿的宗教信仰，肫肫煦煦的救国思想才是其《大学》阐释的根本主旨。邵力子说“先生精神学问的最高目标在救国”。[70]他以科学分析精神来诠释格物致知，也是想以科学来图国家民族之富强。但与马相伯以天主指示至善不同，儒家的“止于至善”整体而言是对人生精神境界的追求和探索，是对生命无止息的追寻和叩问，是与宇宙天地、万事万物大化合流、同为一体的神境妙境和圣境，更是人作为三才之一能与天地参赞化育之主体性的凸显和显现。这种对理性精神的强调，对人文特性的推崇，对慎厥身修、日进其迈道德意义的彰显，是儒家文化之所以生生不息、万古常新而常存的根源所

---

68 朱维铮:《近代中国的历史见证——百岁政治家马相伯》，朱维铮编，《马相伯集》，第1196页。

69 朱维铮:《近代中国的历史见证——百岁政治家马相伯》，朱维铮编，《马相伯集》，第1195页。

70 邵力子:《救国老人马相伯先生》，宗有恒等编，《马相伯与复旦大学》，山西教育出版社，1996年，第97页。

在，而文短字少的《大学》也正因承载着儒家这样的传统才能够绵延千古而又随时变新。

纵观马相伯的诠解，他以西方哲学、神学思想的精髓灌入儒家传统经典《大学》，与传统儒学相互阐发，不仅别开生面，还具有鲜明的精神人文主义色彩。比如他对“絜矩之道”“至善”以至“明德”“亲民”的论述，角度虽异，但都一致地指向发掘隐存于人内心深处的灵泉和良善。这种对人性美好光辉的坚信，对每个个体以及整个宇宙，一切生灵的尊重、敬畏和怜惜，这种对超越财富、权利、整个人类世界的向往和追求，不仅是其《大学》新诠的意蕴所在，也是中国儒学、哲学发展中不可忽视的重要方面。而他以天主指示至善，不仅对于宋明理学家稍显抽象化、理性化的至善观有所补充，同时为传统儒学增添了些许西方宗教的神性之光。这为加强儒学与基督教神学的进一步对话提供了良好的契机，而且有利于儒学宗教性、超越性的思索与探讨，人文神学的展开与建构。

唐文治对王阳明“良知”的阐释

赵金刚（清华大学哲学系）

唐文治先生为学从朱子学入手，早年对阳明学并无十分兴趣，而后熔冶朱王，民国十九年（1930）成《阳明学术发微》[1]一书，专门阐释阳明思想。[2]唐先生晚年屡屡提倡阳明学，期以“救近世人

1 关于《阳明学术发微》的写作情况、背景与基本结构、内容，见邓国光：《唐文治先生〈阳明学术发微〉探要》，《诸子学刊》第十一辑，上海古籍出版社，2014年。在笔者看来，唐文治《阳明学术发微》的总基调是“救世、明旨、去蔽”——致良知以救世、明阳明学术宗旨、去世人关于阳明之误解，在具体的阐释上“以大易为准”，“本孟子而发”，“调和朱子阳明”，这些可以视作对本书的一个基本概括。

2 关于唐文治先生对阳明学态度的转变，参考拙文《从学术经历看唐文治的哲学思想形态特征》，载复旦大学上海儒学院编：《儒学与古今中西问题》，生活·读书·新知三联书店，2016年。在《阳明学术发微》一书《序》中，唐先生也谈到了自己对阳明思想的态度转变，他讲：“余年十七始为性理之学，所读者陈清澜《学蔀通辨》、张武承《王学质疑》、陈定斋《明辨录》、陆清献《三鱼堂集》、吴竹如《拙修集》，皆与阳明良知之说不合。后读孙夏峰《理学宗传》、刘蕺山《圣学宗传》及汤文正与陆清献论学书，稍稍疑之。又读曾惠敏《日记》，谓程朱之徒处事过于拘谨，陆王之徒颇能通敏于事。余时存见在心，未敢以为是也。迨自强仕以迄艾耆，阅历世变，则见贪利黩货之流贿赂公行、争民施夺，万姓冤苦，以哀吁天，于是伦理悖谬，礼义廉耻扫地无余，而人心之昏惘更不知所终极。……夫今日欲救中国之人心，必自致良知始矣。”（唐文治：《阳明学术发微·序》，《民国时期哲学思想丛书》第一编，文听阁图书有限公司，2010年，第1—2页）从这段叙述中，我们可以看到，唐文治先生认为自己转变的几个关键，首先在于对性理学的进一步研读，其次在于自身的经历，尤其是唐先生自己所经历的种种事件，第三是对当时世道人心的观察。可以说唐先生自身的“阅历世变”恰和王阳明之“百死千难”有对应之处，而唐先生救人心的迫切呼求也与阳明倡导“致良知”的宗旨有契合之处。阳明有《拔本塞源论》，唐先生特选入《阳明学术发微》，于此可见经历事变之后的唐文治先生在身心体验上与阳明学的契合。

心”。阳明思想，尤其是阳明的良知说成了他理学救国论的重要内容。唐先生对阳明良知说的阐释一方面立足点在理学救国，然而从具体的哲学阐释出发，亦颇有洞见，很多阐释也能看出他对阳明思想的独到体会和进一步发挥。本文即侧重阐释唐文治先生对阳明良知阐释的哲学洞见，以之来观察唐先生此一时期的义理特征。[3]

一、良与知觉

阳明晚年提出“致良知”之说，成为其晚年学术的成熟形态和论学宗旨。良知之说来自《孟子》对“良知良能”的诠释，《孟子》讲：“人之所不学而能者，其良能也；所不虑而知者，其良知也。孩提之童，无不知爱其亲者；及其长也，无不知敬其兄也。”[4]陈来先生认为，按照孟子的说法，“良知是指人的不依赖于环境、教育而自然具有的道德意识与道德情感。‘不学’表示其先验性，‘不虑’表示其直觉性，‘良’即兼此二者而言。王守仁继承了孟子的思想”，良知是“主体本有的内在特征”，“良知是人的内在的道德判断与道德评价体系”，“具有对意念活动的指导、监督、评价、判断的作用”，“不仅具有先验的性质，而且具有普遍的品格”。[5]而

3 唐先生《紫阳学术发微》《阳明学术发微》均有一重要问题——“熔冶朱王”，此当综合诸书，专文讨论，本文对此问题不赘述。

4 朱熹：《四书章句集注》，中华书局，1983 年，第 354 页。朱子认为：“良者，本然之善也。程子曰：‘良知良能，皆无所由；乃出于天，不系于人。’”“爱亲敬长，所谓良知良能者也。”良，也就是本然的天然的“善”，内容就是“爱亲敬长”。阳明在对良知的理解上基本同于朱子，但对此做了较大的发挥，朱子则没有特别强调良知。唐文治注意良知非从早年研习的朱子学来，而是与其对《孟子》的研究、阐释有关。

5 陈来：《宋明理学》，生活·读书·新知三联书店，2011 年，第 299—300 页。

“致良知”则强调对良知的扩充以至极，具有很强的实践意义，强调扩充自己的良知到极致并把良知用于日常实践。致良知的此种实践性，是唐文治强调“致良知”的重要原因，以此致良知之实践救人心是唐文治讲阳明学的目的。而在对良知的阐释中，唐文治则特别发挥“知觉”的含义，这相比传统的朱子学、阳明学就有其特点。[6]1914 年，唐文治作《孟子大义》，即讲“警觉良知”，1916 年作《大学大义》以“知”言“良知”，这些均可视作他发挥知觉的开始。而《茹经堂文集》三编专门有《知觉篇》，唐先生自注写于“丙寅”，即 1926 年，与《阳明学术发微》相先后，能代表其此一时期对知觉的一般理解。我们此处讨论“知觉”主要结合《知觉篇》与《阳明学术发微》中的相关论述。

在《知觉篇》中，唐先生虚构一问者与灵台子的对话，对“知觉”加以阐释，而所谓“灵台”，也就是“心”。在唐先生看来：

> 世谓知在于事而觉在于心者，非也。知与觉皆因事而感心，因心以应事。知裕于平时者也，觉发于临事者也。知体也，觉用也。故养知在学问，而发觉在聪明。言知则可以该觉。[7]

知、觉都是心本有的功能，是心感于事而有最终又体现在事上的功能。知与觉的差别在于，人平时就有“知”，知是由于先天或后天经验而有的心灵内容，而觉则是在面对具体的事时而有的即时

6 朱子反对“以觉言仁”，阳明虽然讲过“心不是一块血肉，凡知觉处便是心”，但也不是十分突出知觉，而阳明后学更有认知觉为性，泛滥情识的流弊。

7 唐文治：《知觉篇》，《茹经堂文集》三编卷一，民国十五年（1926）刊本。

性的心理活动。唐先生用体用去讲知觉，觉的活动是平时有的心灵内容的发用。体可以包含用。而在工夫上，则要求用学问去培知，而觉的展现则依赖于“聪明”。这其实也与阳明学本身对“知”的强调有细微差异——阳明的“良知”更强调良知现成、良知见在，阳明对知觉也无这样的体用区分。

在唐文治先生看来，这一“知”体现在学问、行诣、性情、事理，而此“知”是治理天下的枢机，而不同的人在现实状态中“知”的程度也有种种差别，对一般人来讲就需要探索钩沉以归于实的功夫去让自己的知觉达到圣人的程度，达到知觉自然，而知觉的不自然也就是良知的丧失。唐先生《五德箴》讲“良”有“孟子发明良心，言本心自然良善也，又发明良知，言知觉自然良善也”。[8] 良是对知觉自然良善的强调，此处突出了知觉与良的关系，重点仍似落在知觉上，而不是强调先验的、见在的“善”。当然，自然良善是知觉的本然状态。

在《阳明学术发微·序》的一开始唐文治就讲：

> 有天地以来，其间万事万物流行变化纷纭繁赜而不可穷者，人心之知觉为之也。知贵灵而忌滞，贵通而忌塞，贵清而忌昏，贵正而忌曲。灵也、通也、清也、正也，皆所谓良也。[9]

“知觉”是人心对天地万物变化把握的关键，在唐文治看来，知觉的灵明、通达、清通、正直就是“良”。这一强调，就不像孟

8 《大家国学·唐文治卷》，天津人民出版社，2008 年，第 174 页。
9 《阳明学术发微》,《序》，第 1 页。

子、阳明那样，直接强调良知的先验性、直觉性，而是强调知觉的特殊功能。[10] 当然，阳明的良知的展现也会具有上述功能，但阳明首先强调的是这些功能人“自然而有”的先验性以及内在性。阳明的“知”首要的是“知善知恶”，这些功能则是“知善知恶”之功能发挥时展现出来的。而唐文治则首先强调知觉为良的这些特征。当然，知觉有良也有不良，也就是那些功能的对立面“滞”“塞”“昏”“曲”。在唐先生看来，“吾心之知觉置之而塞乎天地，溥之而横乎四海，施之后世而无朝夕。其邪焉暗焉滞焉者，伪也”。[11] 如此，则“灵”“通”“清”“正”应是“知”的真实状态，而“滞”“塞”“昏”“曲”是其不真实的展现，是“外诱之知”。[12] 良知的“灵”“通”“清”“正”如果能够发挥出来，在唐先生看来关系着“国性”与“国之兴废存亡”。[13] 人心的机心巧诈等等都是“知觉不良”的体现，不良之知觉会淆乱国性。唐先生认为他所生活的时代“世道诪张、机械诈变之风，穿窬害人之事日出不穷，揆厥原因，皆因人心纰缪、良知晦蒙，遂至于此”。[14]

《阳明学术发微》卷四更以知觉的程度区分人与禽兽、一般人

---

10 当然，唐文治先生认为孟子的良知并不能和阳明的良知完全等同，在《知觉篇》他讲：“其所为良知者与孟子所言不虑而知之良知亦相似而实不同。……孟子所谓良知指爱敬之情而言也，阳明子所谓良知指是非之心而言也。”（《茹经堂文集》三编卷一）但这不意味着唐先生否认阳明良知的“亲亲”向度。我们在《阳明学术发微》中会看到他对阳明“亲亲”的重视。唐先生认为“阳明子之论虽与孟学小有出入，亦吾道之大支脉也”（《知觉篇》）。

11 唐文治：《知觉篇》，《茹经堂文集》三编卷一。

12 唐文治：《知觉篇》，《茹经堂文集》三编卷一。

13 唐文治：《阳明学术发微·序》，第 1 页。

14 唐文治：《阳明学术发微》，第 1 页。

与圣贤：

> 夫世界内生物，不外乎知觉、运动：有运动而无知觉者，禽兽是也；知觉分数少而昏且浊者，凡民、愚民、横民是也；知觉分数多而灵且良者，圣贤是也。[15]

唐先生在这里的人禽之辨其实与荀子更为接近，而不同于孟子用四端之心区别人禽。[16] 这也与阳明“人的良知，就是草木瓦石的良知”这种从内在主体性观察天地万物的思路不同。我们这里其实可以发现唐文治先生谈论问题“客观性”的限度，这既是他受朱子学影响的结果，也是受近代西学影响的反映。虽然唐先生也讲“人心无知觉，天地亦几乎无知觉也”，[17] 但却不是阳明以主体朗现客体的思路，而是强调无知觉所导致的政治秩序、宇宙秩序的混乱。[18]

综上，我们会发现在“良知”问题上，唐先生首先强调的不是“良”，而是“知觉”的意义。“知觉”在他的良知阐释中占有独特的位置。

---

15 唐文治：《阳明学术发微》，第 68 页。

16 《荀子 · 王制》讲：“水火有气而无生，草木有生而无知，禽兽有知而无义；人有气，有生，有知，亦且有义气，故最为天下贵也。”即是以“知”来区分人和禽兽。

17 《知觉篇》，《茹经堂文集》三编卷一。

18 当然，唐先生也会强调，仅仅讲知觉而不讲仁义礼智，也不是完整的人物之辨。他在解释《孟子》“生之谓性”章时讲：“性生也，古训也。告子本古训立言，未尝不是。特其意专指知觉运动言，非合仁义礼智言，故昧于人物之辨。”（《大家国学 · 唐文治卷》，第 64 页。）

二、“活泼泼”的良知

从上面的论述中我们可以看出，唐文治先生其实规定了知的本然状态与不真实状态。为何知的本然状态是“灵”“通”“清”“正”？其实我们会发现他是从“灵气”的角度来讨论本然之知的。唐先生讲良知，特别强调心兼理气、合性与知觉。良知不仅有知觉，还含有要知觉的内容。

首先，唐先生始终强调“心兼理气”，这在其不同时期著作中是十分明确的。在《〈孟子〉心性学》中他讲：

> 性者理也，心合理气者也。心有形而性无迹，性寓于心，非即心也。心统乎性，非即性也。明心性之辨，斯得学道之方。[19]

《紫阳学术发微》《阳明学术发微》均是这一观点。我们可以看到，这一讲法是十分朱子学的，而和阳明的一体性讲法不太一致。但唐先生仍将这一观点贯彻到对阳明“良知”的阐释之中。其中较为关键的，就是他将“心统性情”[20]与张载的“合性与知觉有心之名”结合起来讲问题。

在唐文治先生那里，“心统性情”与“心兼理气”是密不可分的。在朱子学当中，“性即理”，朱子没有明确地说心是气，或情是气，我们可以从朱子的表述中看到，在朱子那里，心其实是兼理气

---

19 《大家国学·唐文治卷》，第 64 页。

20 当然，“心统性情”这一说法朱子继承张载而又加以发挥。朱子认为“性即理”与“心统性情”是颠扑不破的两条原理。

的。而阳明学的某些表述则有用气去论述心的倾向。[21] 当然，有一点是朱子和阳明都可能承认的，就是知觉与灵气有关。在心的问题上，唐先生坚持的还是朱子的看法，但在一定意义上更突出了“知觉灵气”，强调知觉的“灵”，并进一步由此灵而和阳明的良知相打通。[22] 而实际上，唐先生对良知的阐释，是融汇朱子学与阳明学的产物。

《孟子大义·序》讲：

> 心兼理气者也，若专以心之灵气为主，期于一超顿悟……恐非孟氏立教之本意。或且屏绝之，以为不得与于儒家之列，不知世有乞墦之齐人，垄断之市侩，鸡鸣而起，孜孜为利，其心纵极卑鄙龌龊，然苟阖户而诏以良心所在，则未有不面赤汗下，悚然而悟者。然则本心之呈露，良心之发见，其有功于世道，故非细也。窃以为陆氏王氏之学，不得谓非孟子之支与流裔，且世固有崇拜阳明而国以寖强者也，通人达士。必不党同伐异，自隘其门墙也。[23]

---

21 关于朱子学中心是否是气以及阳明学有将心作为气的倾向，参看陈来先生《朱子哲学中“心”的概念》(陈来:《中国近世思想史研究》，生活·读书·新知三联书店，2010年）和《韩国朱子学新论——以李退溪与李栗谷的理发气发说为中心》(《厦门大学学报（哲学社会科学版）》2015年第1期）两篇文章。明代哲学有将性理解为理，心理解为气的倾向，牟宗三直认朱子的心是气，这些都不符合朱子的相关论述。

22 唐文治先生并不完全否定情的作用，抹杀情的地位，更不主张“灭情”，他在《原情》一文中更主张“由情而复性”，情是人有“六律五行气”而必然具有的。其在《〈诗经〉性情学·序》中甚至讲“无情则无性，无性情则不可以为人”。这些对情的强调，某种意义上正是对知觉的重视，重视此种“通乎性”的作用。这种思路也与阳明学具有一致性。

23 《大家国学·唐文治卷》，第57—58页。

《知觉篇》讲：

人有灵气而后有知。

太极之元，阴阳絪缊，人含天气秉地质而最灵，形即生矣，神发智矣，知凭形以生者也。合太虚与气有性之名，合性与知觉有心之名。知觉凭气以运者也。形气聚则知聚，形气散则知散。[24]

心不专是“气”，而是兼理气，但知觉是灵气（这也强调了知觉不是一般的气，强调它的灵动性，当然这种灵气之知觉应是本然之知觉），人的知觉依靠人的天生气禀而有，并凭借气禀而运动。人心有昏邪的可能，但因有此灵气，而有觉悟良知的可能。[25] 其实这里已经或多或少暗示了知觉所具有的方向性，即既可能知觉良心，也有可能知觉欲望，[26] 但由于知觉的原本构成是灵气，这就使良心有觉醒的可能性。《孟子大义·序》已经从知觉良心、本心呈露的角度为陆王辩护，而之后，唐文治先生更是正面阐发此说对救人心与救国的意义。

知觉良心即是知觉“性”。能知觉性的心其实也就是良心、良知。唐先生讲“合性与知觉有心之名”，其实是在定义他所理解的“良知”，也就是性是良知存有的内容，而知觉则是表示良知的活动

24 《知觉篇》,《茹经堂文集》三编卷一。

25 《阳明学术发微》也有一处从气上讲良知：“良知者，天地中和之气。”(《阳明学术发微》，第 49 页。) 但此中和之气如何理解却值得进一步思考。

26 “去性而从心”导致“性”的丧失。在这个意义上，唐先生不认同“心即理”这一讲法，唐先生有时也讲“心即理”，但他的解释前提则是“心兼理气”，是在反对把心与理截然分开的意义上而言。

能力。套用牟宗三的讲法，唐先生这一对良知的定义，其实表示他理解的良知是“即存有即活动”的。唐先生为何不单独讲“性”？因为单讲一性，无法突出活动义，而单讲活动之知觉，则无法摆脱知觉的方向性，即本然之知觉可能丧失，知觉朝向欲望，这就失去了儒家坚持的价值取向。所以唐先生特别强调这一既有善性又有活动能力的心，也就是良知。在他的叙述中，由于突出了知觉的地位，就使良知变得更为“活泼泼”的。在《知觉篇》的最后，唐先生讲：“教育之道，一曰性情，一曰知觉。性情厚所以培其本，知觉灵所以广其用。”[27] 良知是综合“性情”与“知觉”而有的。[28] 而知觉的强调，则更突出了“用”，也就是性情所能发挥的功用。《阳明学术发微》在讲良知时，十分突出良知的此种活动性。

《阳明学术发微》有一段直接和《知觉篇》相呼应，而在阐明义理上更为直接：

> 张子曰：“合性与知觉有心之名。”盖知觉者与五常之德同具于心，而所以妙五常之用也。孟子曰：“人之所不虑而知者，良知也。”此知孩提知爱知敬而言。阳明之言致良知似与孟子稍异。然孟子尝言“先知觉后知，先觉觉后觉”，盖惟致其良知而后能先知先觉。亦惟先知先觉而其知觉乃愈良也。知觉之为用

---

27 《知觉篇》,《茹经堂文集》三编卷一。

28 陈来先生在《有无之境》中指出：“严格地说，天理不就是良知，灵觉也不就是良知，只有在天理后加上灵觉，或在灵觉前加上天理，两义结合才是良知的含义。”（陈来：《有无之境》“良知即天理”一节，人民出版社，1991 年）唐先生对良知的阐释，其实也是含有这重意谓的，他的良知是天理与灵觉的结合。只不过，唐先生对此二者的结合，还没有突出天理与灵觉的一体性，还是有分析的味道。

大矣！[29]

这就更进一步说明了我们上面所讲的良知综合性和知觉，突出知觉对五常的应用，有此妙用，五常之知觉的心才是良知之心。唐先生认为阳明与孟子相异，一是我们上文讲到的亲亲与是非的差别，二是阳明讲良知更突出了“致”的活动，突出了有用的知觉。合性与知觉，一方面是知觉对性的妙用，一方面则是性对知觉的范围，只有知觉性的知才是本然之知。即所谓“有良知以范围之”，“用知觉以运之”。在唐先生那里良知可以明确地分为作为内容的五常与作为运用的知觉。善性为人固有，现实中的人知觉分数有差，因此其善性的发显、运用也就有差，要想充分发挥善性，就要扩充知觉分数。致知在某种意义上是恢复本然之知觉，让知觉朝向善性，发挥作用。

《阳明学术发微》区分陆九渊与王阳明时讲：

> 良知即良心也。然余谓陆子揭本心、阳明揭良知，其义稍有不同。盖本心者，指仁义礼智而言。而良知则运乎本心之妙也。故阳明揭良知，必兼致知言，陆子揭本心必兼先立乎其大言，否则无用功之处矣。直揭本心者可以破世俗贪利争夺之习，直揭良知者可以发孩提爱亲敬长之诚。至于开物成务，冒天下之道，则致良知尤为紧切矣。[30]

29　唐文治：《阳明学术发微》，第 13 页。
30　唐文治：《阳明学术发微》，第 9 页。

在唐先生看来，阳明与陆九渊不同之处，就在于良知不仅含有了本心的内容，更具有了对本心内容的应用，阳明讲的良知一定是带着致良知的工夫的，这种连带，本身就和知觉的灵动有关。唐先生有一个讲法十分有意味，他讲“身体心体与道体同其活泼泼”，“天下惟性情狂而品行狷者乃可以成大事”，[31] 性情之狂，恰是知觉灵动的展现，无此活泼泼，也就无成就大事业的可能。唐先生始终强调一“动态化”的良知。[32] 在唐先生看来，正是由于此种良知的“用”的指向，它对现实的事业更为重要。也是在这个意义上，唐先生特别看重阳明的事功，看重阳明的事功与心体功夫、致良知功夫的关系。《阳明学术发微》讲：

> 戚武毅公继光曰：“克一城易，克一私欲难。”与阳明学极相类。后世之当大任者，非实下心体定静工夫，决不能为圣贤豪杰也。必以两公为法则生民之幸矣。[33]

只有具有此种灵动、活泼的良知，现实的事业才有广大的可能，现实的事业并不与致良知功夫两分。阳明的军事成就“皆一点良知之发也”。[34]

我们也可以发现，在唐先生那里，强调了良知中的“知觉”义，这就保证了良知的“活”，保证了一有生机的道德，而非无用

31 唐文治：《阳明学术发微》，第 10 页。

32 如在良知与情绪的关系中，唐先生讲“良知所以运乎喜怒忧惧者也”（《阳明学术发微》，第 22 页）。

33 唐文治：《阳明学术发微》，第 7 页。

34 唐文治：《阳明学术发微》，第 9 页。

的道德。而也正是因为这活泼泼的良知，才可以救世，而非抱残守缺、食古不化。

三、大良知

强调良知的知觉义，赋予良知以活动性，一方面保证了德性与现实事业的关系，一方面也打开了良知的多个维度：知觉的方向，不仅是现实的知觉德性或知觉欲望，而是更有历史的维度。在这个意义上，唐文治先生讲致良知更强调学问，这就带有强烈的朱子学色彩。而这样的讲法，在一定的意义上，也扩大了良知的阐释空间——我们可以看到，唐先生所诠释的良知是一个“大良知”。

此良知何以称得上是大良知？一方面由于言此良知必含知觉活动，兼着功夫而言，另一方面由于言此良知必含纳知觉的各个向度，包含能知觉的诸多层次内容。

在《阳明学术发微》卷四《阳明学贯通经学变化神明》中，唐先生以经学，特别是易学为准绳，从十个层面详细阐释他所理解的良知，反对将阳明的良知仅仅理解为“德性之知”，《阳明学术发微》有：

> 或曰：昔程子尝言：“有德性之知，有闻见之知。”而王龙溪则谓：“阳明之言良知，德性之知也。奈何以闻见杂之乎？”
>
> 余曰：不然。阳明《答欧阳崇一》书曰：“良知不由见闻而有，而见闻莫非良知之用，故良知不滞于见闻，亦不离于见闻。”

（按：此即朱子所谓“太极不离乎阴阳，亦不杂乎阴阳”之意。）然则阳明良知之学，何尝遗弃见闻哉！唯学者外见闻而言良知，此后儒所以诋之为禅也。况良知之为用，穷天地，亘古今，兼本末，赅始终，岂拘墟一端而已。

余之分类也凡十：一曰德性之良知，二曰闻见之良知，三曰好恶之良知，四曰事物已往之良知，五曰临事警觉之良知，六曰事物未来之良知，七曰深沉涵养之良知，八曰历练精密之良知，九曰为学知类之良知，而良知昏昧之由，则列于第十，则以为警醒人心之铎。[35]

学者一般倾向于将阳明的良知理解为德性之知，阳明讲的良知“不由见闻而有”，而“见闻莫非良知之用”，强调见闻之知是以德性之知为主脑去获取的，而致良知也需要落实在实际活动当中，良知必须在实际活动中实现。唐先生也强调德性之知的重要意义，尤其突出以“吾所当知”的良知去范围一般的知觉，“惟徇无涯之欲，故以知为无涯，若能致至良之知，知亦何尝无涯”，[36]这里的有涯不是要限制知识的扩充，而是针对知的泛滥，只有以含有性的德性之知为范围，才能保证知不泛滥。但是，相对于阳明，其实唐先生更强调了“闻见”对良知的实现意义，阳明强调的“主脑”“主意”在唐先生的诠释中反而没有那么突出。《知觉篇》讲：

35 唐文治：《阳明学术发微》，第47—48页。

36 唐文治：《阳明学术发微》，第27页。

养知在学问。

人无日不在知之中，即无日不在新之中。

有阅历之道，有扩充之功，积少而成多者阅历也，即此以悟彼者扩充也。[37]

《阳明学术发微》则讲：

良知虽不因闻见而有，而闻见多则良知益精。《孟子》论尧舜禹汤相传道统，以为有见而知之者，有闻而知之者。所谓见知、闻知，岂非因心理之相同，而良知之默契乎？……天下事物莫非我良知所固有，多闻多见莫非致良知之功。[38]

这些地方都特别强调了闻见等客观性因素对于良知的重要意义，尤其是强调现实的闻见能够扩充良知，让良知变得精熟。这里，唐先生还专门强调知的日新，这个新既是个人的新，也是国家、民族知识的日新，新具有知识更新的含义。在唐先生看来，人之知觉表达于声音，进而落于文字而代代传承，“以吾心之知觉求古人文章之知觉，而古人之知觉无不萃于吾之一心也”，我的知觉与古人的知觉的通，就体现在以文章为代表的知觉传承上，这就强调了学问的传承与读书的意义。以此相推，唐先生讲良知强调知

37 唐文治：《知觉篇》，《茹经堂文集》三编卷一。
38 唐文治：《阳明学术发微》，第 51—52 页。

觉，其实也就具有了以中国固有之良知之学吸纳西方科学的可能性，人人心理相同，我就可以因我之知觉去接受西方的科学知识，而接受西方的“闻见之知”，本身也是益精、扩充我们固有的德性的重要工夫。《阳明学术发微》讲：

> 近人谓西儒之学偏于外，中国之学偏于内，实则吾国圣贤之学，必合内外之道，故能时措之宜。彼滞于章句及流于空虚者，皆非开物成务之道也。[39]

其实这里的“合内外”，也就含有“合中西”的意谓。唐先生强调知觉的意义，在这个层面意义指向也就变得更为清晰。

在唐先生良知的十个分类叙述中，一、二合起来是良知完整的内涵。三讲好恶，其实也就是在讲是非，是对良知本质的揭露，同时也只有本此好恶之良知，天下才能治理好。“事物以往之良知”也可以叫作“不远复之良知”，特别强调良知对于教育的作用，也是突出救人心的含义。如此，三、四两点均和人心国性有密切关系。五、六则强调良知的作用，即良知对人出处抉择之影响、对未来发展之判断。这还是在广良知之用。唐先生特别指出，“圣贤所以知来者，盖运一心之良知”，[40] 只有运此良知，我们才能对国家、民族未来的发展有正确的判断。七、八可以视为对良知的工夫讨

39　唐文治：《阳明学术发微》，第 52 页。
40　唐文治：《阳明学术发微》，第 58 页。

论，唐先生强调涵养（养知）[41] 与事上磨练对致良知的意义。其中事上磨练之良知，在唐先生看来尤为重要，他讲：

> 阳明所言其功岂偏于静哉？惟其动静交相历练，良知乃益光明尔。
>
> 庶物人伦莫能隐其情而处之各得其所，此良知之最精密者也。
>
> 阳明喻良知医经折肱方能查人病理，又谓良知发见流行处，却自有轻重厚薄，毫发不容增减，所谓天然自有之中，其精一功夫实大舜孔孟之所传也。[42]

这些都是强调磨练与做事对于致良知的重要意义，其实也在呼应他对闻见之知的强调。

九则讨论良知与学问领域的关系。这也与唐先生对学问的强调有关，唐先生特别强调致良知要能知类。《知觉篇》就讲：

> 君子致知之学，必分其类，先其易者后其节目，而后天下之理可得而穷，天下之事可得而理。是以古之大学必使学者即凡天

41 唐先生的涵养与知觉的关系十分密切。《知觉篇》讲："阳明子之言曰'无善无恶心之体，有善有恶意之动，知善知恶是良知'，致其良知是谓之圣。……因知善知恶而致其良知，则直以致良知之事为诚意之事矣。知至而后意诚，致知非即诚意也。意有先后有善恶，知常处乎先而未入于善恶之界者也。君子因知与意之分而得涵养之道也。"诚意与致知关系密切，只有能够保证知觉之至，才能做到诚意，才能涵养良知。充养其本然之知则天理常为之主而人欲不能夺焉，于是明德明而知觉常纯。

42 唐文治：《阳明学术发微》，第 62、63 页。

> 下之物，莫不因其已知之理而益穷之，及其究也，知类通达谓之大成。[43]

此处朱子学味道十分明显，直接引用了朱子的《格物致知补传》。唐先生强调分类、知类，其实是“对待客观世界的智慧处理”，唐先生始终注意“道德意识在求知过程中的主导作用”，[44]在这点上也契合阳明所讲的主脑与条目的关系，唐先生讲“惟求放心乃能致良知，惟致良知乃能知类”，[45]只不过更强调主脑，同时也重视条目，在二者并重这点上比阳明更为强烈。

唐先生最后讲“良知昏昧之由”，也就是讲现实中人的良知何以丧失，人不能知道，乃是良知丧失的一个重要因素，《知觉篇》甚至讲“人生之苦莫苦于不知道”，而不知道的重要原因则是“着私累”，把作为人的天植灵根的良知“戕贼蔽塞不得发生”，[46]在乱世“机变之巧”进一步加重了良知的昏昧。《知觉篇》讲：

> 君子之知觉所以常伸乎万物之上者，必先去其自私用智之心，自私则不能以有为为应迹，用智则不能以明觉为自然。[47]

只有去除私累，才能保证知觉自然、良知发显。在唐先生看

43 唐文治：《知觉篇》，《茹经堂文集》三编卷一。

44 邓国光：《唐文治先生〈阳明学术发微〉探要》，《诸子学刊》第十一辑，上海古籍出版社，2014年，第372页。

45 唐文治：《阳明学术发微》，第65页。

46 唐文治：《阳明学术发微》，第67页。

47 唐文治：《知觉篇》，《茹经堂文集》三编卷一。

来，要去私累，就要知耻，同时也要“读经”，在他看来“六经皆启良知之书”。[48] 学问、读书在唐先生那里的地位是高于阳明的。

唐先生讲良知，既强调德性，又强调运用，而运用乃所以扩充德性之方，可以说，在唐先生那里，良知乃是“以德性为主干，以知性为辅翼”的大良知，[49] 而知性的辅翼则保证了良知前行的高远，他始终强调德性与见闻的交互作用，而不仅仅是强调其中一方面。唐先生此一大良知其实也是综合朱王的结果，而不单单是对阳明一人之学的发挥。唐先生此一时期虽然强调阳明之良知学，但其对阳明学的诠释却含有十分明显的朱子学的思维结构。其实，唐先生借由对阳明良知概念的诠释，综合了他对整个儒家的理解，尤其是将儒学所讲的功夫综合理解为“致良知”。此一大良知，含有唐先生对儒学的整体把握。

唐先生讲：

> 凡人之知，若囿于一家一室则一家一室之知而已，若囿于一乡一邑则一乡一邑之知而已。若推而广之于一国、于宇宙，则所知者大矣。……推而广之于政治、于义理则所知者深矣。……推而至于数百年、数千年之知，则所知者远矣。……推而广之于数百事、数千事，则所知者精矣。大也、深也、远也、精也，皆本吾心之良知以审度于方寸秒乎之间者也。[50]

48　唐文治：《阳明学术发微》，第 67 页。

49　此说系套用张学智先生对阳明良知的诠释，见氏著《明代哲学史》第六章第四节，北京大学出版社，2000 年。

50　唐文治：《阳明学术发微》，第 26—27 页。

唐先生是要本着内心所有的良知，而不囿于方寸之间，以一广大、扩充的良知实现现实当中大的事业，而这事业，在当时的唐先生看来，就是救人心、善国性，只有此广大之良知，才能实现救国之使命。

结语：良心与国性

在《知觉篇》唐先生讲："夫后知不知之徒盈天下，国以之衰，家以之弱。"在整个《阳明学术发微》中，他更始终强调良心与国性的关系，强调以良知之学救国。其实我们可以发现，这是唐先生晚年学术的"立言宗旨"。

在《自述》中唐先生言：

> 自明季讲学之风，流弊日甚，于是王学为世所诟病。实则阳明乃贤智之过，其倡致良知之说，实足救近世人心。日本服膺王学，国以骎强。余特发明其学。[51]

《茹经堂文集》三编所收《阳明学术发微・序》也特别强调阳明学对于日本的意义。《性理救世书・读王文成公全书记》则专门有《阳明学流入日本考略》。唐先生关注阳明学对日本的意义，其实映照的是其当时所处的中国。唐先生期望中国固有之性理学能于此叔季之世发挥出救国的功用。

51　唐文治：《自述》，第 93 页。

邓国光先生言：

> 唐先生以“圣学”标志王守仁的学术精神，直接回归孔门义理的宗旨，点拨出儒学的坦途。王守仁一生追求的是圣人的境界，从少年志学之际，到经历种种生命的磨难与考验，在时代大背景中，体证了“致良知”的成圣之德，并以此开发了整个时代与人心。唐先生选择王学为治世的方剂，不管其是否奏效，起码展示了儒者对于时代的真诚关怀与纯粹的爱护，这份德性，对新世纪儒家之学的开拓，极具参考与继承的意义。[52]

今天我们社会面临的挑战虽不似唐先生当时战乱频仍，但受资本之淆乱人心却亦与当时有类似之处，而机心诈巧或盛于其时，先生所倡之理学救人心、救国性之现实意义也变得更为突出。唐先生由“先知觉后知，先觉觉后觉”而发挥“知觉”以释“良知”，其超越时代的特性也由此可见。可以说，唐先生即是一时代的先知先觉者。

52　邓国光：《唐文治先生〈阳明学术发微〉探要》，第 374 页。

编后记

《江南儒学研究论集》第一辑2021年刊印，按计划，2022年应刊印第二辑。由于疫情的原因，整个工作都有所延滞，拖到今年才出版。因此，在向各位作者同仁表示感谢的同时，还需要向大家表示歉意。

第一辑的副标题设为“江南儒学的兴起”，现在第二辑的副标题设为“流变中的江南儒学”，论集的栏目仍旧分为二：江南儒学的视角、散焦的江南儒学。虽然从“兴起”转向“流变”，多少意味着研究有所推进，但平实而论，沿用“视角”与“散焦”，表明江南儒学的整体研究仍然处于探索之中，远未形成相对集中的论题，虽然具体的每项研究都有切实而明确的问题意识。这点，读者朋友只要一览论集中所收论文，便能完全明白这一现状，故亦不需一一赘述了。也许这样的探索还将维持许多年，毕竟“何处是江南”几乎构成了中国文化中的一个极具象征性的问题。

作为一个文化符号，江南似乎总是代表了轻灵与创新，但读唐长孺先生的代表作《魏晋南北朝史论丛》所收的论文《读〈抱朴子〉推论南北学风的异同》，我们不仅知晓在东吴灭亡与晋室东迁后，包括葛洪在内的吴地士人对于旧俗的废弃很不满意，在学风上也是比较保守的，而且还知道当时的南北之分乃是河南北，而非江南北。此外，当我们知道陆象山的门人孙应时在常熟任上为子游立祠时，似乎又能体会到江南儒学也在努力建立起自己的传统。这两个例子没有什么关联，但从中多少还是能折射出“江南儒学”的丰富性。

总之，江南儒学的研究还有待同仁们的继续努力，尤其是年轻学者的加入。事实上，在近两年的研讨会上，我们看到了这样的趋势，因此我们感到江南儒学研究是值得期待的。

何俊

癸卯谷雨后三日

图书在版编目(CIP)数据

江南儒学研究论集.第二辑,流变中的江南儒学/
何俊主编.--上海:上海古籍出版社,2023.5
(复旦哲学·中国哲学丛书)
ISBN 978-7-5732-0702-9

Ⅰ.①江… Ⅱ.①何… Ⅲ.①儒学-哲学学派-华东
地区-文集 Ⅳ.①B222.05-53

中国国家版本馆 CIP 数据核字(2023)第 066962 号

江南儒学研究论集(第二辑) 流变中的江南儒学

何俊 主编

上海古籍出版社出版发行
(上海市闵行区号景路 159 弄 1-5 号 A 座 5F 邮政编码 201101)
(1) 网址:www.guji.com.cn
(2) E-mail:guji1@guji.com.cn
(3) 易文网网址:www.ewen.co

印刷 启东市人民印刷有限公司
开本 890×1240 1/32
印张 9.5 插页 2 字数 212,000
版次 2023 年 5 月第 1 版
2023 年 5 月第 1 次印刷
ISBN 978-7-5732-0702-9/B·1324
定价:68.00 元